Entwurf

eines

Preußischen Gesetzes

über die

freiwillige Gerichtsbarkeit

nebst

Begründung.

Berlin.
J. Guttentag, Verlagsbuchhandlung,
G. m. b. H.
1899.

Inhaltsübersicht

zu

dem Entwurf eines Preußischen Gesetzes über die freiwillige Gerichtsbarkeit.

Wir **Wilhelm**, von Gottes Gnaden König von Preußen ꝛc. verordnen, unter Zustimmung der beiden Häuser des Landtags Unserer Monarchie, was folgt:

Erster Abschnitt.

Allgemeine Vorschriften.

Artikel 1.

Die §§. 3, 4, 6, 7, 14, der §. 16 Abs. 2, 3 sowie die §§. 31 bis 33 des Reichsgesetzes über die Angelegenheiten der freiwilligen Gerichtsbarkeit vom 17. Mai 1898 finden, unbeschadet der Vorschriften des Grundbuchrechts über die Ausschließung und Ablehnung der Gerichtspersonen in der Beschwerdeinstanz, entsprechende Anwendung auf diejenigen Angelegenheiten der freiwilligen Gerichtsbarkeit, welche durch Landesgesetz den ordentlichen Gerichten übertragen sind. Das Gleiche gilt von den Vorschriften der §§. 8, 9 über die Gerichtssprache und die Dolmetscher und, soweit nicht entgegenstehende Vorschriften gegeben sind, von den Vorschriften der §§. 13, 15, des §. 16 Abs. 1 und der §§. 17, 34.

Artikel 2.

Wirkt in einer Angelegenheit der freiwilligen Gerichtsbarkeit, die nicht in der Beurkundung eines Rechtsgeschäftes besteht, ein Gerichtsschreiber mit, so finden auf ihn die Vorschriften der §§. 6, 7 des Reichsgesetzes über die Angelegenheiten der freiwilligen Gerichtsbarkeit entsprechende Anwendung.

Artikel 3.

Für die Anfechtung gerichtlicher Verfügungen in denjenigen Angelegenheiten der freiwilligen Gerichtsbarkeit, welche durch Landesgesetz den Gerichten übertragen sind, gelten die Vorschriften der Artikel 4 bis 7. Die Vorschriften des Grundbuchrechts und des Gesetzes, betreffend das Pfandrecht an Privateisenbahnen und Kleinbahnen ꝛc., vom 19. August 1895 (Gesetz-Samml. S. 499) bleiben unberührt.

Artikel 4.

Die gerichtlichen Verfügungen erster Instanz können im Wege der Beschwerde angefochten werden. Die Beschwerde findet nicht statt, soweit sie durch besondere gesetzliche Vorschrift ausgeschlossen ist. Rechte Dritter, die auf Grund der angefochtenen Verfügung erworben sind, werden durch die Abänderung der Verfügung nicht beeinträchtigt.

Artikel 5.

Soweit nach besonderen gesetzlichen Vorschriften die Einlegung des Rechtsmittels gegen die Entscheidung erster Instanz an eine Frist gebunden ist, findet die sofortige Beschwerde statt.

Artikel 6.

Die Vorschriften der §§. 20 bis 27, 29 des Reichsgesetzes über die Angelegenheiten der freiwilligen Gerichtsbarkeit finden entsprechende Anwendung.

Ueber die Beschwerde gegen eine Verfügung, die das Amtsgericht erlassen hat, entscheidet das Landgericht, über die Beschwerde gegen eine Verfügung, die das Landgericht in erster Instanz erlassen hat, entscheidet das Oberlandesgericht, über die Beschwerde gegen eine Verfügung, die das Oberlandesgericht in erster Instanz erlassen hat, der Justizminister.

Die Entscheidungen über Beschwerden erfolgen bei den Landgerichten durch eine Civilkammer, bei den Oberlandesgerichten durch einen Civilsenat.

Eine weitere Beschwerde findet nur statt, wenn das Amtsgericht die erste Instanz bildet.

Artikel 7.

Für die Entscheidung über das Rechtsmittel der weiteren Beschwerde ist das Kammergericht zuständig. Hängt die Entscheidung nach der Auffassung des Kammergerichts von der Auslegung eines im Bezirke des Kammergerichts nicht geltenden Gesetzes ab, so kann das Kammergericht die weitere Beschwerde demjenigen Oberlandesgerichte zur Entscheidung überweisen, zu dessen Bezirke das Landgericht gehört, welches die angefochtene Entscheidung erlassen hat. Der Ueberweisungsbeschluß ist dem Beschwerdeführer bekannt zu machen.

Artikel 8.

Die Vorschriften des Artikel 7 gelten, unbeschadet der Zuständigkeit des Reichsgerichts, auch für Grundbuchsachen, sowie für diejenigen Angelegenheiten der freiwilligen Gerichtsbarkeit, welche durch Reichsgesetz den Gerichten übertragen sind.

Artikel 9.

Sind an einer Angelegenheit der freiwilligen Gerichtsbarkeit mehrere Personen betheiligt, so kann das Gericht bei der von ihm zu treffenden Entscheidung auf Antrag einen Betheiligten verurtheilen, diejenigen Kosten des Verfahrens ganz oder theilweise zu tragen, welche er durch ein unbegründetes Gesuch, einen unbegründeten Widerspruch oder eine unbegründete Beschwerde, durch vorzeitiges Anrufen des Gerichts, durch eine Versäumung oder durch grobes Verschulden veranlaßt hat.

Artikel 10.

Wird eine gerichtliche Festsetzung des Betrags der Kosten erforderlich, zu deren Tragung ein Betheiligter auf Grund der Artikel 9, 16 dieses

Gesetzes oder auf Grund des §. 1875 Abs. 1 des Bürgerlichen Gesetzbuchs verurtheilt worden ist, so erfolgt sie durch das Gericht erster Instanz.

Zur Berücksichtigung eines Ansatzes genügt, daß er glaubhaft gemacht wird.

Artikel 11.

Findet gegen die Entscheidung in der Hauptsache die sofortige Beschwerde statt, so kann auch die Entscheidung über die Verpflichtung zur Tragung der Kosten, sowie die Kostenfestsetzung nur mit der sofortigen Beschwerde angefochten werden.

Die Kostenfestsetzung kann selbständig mit der weiteren Beschwerde nur angefochten werden, wenn die Beschwerdesumme den Betrag von fünfzig Mark übersteigt.

Artikel 12.

Ergeht nach der Kostenfestsetzung eine Entscheidung, die den Werth des Gegenstandes des Verfahrens festsetzt, so ist, falls diese Entscheidung von der Werthberechnung abweicht, welche der Kostenfestsetzung zu Grunde liegt, auf Antrag die Kostenfestsetzung entsprechend abzuändern. Ueber den Antrag entscheidet das Gericht erster Instanz.

Artikel 13.

Wird eine in Betreff der Kosten ergangene Entscheidung abgeändert, so ist der Betheiligte auf Antrag zur Erstattung der ihm auf Grund der Entscheidung zuviel gezahlten Kosten zu verurtheilen.

Artikel 14.

Aus der gerichtlichen Kostenfestsetzung sowie aus einer Entscheidung, durch die ein Betheiligter zur Erstattung gezahlter Kosten verurtheilt wird, findet die Zwangsvollstreckung nach den Vorschriften der Civilprozeßordnung statt.

Artikel 15.

Ist Jemandem durch eine Verfügung die Verpflichtung auferlegt, eine Handlung vorzunehmen, die ausschließlich von seinem Willen abhängt, oder eine Handlung zu unterlassen oder die Vornahme einer Handlung zu dulden, so kann ihn das Gericht, soweit sich nicht aus dem Gesetz ein Anderes ergiebt, zur Befolgung seiner Anordnung durch Ordnungsstrafen anhalten; die Ordnungsstrafen dürfen nur in Geld bestehen.

Artikel 16.

Bei der Festsetzung einer Ordnungsstrafe ist der Betheiligte zugleich in die Kosten des Verfahrens zu verurtheilen.

Artikel 17.

Eine Ordnungsstrafe kann nicht in den Nachlaß des Verurtheilten vollstreckt werden.

Artikel 18.

Soll eine Sache oder eine Person herausgegeben oder eine Sache vorgelegt werden oder ist eine Anordnung ohne Gewalt nicht durchzuführen, so kann auch Gewalt gebraucht werden; der Vollstreckungsbeamte ist befugt, erforderlichenfalls die Unterstützung der polizeilichen Vollzugsorgane nachzusuchen. Die Kosten fallen dem Verpflichteten zur Last. Die Vorschriften des §. 752 und des §. 790 Abs. 1 der Civilprozeßordnung finden entsprechende Anwendung.

Wird die Sache oder die Person nicht vorgefunden, so kann der Verpflichtete von dem Gerichte zur Leistung des Offenbarungseids angehalten werden; die Vorschriften des §. 883 Abs. 2, 3, des §. 900 Abs. 1 und der §§. 901, 902, 904 bis 910, 912, 913 der Civilprozeßordnung finden entsprechende Anwendung.

Zweiter Abschnitt.

Nachlaß- und Theilungssachen.

Artikel 19.

Erhalten die Ortspolizeibehörden von einem Todesfall Kenntniß, bei welchem gerichtliche Maßregeln zur Sicherung des Nachlasses angezeigt erscheinen können, so sollen sie dem Amtsgericht, in dessen Bezirke der Todesfall eingetreten ist, Mittheilung machen.

Artikel 20.

Nach dem Tode eines Beamten hat, unbeschadet der Zuständigkeit des Nachlaßgerichts, die Behörde, welcher der Verstorbene angehörte, oder die Aufsichtsbehörde für die Sicherung der amtlichen Akten und der sonstigen Sachen, deren Herausgabe auf Grund des Dienstverhältnisses verlangt werden kann, zu sorgen, soweit hierfür ein Bedürfniß besteht.

Werden bei der Ausführung einer Maßregel, die das Gericht zur Sicherung eines Nachlasses angeordnet hat, Sachen der im Abs. 1 bezeichneten Art vorgefunden, so hat das Gericht die Behörde, welcher der Verstorbene angehörte, oder die Aufsichtsbehörde hiervon zu benachrichtigen und ihr zugleich von den Sicherungsmaßregeln, die in Ansehung dieser Sachen vorgenommen worden sind, Mittheilung zu machen. Der Behörde liegt es ob, das Weitere zu veranlassen.

Artikel 21.

Wird auf Grund der §§. 86, 99 des Reichsgesetzes über die Angelegenheiten der freiwilligen Gerichtsbarkeit bei dem Amtsgerichte die Vermittelung der Auseinandersetzung nachgesucht, so kann auf Antrag eines jeden Betheiligten die Vermittelung der Auseinandersetzung einem Notar überwiesen werden; der Antrag muß spätestens im ersten Verhandlungstermine gestellt werden.

Der Antrag ist abzulehnen, wenn im Bezirke des Gerichts kein Notar wohnt oder die im Bezirke wohnenden Notare an der Vornahme der Auseinandersetzung rechtlich oder thatsächlich verhindert sind. Gegen den Beschluß, durch welchen über den Antrag entschieden wird, steht den Betheiligten die sofortige Beschwerde zu.

Ist der Ueberweisungsbeschluß rechtskräftig geworden, so hat ihn das Gericht mit den Akten unter Angabe des Tages, an welchem die Rechtskraft eingetreten ist, dem Notar zu übersenden.

Artikel 22.

Ist der von dem Gericht ernannte Notar an der Vornahme der Auseinandersetzung rechtlich oder thatsächlich verhindert, so kann das Gericht einen anderen Notar ernennen. Die Vorschriften des Artikel 21 Abs. 2, 3 finden entsprechende Anwendung.

Artikel 23.

Durch den Ueberweisungsbeschluß gehen auf den Notar die Verrichtungen über, die nach dem §. 87 Abs. 2, den §§. 89 bis 91, dem §. 93 Abs. 1, Abs. 2 Satz 1 sowie nach den §§. 94, 95 des Reichsgesetzes über die Angelegenheiten der freiwilligen Gerichtsbarkeit dem Amtsgerichte zustehen.

Die Bestätigung der Auseinandersetzung oder einer vorgängigen Vereinbarung erfolgt jedoch durch das Gericht. Die Vernehmung eines Zeugen oder eines Sachverständigen kann von dem Notar nur dann angeordnet werden, wenn die erschienenen Betheiligten über seine Vernehmung einverstanden sind. Auch ist nur das Gericht zuständig, über die Rechtmäßigkeit der Weigerung eines Zeugnisses oder der Abgabe eines Gutachtens und über die Entbindung von der Abgabe eines Gutachtens zu entscheiden; das Gleiche gilt von der Verurtheilung eines Zeugen oder eines Sachverständigen in Strafe oder Kosten, von der Anordnung der zwangsweisen Vorführung eines Zeugen sowie von der Aufhebung der gegen einen Zeugen oder Sachverständigen getroffenen Anordnungen.

Die Abänderung einer Verfügung des Notars ist bei dem Amtsgerichte nachzusuchen.

Artikel 24.

Soweit nach Artikel 23 an Stelle des Gerichts der Notar zuständig ist, tritt der Notar auch an die Stelle des Gerichtsschreibers; an die Stelle der Gerichtsschreiberei treten die Geschäftsräume des Notars.

Artikel 25.

Der Antrag auf Wiedereinsetzung in den vorigen Stand kann bei dem Gericht oder dem Notar gestellt werden.

Artikel 26.

Auf die Bekanntmachung notarieller Verfügungen findet der §. 16 Abs. 2 des Reichsgesetzes über die freiwillige Gerichtsbarkeit entsprechende Anwendung.

Soweit nach Abs. 1 die für die Zustellung von Amtswegen geltenden Vorschriften der Civilprozeßordnung maßgebend sind, tritt an die Stelle des Gerichtsschreibers der Notar, an die Stelle des Gerichtsdieners der Gerichtsvollzieher. Der §. 174 Abs. 1 der Civilprozeßordnung bleibt außer Anwendung. Bei einer Zustellung durch Aufgabe zur Post hat sich der Notar, wenn er nicht selbst das zuzustellende Schriftstück der Post übergiebt, der Vermittelung eines Gerichtsvollziehers zu bedienen. Die Bewilligung einer öffentlichen Zustellung kann nur durch das Gericht erfolgen; die Zustellung wird von dem Gerichtsschreiber besorgt.

Artikel 27.

Ist das Verfahren vor dem Notar erledigt, so hat dieser die in dem Verfahren entstandenen Schriftstücke zu den Gerichtsakten abzugeben.

Artikel 28.

Die Kosten des Verfahrens vor dem Gericht und des Verfahrens vor dem Notar fallen der Masse zur Last. Die Gebühren und Auslagen eines Bevollmächtigten trägt der Machtgeber, die Kosten einer für das Auseinandersetzungsverfahren angeordneten Abwesenheitspflegschaft der abwesende Betheiligte, die durch eine Versäumung verursachten Kosten der Säumige.

Diese Vorschriften finden keine Anwendung, soweit in der Auseinandersetzungsurkunde ein Anderes bestimmt ist.

Wer die Kosten der Beschwerdeinstanz zu tragen hat, bestimmt sich nach dem Inhalte der darüber ergangenen gerichtlichen Entscheidung.

Die Vorschriften der Artikel 9 bis 14 finden keine Anwendung.

Dritter Abschnitt.

Vereins- und Güterrechtsregister. Schiffsregister und Handelssachen.

Artikel 29.

Die näheren Bestimmungen über die Einrichtung und die Führung des Vereins- und des Güterrechtsregisters sowie des Handels- und des Schiffsregisters werden vom Justizminister getroffen.

Die Eintragungen in das Schiffsregister sollen von dem Richter mit Angabe des Wortlauts verfügt, von dem Gerichtsschreiber ausgeführt und von beiden unterschrieben werden.

Die beglaubigten Abschriften aus dem Schiffsregister sind von dem Richter und dem Gerichtsschreiber zu unterschreiben.

Artikel 30.

Ueber die Verpflichtung zur Tragung der Kosten, die durch eine gerichtliche Verhandlung über die Bestätigung der Dispache entstehen, entscheidet das Gericht, vor dem die Verhandlung stattfindet; die Entscheidung erfolgt nur auf Antrag eines der an dem Verfahren Betheiligten.

Die Kosten sind, unbeschadet der Vorschrift des Artikel 9, von den an dem Verfahren Betheiligten in dem Verhältnisse zu tragen, in welchem sie zu dem Havereischaden beizutragen haben. Die den einzelnen Betheiligten entstandenen Kosten können, wenn die Umstände es rechtfertigen, gegeneinander aufgehoben werden. Soweit die Betheiligten eine abweichende Vereinbarung treffen, ist diese maßgebend.

Die Vorschriften der Artikel 10 bis 14 dieses Gesetzes und des §. 158 Abs. 3 des Reichsgesetzes über die Angelegenheiten der freiwilligen Gerichtsbarkeit finden entsprechende Anwendung.

Vierter Abschnitt.

Gerichtliche und notarielle Urkunden.

Erster Titel.

Zuständigkeit.

Artikel 31.

Für die Aufnahme von Urkunden der freiwilligen Gerichtsbarkeit sind die Amtsgerichte und die Notare zuständig. Die Zuständigkeit umfaßt die Befugniß zur öffentlichen Beurkundung von Rechtsgeschäften und von sonstigen Thatsachen. Sie erstreckt sich insbesondere auch auf die Vornahme freiwilliger Versteigerungen, auf die Mitwirkung bei Abmarkungen sowie auf die Aufnahme von Vermögensverzeichnissen.

Die Notare sind auch zuständig, Zustellungen vorzunehmen und zu beurkunden.

Artikel 32.

Unberührt bleiben die Vorschriften, wonach die im Artikel 31 bezeichneten Handlungen der freiwilligen Gerichtsbarkeit auch von anderen Behörden oder mit öffentlichem Glauben versehenen Personen als den Amtsgerichten oder Notaren oder nur von solchen anderen Behörden oder Personen oder nur von dem örtlich zuständigen Amtsgerichte vorgenommen werden können.

Beglaubigte Abschriften oder Bescheinigungen aus den bei Gericht geführten oder verwahrten Akten und öffentlichen Büchern sollen die Notare in der Regel nicht ertheilen.

Artikel 33.

Die Amtsgerichte und die Notare sollen die freiwillige Versteigerung eines Grundstücks nur vornehmen, wenn das Grundstück in ihrem Amtsbezirke belegen ist. Liegt das Grundstück in verschiedenen Amtsbezirken oder sollen mehrere Grundstücke, die in verschiedenen Amtsbezirken liegen, zusammen versteigert werden, so ist jedes Amtsgericht sowie jeder Notar, in dessen Amtsbezirk ein Theil des Grundstücks oder eines der Grundstücke liegt, zu der Versteigerung befugt.

Gehört das Grundstück zu einem Nachlaß oder zu einer ehelichen Gütergemeinschaft oder zu einer fortgesetzten Gütergemeinschaft, so darf die Versteigerung auch von dem Gerichte vorgenommen werden, welches auf Grund der §§. 86, 99 des Reichsgesetzes über die Angelegenheiten der freiwilligen Gerichtsbarkeit mit der Vermittelung der Auseinandersetzung befaßt ist; hat das Gericht die Vermittelung der Auseinandersetzung einem Notar übertragen, so ist an Stelle des Gerichts der Notar zuständig.

Artikel 34.

Ist zur Wahrnehmung von Rechten im Auslande die Leistung eines Eides oder eine Versicherung an Eidesstatt erforderlich, so ist zur Abnahme des Eides oder der Versicherung an Eidesstatt sowohl das Amtsgericht als auch der Notar befugt.

Das Amtsgericht kann für eine einzelne Angelegenheit einen Sachverständigen auch dann beeidigen, wenn alle bei dieser Angelegenheit betheiligten Personen darauf antragen und die Beeidigung nach dem Ermessen des Gerichts angemessen erscheint.

Artikel 35.

Zur Beglaubigung von Abschriften sind, unbeschadet des Artikel 29 Abs. 3 dieses Gesetzes und des Artikel 9 Abs. 2 des Ausführungsgesetzes zur Grundbuchordnung, auch die Gerichtsschreiber befugt.

Artikel 36.

Die Gerichtsschreiber bei den Amtsgerichten sind zuständig für Beurkundungen behufs Sicherstellung der Zeit, zu welcher eine Privaturkunde ausgestellt ist.

Artikel 37.

Eine Beurkundung, für die das Landgericht oder das Oberlandesgericht zuständig ist, kann durch einen beauftragten oder ersuchten Richter erfolgen. Der Auftrag kann auch von dem Vorsitzenden der Kammer oder des Senats ertheilt werden. Der beauftragte oder ersuchte Richter soll sich in der Urkunde als solcher bezeichnen.

Artikel 38.

Soweit die Gerichtsschreiber oder die Gerichtsvollzieher auf Antrag der Betheiligten oder im Auftrage des Gerichts die im Artikel 31 Abs. 1 bezeichneten Geschäfte vornehmen können, ist das Amtsgericht befugt, die Ausführung eines Geschäfts, um dessen Vornahme es ersucht wird, dem Gerichtsschreiber oder einem Gerichtsvollzieher zu übertragen. In gleicher Weise kann, soweit für die Aufnahme von Vermögensverzeichnissen, die öffentliche Versteigerung beweglicher Sachen sowie die öffentliche Verpachtung an den Meistbietenden die im siebenten Abschnitte bezeichneten Behörden oder Beamten zuständig sind, diesen die Ausführung eines Geschäfts, um dessen Vornahme das Amtsgericht ersucht wird, übertragen werden.

Die Aufnahme eines Vermögensverzeichnisses kann auch einem Notar übertragen werden.

Artikel 39.

Eine Beurkundung ist nicht deshalb ungültig, weil der beurkundende Beamte sie außerhalb der Grenzen seines Bezirkes vorgenommen hat.

Zweiter Titel.

Urkunden über Rechtsgeschäfte.

Artikel 40.

Werden bei der Beurkundung eines Rechtsgeschäfts von dem Richter oder dem Notar Wahrnehmungen gemacht, die geeignet sind, Zweifel darüber zu begründen, ob ein Betheiligter die zu dem Rechtsgeschäft erforderliche Geschäftsfähigkeit oder Einsicht besitzt, so soll dies in dem Protokolle festgestellt werden.

Bestehen sonstige Zweifel an der Gültigkeit des Geschäfts, so sollen die Zweifel den Betheiligten mitgetheilt und der Inhalt der Mittheilung sowie die von den Betheiligten darauf abgegebenen Erklärungen in dem Protokolle festgestellt werden.

Verstößt der Inhalt eines Geschäfts gegen ein Strafgesetz oder ist das Geschäft offenbar ungültig, so hat der Richter sowie der Notar die Beurkundung abzulehnen.

Artikel 41.

Das Protokoll soll, falls ein Betheiligter taub ist, ihm zur Durchsicht vorgelegt werden, auch wenn er dies nicht verlangt. In dem Protokolle soll festgestellt werden, daß dies geschehen ist.

Ist ein tauber Betheiligter nicht im Stande, Geschriebenes zu lesen, so soll eine Vertrauensperson zugezogen werden, die sich mit ihm zu verständigen vermag. In dem Protokolle soll festgestellt werden, daß der Betheiligte nach der Ueberzeugung des Richters oder des Notars die Vertrauensperson verstanden hat. Das Protokoll soll auch von der Vertrauensperson genehmigt und unterschrieben werden. Die Vertrauensperson kann auch der Gerichtsschreiber, der zugezogene zweite Notar oder ein zugezogener Zeuge oder einer der Betheiligten sein.

Artikel 42.

Dem Protokoll über die gerichtliche oder notarielle Beurkundung eines Rechtsgeschäfts sollen die vorgelegten Vollmachtsurkunden oder beglaubigte Abschriften dieser Urkunden beigefügt werden.

Artikel 43.

Die Urschrift des gerichtlichen und des notariellen Protokolls über die Beurkundung eines Rechtsgeschäfts bleibt in der Verwahrung des Gerichts oder des Notars.

Artikel 44.

Eine Ausfertigung des Protokolls kann nur von dem Gericht oder dem Notar ertheilt werden, in dessen Verwahrung sich die Urschrift befindet.

Hat das Gericht oder der Notar, in dessen Verwahrung sich die Urschrift befindet, das Protokoll nicht aufgenommen, so soll in der Ausfertigung angegeben werden, weshalb sie von dem ausfertigenden Gericht oder Notar ertheilt worden ist.

Artikel 45.

Wird glaubhaft gemacht, daß die Urkunde im Auslande gebraucht werden soll, so darf auf Antrag die Urschrift ausgehändigt werden. Geschieht dies, so soll eine Ausfertigung zurückbehalten und auf dieser vermerkt werden, wem und an welchem Tage die Urschrift ausgehändigt worden ist. Die zurückbehaltene Ausfertigung vertritt die Stelle der Urschrift.

Artikel 46.

Die Vorschriften des §. 182 des Reichsgesetzes über die Angelegenheiten der freiwilligen Gerichtsbarkeit finden auch auf die gerichtliche Ausfertigung notarieller Protokolle Anwendung.

Notarielle Ausfertigungen sind von dem Notar zu unterschreiben und mit dem Dienstsiegel zu versehen. Auf Antrag können die Protokolle vom Notar auch auszugsweise ausgefertigt werden.

Artikel 47.

Die Ausfertigung soll den Ort und den Tag der Ertheilung angeben und die Bezeichnung der Person enthalten, der sie ertheilt wird.

Auf der Urschrift soll vermerkt werden, wem und an welchem Tage Ausfertigungen ertheilt worden sind.

Artikel 48.

Anlagen des Protokolls sind, soweit sie nicht nach §. 176 des Reichsgesetzes über die Angelegenheiten der freiwilligen Gerichtsbarkeit einen Theil des Protokolls selbst bilden, der Ausfertigung in beglaubigter Abschrift beizufügen.

Artikel 49.

Soll ein Protokoll auszugsweise ausgefertigt werden, so sind in die Ausfertigung außer solchen Theilen des Protokolls und der Anlagen, welche die Beobachtung der Förmlichkeiten nachweisen, diejenigen Theile aufzunehmen, welche den Gegenstand betreffen, auf den sich der Auszug beziehen soll. In dem Ausfertigungsvermerk ist der Gegenstand anzugeben und zu bezeugen, daß weitere den Gegenstand betreffende Bestimmungen in dem Protokoll und den Anlagen nicht enthalten sind. Bei gerichtlichen Ausfertigungen hat der Richter den Umfang des Auszugs und den Inhalt des Ausfertigungsvermerkes anzuordnen und der Gerichtsschreiber in dem Ausfertigungsvermerke die Anordnung des Richters zu erwähnen.

Artikel 50.

Von den Protokollen können, sofern nicht in der Urkunde oder durch eine besondere Erklärung gegenüber dem Gerichte oder dem Notar eine abweichende Bestimmung getroffen ist, eine Ausfertigung fordern:

1. diejenigen, welche das Rechtsgeschäft im eigenen Namen vorgenommen haben oder in deren Namen das beurkundete Rechtsgeschäft von anderen vorgenommen worden ist;
2. die Rechtsnachfolger der in Nr. 1 bezeichneten Personen.

Die im Abs. 1 bezeichneten Personen sind auch berechtigt, eine einfache oder beglaubigte Abschrift zu verlangen und die Urschrift einzusehen.

Hat derjenige, welcher eine Ausfertigung fordert, sein Rechtsvorgänger oder sein Rechtsnachfolger schon eine Ausfertigung erhalten, so ist die Ertheilung einer weiteren Ausfertigung zu verweigern, wenn ihr rechtliche Bedenken entgegenstehen.

Artikel 51.

Die Einsicht der notariellen Protokolle kann denjenigen gestattet werden, in deren Interesse die Urkunde errichtet worden ist. Das Gleiche gilt von der Ertheilung einer einfachen oder beglaubigten Abschrift.

Artikel 52.

Der Gerichtsschreiber soll Ausfertigungen oder Abschriften nur auf Anordnung des Gerichts ertheilen.

Weigert sich ein Notar, eine Ausfertigung oder Abschrift zu ertheilen oder die Einsicht der Urschrift zu gestatten, so entscheidet auf Antrag des

Betheiligten eine Civilkammer des Landgerichts, in dessen Bezirke der Notar seinen Amtssitz hat.

Artikel 53.

Die Rechte, welche Behörden oder Beamten sowie anderen als den in den Artikeln 50, 51 bezeichneten Personen in Bezug auf die Aushändigung oder Einsicht gerichtlicher oder notarieller Urkunden oder in Bezug auf die Mittheilung ihres Inhalts zustehen, werden durch die Vorschriften dieses Titels nicht berührt.

Dritter Titel.

Sonstige Urkunden.

Artikel 54.

Für notarielle Urkunden über andere Gegenstände als Rechtsgeschäfte gelten die Vorschriften der Artikel 55 bis 63. Die gleichen Vorschriften finden auf gerichtliche Urkunden der bezeichneten Art Anwendung, soweit nicht die Beurkundung einen Theil eines anderen Verfahrens bildet.

Artikel 55.

Die Urkunde muß den Ort und den Tag der Verhandlung oder, falls sie nicht in der Form eines Protokolls aufgenommen wird, den Ort und den Tag der Ausstellung angeben und mit der Unterschrift des Richters oder des Notars versehen sein. Wird die Urkunde den Betheiligten in Urschrift ausgehändigt, so muß sie auch mit Siegel oder Stempel versehen sein.

Artikel 56.

Die Beurkundung soll, sofern nicht ein Anderes bestimmt ist, in der Form eines Protokolls erfolgen. Außer dem Richter oder dem Notar sollen auch die übrigen bei der Verhandlung mitwirkenden Personen das Protokoll unterzeichnen.

Inwieweit das Protokoll den Betheiligten behufs der Genehmigung vorzulesen oder ihnen zur Durchsicht vorzulegen und von ihnen zu unterschreiben ist, bleibt dem Ermessen des Richters oder des Notars überlassen.

Artikel 57.

Bei Zustellungen, bei der Beglaubigung von Abschriften, bei der Sicherstellung der Zeit, zu welcher eine Privaturkunde ausgestellt ist, bei Lebensbescheinigungen und bei sonstigen einfachen Zeugnissen bedarf es nicht der Aufnahme eines Protokolls.

Artikel 58.

Die Beglaubigung einer Abschrift geschieht durch einen unter die Abschrift zu setzenden Vermerk, der die Uebereinstimmung mit der Hauptschrift bezeugt. In dem Vermerke soll ersichtlich gemacht werden, ob die Hauptschrift eine Urschrift, eine einfache oder beglaubigte Abschrift oder eine Ausfertigung ist; ist sie eine beglaubigte Abschrift oder eine Ausfertigung, so ist der Beglaubigungsvermerk oder der Ausfertigungsvermerk in die beglaubigte Abschrift mitaufzunehmen.

Durchstreichungen, Aenderungen, Einschaltungen, Radirungen oder andere Mängel einer von den Betheiligten vorgelegten Schrift sollen in dem Vermerk angegeben werden.

Soll ein Auszug aus einer Urkunde beglaubigt werden, so finden die Vorschriften des Artikel 49 Satz 1, 2 entsprechende Anwendung.

Artikel 59.

Die Sicherstellung der Zeit, zu welcher eine Privaturkunde ausgestellt ist, geschieht durch einen unter die Urkunde zu setzenden Vermerk, in welchem der Richter oder der Notar bezeugt, wann ihm die Urkunde vorgelegt worden ist. Die Vorschriften des Artikel 58 Abs. 2 finden Anwendung.

Artikel 60.

Wird von dem Gerichtsschreiber eine Abschrift oder die Zeit, zu welcher eine Privaturkunde ihm vorgelegt worden ist, beglaubigt, so finden die Vorschriften der Artikel 55, 58, 59 und bei der Beglaubigung eines Auszugs auch die Vorschrift des Artikel 49 Satz 3 entsprechende Anwendung.

Artikel 61.

Bei der Beglaubigung einer Unterschrift oder eines Handzeichens ist der Richter oder der Notar ohne Zustimmung der Betheiligten nicht befugt, von dem Inhalte der Urkunde Kenntniß zu nehmen.

Wenn der Notar den Entwurf einer Urkunde anfertigt und nach ihrer Vollziehung durch die Betheiligten die Unterschriften oder Handzeichen beglaubigt, so hat er eine beglaubigte Abschrift der Urkunde zu seinen Akten zurückzubehalten; diese Abschrift ist stempelfrei.

Werden von dem Richter oder dem Notar Wahrnehmungen gemacht, die geeignet sind, Zweifel an der unbeschränkten Geschäftsfähigkeit der Person zu begründen, deren Unterschrift oder Handzeichen beglaubigt werden soll, so soll dies in dem Beglaubigungsvermerke festgestellt werden.

Artikel 62.

Die Urschriften der im Artikel 54 bezeichneten Urkunden sind, falls die Beurkundung in der Form eines Protokolls erfolgt ist, in der Verwahrung des Gerichts oder des Notars zu belassen. Die Vorschriften des §. 182 des Reichsgesetzes über die Angelegenheiten der freiwilligen Gerichtsbarkeit und der Artikel 44 bis 49 dieses Gesetzes finden entsprechende Anwendung.

Eine Ausfertigung können, sofern nicht in der Urkunde oder durch eine besondere Erklärung gegenüber dem Gericht oder dem Notar eine abweichende Bestimmung getroffen ist, diejenigen Personen fordern, auf deren Antrag die Urkunde aufgenommen worden ist. Wer eine Ausfertigung fordern kann, ist auch berechtigt, eine einfache oder beglaubigte Abschrift zu verlangen und die Urschrift einzusehen. Inwieweit anderen Personen eine einfache oder beglaubigte Abschrift zu ertheilen oder die Einsicht der Urschrift zu gestatten ist, bestimmt sich auch für notarielle Urkunden nach den Vorschriften des §. 34 des Reichsgesetzes über die Angelegenheiten der freiwilligen Gerichtsbarkeit.

Artikel 63.

Wechselproteste werden den Auftraggebern in Urschrift ausgehändigt.

Vierter Titel.
Aeußere Form der Urkunden.

Artikel 64.

Umfaßt die Urschrift einer von einem Notar aufgenommenen Urkunde allein oder mit den Anlagen mehrere Bogen, so sollen diese entweder mit fortlaufenden Zahlen versehen und von dem Notar einzeln unterschrieben oder durch Schnur und Siegel verbunden werden.

Umfaßt die Ausfertigung, die beglaubigte Abschrift oder die den Betheiligten auszuhändigende Urschrift einer unter die Vorschriften des zweiten oder dritten Titels fallenden gerichtlichen oder notariellen Urkunde allein oder mit ihren Anlagen mehrere Bogen, so sollen diese durch Schnur und Siegel verbunden werden.

Artikel 65.

Die von den Notaren ausgestellten Urkunden und die Eintragungen in die Register der Notare sowie die gerichtlichen Urkunden, auf welche die Vorschriften des zweiten oder dritten Titels Anwendung finden, sollen deutlich und ohne Abkürzungen geschrieben, es soll in ihnen nichts radirt oder sonst unleserlich gemacht werden.

Zusätze sollen, sofern sie nicht geringfügiger Art sind, am Schlusse oder am Rande beigefügt und im letzteren Falle von den mitwirkenden Personen besonders unterzeichnet werden. In entsprechender Weise sollen auch andere Aenderungen, sofern sie nicht geringfügiger Art sind, beurkundet werden.

Wird eine Schrift nach §. 176 Abs. 2 des Reichsgesetzes über die Angelegenheiten der freiwilligen Gerichtsbarkeit dem Protokoll als Anlage beigefügt, so bedarf es einer Unterzeichnung der in der eingereichten Schrift sich findenden Aenderungen nicht, wenn aus dem Protokolle hervorgeht, daß die Aenderungen genehmigt worden sind.

Fünfter Abschnitt.
Verfahren bei der freiwilligen gerichtlichen Versteigerung von Grundstücken.

Artikel 66.

Wer die freiwillige gerichtliche Versteigerung eines Grundstücks beantragt, hat seine Befugniß zur Verfügung über das Grundstück dem Gerichte nachzuweisen.

Der Richter soll, soweit die Betheiligten nicht ein Anderes bestimmen, bei der Versteigerung nach den Vorschriften der Artikel 67 bis 75 verfahren.

Artikel 67.

Der Versteigerungstermin soll erst bestimmt werden, nachdem ein das Grundstück betreffender neuester Auszug aus der Grundsteuermutterrolle und der Gebäudesteuerrolle beigebracht worden ist. In den Hohenzollernschen Landen tritt an die Stelle des Auszugs aus den Steuerrollen ein Auszug aus dem Besitz- und Steuerhefte des Schuldners. Wird das Grundbuch nicht bei dem Gerichte geführt, welches die Versteigerung vornimmt, so soll auch eine beglaubigte Abschrift des Grundbuchblatts beigebracht werden.

Der Zeitraum zwischen der Anberaumung des Termins und dem Termine soll, wenn nicht besondere Gründe vorliegen, nicht mehr als sechs Monate betragen. Zwischen der Bekanntmachung der Terminsbestimmung und dem Termine soll in der Regel ein Zeitraum von mindestens sechs Wochen liegen.

Artikel 68.

Die Terminsbestimmung soll enthalten:

1. die Bezeichnung des Grundstücks;
2. Zeit und Ort des Versteigerungstermins;
3. die Angabe, daß die Versteigerung eine freiwillige ist;
4. die Bezeichnung des eingetragenen Eigenthümers sowie die Angabe des Grundbuchblatts und der Größe des Grundstücks.

Sind vor der Bekanntmachung der Terminsbestimmung Versteigerungsbedingungen festgestellt, so soll in der Terminsbestimmung der Ort angegeben werden, wo die Versteigerungsbedingungen eingesehen werden können.

Artikel 69.

Auf die Veröffentlichung der Terminsbestimmung finden die §§. 39, 40 des Gesetzes über die Zwangsversteigerung und die Zwangsverwaltung und der Artikel 5 des dazu gehörigen Ausführungsgesetzes entsprechende Anwendung.

Artikel 70.

Die Terminsbestimmung ist dem Antragsteller mitzutheilen.

Artikel 71.

Die Einsicht der Abschrift des Grundbuchblatts sowie der Auszüge aus den Steuerbüchern ist Jedem gestattet.

Das Gleiche gilt von anderen das Grundstück betreffenden Nachweisungen, welche ein Betheiligter einreicht, insbesondere von Abschätzungen.

Artikel 72.

In dem Versteigerungstermine werden nach dem Aufrufe der Sache die Versteigerungsbedingungen, sofern ihre Feststellung nicht schon vorher erfolgt ist, festgestellt und diese sowie die das Grundstück betreffenden Nachweisungen bekannt gemacht. Hierauf fordert das Gericht zur Abgabe von Geboten auf.

Artikel 73.

Hat ein Bieter durch Hinterlegung von Geld oder Werthpapieren Sicherheit zu leisten, so gilt in dem Verhältnisse zwischen den Betheiligten die Uebergabe an das Gericht als Hinterlegung.

Artikel 74.

Zwischen der Aufforderung zur Abgabe von Geboten und dem Zeitpunkt, in welchem bezüglich sämmtlicher zu versteigernder Grundstücke die Versteigerung geschlossen wird, soll mindestens eine Stunde liegen. Die Versteigerung soll so lange fortgesetzt werden, bis der Aufforderung des Gerichts ungeachtet ein Gebot nicht mehr abgegeben wird.

Das Gericht hat das letzte Gebot mittelst dreimaligen Aufrufs zu verkünden und den Antragsteller über den Zuschlag zu hören.

Artikel 75.

Unberührt bleiben die besonderen Vorschriften, welche bei der Versteigerung der Grundstücke gewisser juristischer Personen zu beobachten sind.

Artikel 76.

Auf die freiwillige gerichtliche Versteigerung eines Bergwerkseigenthums, eines unbeweglichen Bergwerksantheils sowie einer selbständigen Kohlenabbau-Gerechtigkeit finden außer den Artikeln 33, 66 bis 75 dieses Gesetzes die Artikel 18, 20 des Ausführungsgesetzes zu dem Gesetze über die Zwangsversteigerung und die Zwangsverwaltung entsprechende Anwendung.

Sechster Abschnitt.

Amtsstellung der Notare.

Artikel 77.

Zur Bekleidung des Amtes eines Notars ist befähigt, wer in einem Deutschen Bundesstaate die Fähigkeit zum Richteramt erlangt hat.

Artikel 78.

An Orten, die nicht mehr als fünfzigtausend Einwohner haben, sollen in der Regel nur Rechtsanwälte zu Notaren ernannt werden.

In dem Oberlandesgerichtsbezirke Cöln ist die Verbindung der Rechtsanwaltschaft und des Notariats nur an solchen Orten zulässig, an denen dazu ein Bedürfniß besteht.

Artikel 79.

Die Notare werden von dem Justizminister auf Lebenszeit ernannt.

Die Ernennung eines Rechtsanwalts zum Notar kann für die Zeit erfolgen, während welcher er bei einem bestimmten Gerichte zur Rechtsanwaltschaft zugelassen ist.

Artikel 80.

Jedem Notar wird bei seiner Ernennung ein Amtssitz angewiesen.

In Orten, die in mehrere Amtsgerichtsbezirke getheilt sind, wird dem Notar innerhalb des Ortes einer dieser Bezirke als Amtssitz angewiesen. Erfolgt die Theilung erst nach der Ernennung des Notars, so gilt innerhalb des Ortes derjenige Amtsgerichtsbezirk, in welchem der Notar seine Geschäftsräume hält, als Amtssitz; in diesem Falle ist der Notar befugt, innerhalb des Ortes den Amtssitz zu wechseln.

In Städten von mehr als hunderttausend Einwohnern kann dem Notar eine bestimmt begrenzte Gegend der Stadt als Amtssitz angewiesen werden.

Artikel 81.

Der Amtsbezirk eines Notars umfaßt den ganzen Oberlandesgerichtsbezirk, in welchem ihm der Amtssitz angewiesen ist.

Artikel 82.

Der Notar hat, sofern er nicht schon bei seiner Ernennung Preußischer Staatsbeamter ist, vor dem Präsidenten des Landgerichts, in dessen Bezirk ihm der Amtssitz angewiesen ist, oder vor einem von diesem beauftragten Richter den Diensteid zu leisten. Vor der Erfüllung dieser Verpflichtung soll er keine Amtshandlungen vornehmen.

Der Notar hat seine bei Amtshandlungen anzuwendende Unterschrift dem Landgerichtspräsidenten einzureichen.

Artikel 83.

Der Notar darf seine Dienste nicht ohne triftigen Grund verweigern.

Er hat, soweit die Betheiligten nach §. 14 des Reichsgesetzes über die Angelegenheiten der freiwilligen Gerichtsbarkeit oder nach Artikel 1 Satz 1 dieses Gesetzes dem Gerichte gegenüber auf Bewilligung des Armenrechts Anspruch haben, seine Dienste gebührenfrei zu gewähren.

Er ist, wenn seine Dienste in Anspruch genommen werden und er den Antrag nicht annimmt, verpflichtet, die Ablehnung dem Antragsteller unverzüglich anzuzeigen.

Artikel 84.

Auf Amtshandlungen des Notars, die nicht die Beurkundung eines Rechtsgeschäfts zum Gegenstande haben, finden die Vorschriften, die in den §§. 6 bis 9 des Reichsgesetzes über die Angelegenheiten der freiwilligen Gerichtsbarkeit in Bezug auf die Ausschließung des Richters, in Bezug auf seine Befugniß, sich wegen Befangenheit der Ausübung seines Amtes zu enthalten, sowie in Bezug auf die Gerichtssprache und die Dolmetscher getroffen sind, entsprechende Anwendung.

Artikel 85.

In einer Angelegenheit, bei der mehrere Personen betheiligt sind, soll der Notar, der in dieser Angelegenheit für einen der Betheiligten als Prozeßbevollmächtigter thätig ist oder gewesen ist, keine Handlungen der freiwilligen Gerichtsbarkeit vornehmen, wenn einer der Betheiligten widerspricht. Der Notar soll den Betheiligten von einem solchen Widerspruchsgrund unverzüglich Mittheilung machen; der Widerspruch ist nur zulässig, wenn er unverzüglich nach der Mittheilung erfolgt.

Artikel 86.

Wird bei einer Amtshandlung des Notars die Beeidigung eines Dolmetschers erforderlich, so erfolgt sie durch das Amtsgericht, in dessen Bezirke der Notar seinen Amtssitz hat oder die Thätigkeit des Dolmetschers stattfinden soll.

Artikel 87.

Die Notare sind zuständig, Siegelungen und Entsiegelungen im Auftrage des Gerichts oder des Konkursverwalters vorzunehmen.

Artikel 88.

Die Vorschriften, nach denen die Notare noch zu anderen als den in diesem und in dem zweiten und vierten Abschnitte bezeichneten Geschäften zuständig sind, bleiben unberührt.

Artikel 89.

Der Notar soll für Geschäfte, die er beurkundet, keine Gewährleistung übernehmen.

Artikel 90.

Der Notar darf, soweit nicht das Gesetz ein Anderes bestimmt, von den Verhandlungen, bei denen er mitgewirkt hat, ohne Zustimmung der Betheiligten Niemandem Kenntniß geben.

Artikel 91.

Das Recht der Aufsicht steht zu:

1. dem Justizminister hinsichtlich aller Notare;
2. dem Präsidenten des Oberlandesgerichts hinsichtlich der Notare des Oberlandesgerichtsbezirkes;
3. dem Präsidenten des Landgerichts hinsichtlich der Notare, welche ihren Amtssitz in dem Landgerichtsbezirke haben.

Artikel 92.

Die Notare sind verpflichtet, den Beamten, welchen das Recht der Aufsicht zusteht, sowie den von diesen beauftragten Beamten auf Verlangen die Urkunden und Register zur Einsicht vorzulegen.

Artikel 93.

Die Vorschriften des § 21 des Gesetzes, betreffend die Abänderung von Bestimmungen der Disziplinargesetze, vom 9. April 1879 (Gesetz-Samml. S. 345) werden auf den ganzen Umfang der Monarchie ausgedehnt.

Die Vorschriften des §. 13 des Gesetzes, betreffend die Dienstvergehen der Richter 2c., vom 7. Mai 1851 (Gesetz-Samml. S. 218) und der §§. 23, 24 des Gesetzes, betreffend die Abänderung von Bestimmungen der Disziplinargesetze, finden bei der Aufsicht über die Notare entsprechende Anwendung.

Artikel 94.

Die Strafen, auf die das Disziplinargericht zu erkennen befugt ist, sind:

1. Warnung;
2. Verweis;
3. Geldstrafe bis zu dreitausend Mark;
4. Dienstentlassung.

Die Geldstrafe kann mit einem Verweise verbunden werden.

Artikel 95.

Der Notar hat ein Register zu führen, in welches die aufgenommenen Verhandlungen, die angefertigten und beglaubigten Entwürfe und die Beglaubigungen von Unterschriften oder Handzeichen sowie die sonstigen Zeugnisse mit Ausnahme der Beglaubigung von Abschriften in ununterbrochener Reihenfolge unter fortlaufenden Nummern einzutragen sind. Das Register ist mit fortlaufenden Seitenzahlen zu versehen und die Zahl der Seiten von dem Amtsgericht, in dessen Bezirke der Notar seinen Amtssitz hat, zu beglaubigen. Die Eintragungen sollen in verschiedenen Spalten den Tag der Ausstellung und den Gegenstand der Urkunde sowie die Bezeichnung der Betheiligten enthalten. Auf der Urschrift jeder Urkunde sowie auf jeder Ausfertigung oder

Abschrift soll der Notar die Nummer angeben, unter der die Urschrift im Register eingetragen ist.

Die Vorschriften des Abs. 1. finden auf Wechselproteste keine Anwendung.

Artikel 96.

Die Notare haben nach Maßgabe der Anordnungen des Justizministers ein besonderes Verwahrungsbuch über die bei ihnen eingehenden fremden Gelder, geldwerthen Papiere und Kostbarkeiten zu führen.

Artikel 97.

Für die Zeit, während welcher ein Notar beurlaubt oder durch Krankheit oder sonst verhindert ist, seine Geschäfte wahrzunehmen, kann er die sein Amt betreffenden Akten (Urschriften, Register u. s. w.) einem anderen Notar im Bezirke desselben oder eines benachbarten Amtsgerichts in Verwahrung geben. Hiervon hat er dem Amtsgerichte seines Amtssitzes Mittheilung zu machen. Er kann diesem Amtsgericht auch die Verwahrung überlassen.

Artikel 98.

Hat ein Notar für die Zeit, während welcher er beurlaubt oder verhindert ist, seine Geschäfte wahrzunehmen, die Verwahrung seiner Akten in der im Artikel 97 bezeichneten Art nicht veranlaßt, so hat, falls ein Antrag auf Ertheilung einer Ausfertigung aus den Akten des Notars oder auf Ertheilung einer Abschrift oder auf Gewährung der Einsicht gestellt wird, das Amtsgericht, in dessen Bezirke der Notar seinen Amtssitz hat, die Dienstakten in Verwahrung zu nehmen, bis der Notar die Geschäfte wieder übernimmt.

Artikel 99.

Der Justizminister kann einem Notar auf dessen Antrag für die Dauer einer Krankheit oder einer durch erhebliche Gründe gerechtfertigten Abwesenheit von dem ihm angewiesenen Amtssitz, unter Vorbehalt des Widerrufs, einen Vertreter bestellen. Der Vertreter muß zum Richteramte befähigt sein. Zum Vertreter darf nur bestellt werden, wer von dem Notar vorgeschlagen und zur Uebernahme der Vertretung bereit ist. Ist der Notar durch die Krankheit verhindert, den Antrag zu stellen oder einen Vertreter vorzuschlagen, so kann ein nach §. 1910 des Bürgerlichen Gesetzbuchs bestellter Pfleger diese Handlungen für ihn vornehmen.

Der Vertreter hat vor dem Beginne der Vertretung seine bei den Notariatsverhandlungen anzuwendende Unterschrift dem Landgerichtspräsidenten einzureichen. Er ist, sofern er nicht schon Preußischer Staatsbeamter ist, vor dem Beginne der Vertretung von dem Landgerichtspräsidenten oder einem beauftragten Richter zu beeidigen; ist der zum Vertreter Bestellte schon einmal als Vertreter eines Notars beeidigt worden, so genügt es, wenn er auf den früher geleisteten Eid verwiesen wird.

Artikel 100.

Der Anfang sowie die Beendigung der Vertretung ist im Notariatsregister von dem Notar oder dessen Vertreter zu vermerken; die Beendigung der Vertretung ist dem Landgerichtspräsidenten anzuzeigen.

Artikel 101.

Der Vertreter versieht das Amt des Vertretenen unter dessen und seiner eigenen Verantwortlichkeit und auf dessen Kosten. Er hat seiner Unterschrift einen ihn als Vertreter kennzeichnenden Zusatz beizufügen und das Dienstsiegel des Vertretenen zu gebrauchen.

Der Vertreter soll, unbeschadet der aus seiner Person sich ergebenden Hinderungsgründe, auch insoweit keine Notariatshandlungen vornehmen, als der von ihm vertretene Notar ausgeschlossen sein würde.

Der Vertretene soll während der Dauer der Vertretung keine Amtshandlungen vornehmen.

Artikel 102.

Bei dem Ausscheiden oder dem Tode sowie bei der Versetzung eines Notars in einen anderen Landgerichtsbezirk hat das Amtsgericht, in dessen Bezirke der Notar seinen Amtssitz hatte, die das Amt des Notars betreffenden Papiere (Urschriften, Register u. s. w.) in Verwahrung zu nehmen. Dem Präsidenten des Landgerichts, in dessen Bezirke der Notar seinen Amtssitz hatte, ist hiervon Anzeige zu machen.

Bei dem Ausscheiden oder dem Tode eines Notars hat das im Abs. 1 bezeichnete Amtsgericht das Dienstsiegel des Notars zum Zwecke der Vernichtung an sich zu nehmen; dasselbe gilt von Dienstsiegeln, die in Folge einer Versetzung des Notars unbrauchbar geworden sind.

Artikel 103.

Wird ein Notar vom Amte vorläufig enthoben, so hat der Präsident des Landgerichts zu bestimmen, ob während der Dauer der Enthebung alle Papiere an das Amtsgericht abgegeben oder diesem nur das Register nebst dem Dienstsiegel ausgeliefert und die Urschriften, deren Einsichtnahme verlangt oder von denen eine Ausfertigung oder eine Abschrift gefordert wird, behufs der Gewährung der Einsicht oder behufs der Ertheilung der Ausfertigung oder der Abschrift vorgelegt werden sollen.

Siebenter Abschnitt.

Besondere Gerichte. Mitwirkung der Gemeindebeamten in Angelegenheiten der freiwilligen Gerichtsbarkeit.

Artikel 104.

Im Geltungsbereiche des Allgemeinen Landrechts ist für die im §. 1960 des Bürgerlichen Gesetzbuchs vorgesehene Sicherung des Nachlasses außer den Amtsgerichten das Dorfgericht zuständig, in dessen Bezirke das Bedürfniß der Fürsorge hervortritt, es sei denn, daß sich am Sitze des Dorfgerichts ein Amtsgericht befindet.

Zum Zwecke der Sicherung kann das Dorfgericht insbesondere Siegel anlegen, Geld, Werthpapiere und Kostbarkeiten an sich nehmen und ein Nachlaßverzeichniß aufnehmen. Ein auf Grund dieser Vorschrift aufgenommenes Verzeichniß kann nicht nach §. 2004 des Bürgerlichen Gesetzbuchs als Nachlaßinventar benutzt werden. Zur Bestellung eines Nachlaßpflegers ist das Dorfgericht nicht befugt.

Artikel 105.

Das Dorfgericht soll von den Maßregeln, die es zur Sicherung des Nachlasses ergriffen hat, dem Amtsgericht, in dessen Bezirk es seinen Sitz hat, Mittheilung machen. Verfügungen von Todeswegen, die sich im Nachlasse befinden, sowie Geld, Werthpapiere oder Kostbarkeiten, die das Dorfgericht an sich genommen hat, hat es unverzüglich an das Amtsgericht abzuliefern.

In zweifelhaften Fällen hat das Dorfgericht, wenn es keine Sicherungsmaßregeln trifft, dem Amtsgerichte den Sachverhalt anzuzeigen.

Artikel 106.

Die Abänderung einer Anordnung des Dorfgerichts ist bei dem im Artikel 105 bezeichneten Amtsgerichte nachzusuchen. Das Amtsgericht ist auch berechtigt, eine Anordnung des Dorfgerichts, die es für ungerechtfertigt erachtet, von Amtswegen zu ändern.

Hat das Dorfgericht Siegel angelegt, so soll die Abnahme der Siegel in der Regel nur auf Anordnung des Amtsgerichts erfolgen.

Artikel 107.

Die Dorfgerichte können von den Amtsgerichten mit der Ausführung der auf Grund des §. 1960 des Bürgerlichen Gesetzbuchs angeordneten Maßregeln beauftragt werden.

Artikel 108.

Die Dorfgerichte sind zuständig, im Auftrage des Amtsgerichts Vermögensverzeichnisse, insbesondere Nachlaßinventare, aufzunehmen.

Die Dorfgerichte sind zuständig, im Falle des §. 20 des Gesetzes, betreffend das Anerbenrecht bei Renten- und Ansiedelungsgütern, vom 8. Juni 1896 (Gesetz-Samml. S. 124) im Auftrage der Generalkommission Nachlaßinventare aufzunehmen.

Artikel 109.

Die Dorfgerichte sind zuständig, freiwillige öffentliche Versteigerungen beweglicher Sachen sowie öffentliche Verpachtungen an den Meistbietenden vorzunehmen und zu beurkunden. Sie sollen diese Geschäfte nur im Auftrage des Amtsgerichts vornehmen; eines besonderen Auftrags für jedes einzelne Geschäft bedarf es nicht.

Artikel 110.

Die Dorfgerichte sind gehörig besetzt, wenn neben dem Schulzen zwei Schöffen oder ein Schöffe und ein vereidigter Gerichtsschreiber mitwirken. Für die Aufnahme von Taxen bewendet es bei den bisherigen Vorschriften.

Den Amtsgerichten steht in den Angelegenheiten der freiwilligen Gerichtsbarkeit hinsichtlich der Dorfgerichte ihres Bezirkes das Recht der Aufsicht zu.

Artikel 111.

Die Vorschriften der Artikel 104 bis 109 finden entsprechende Anwendung auf die Ortsvorsteher in den Hohenzollernschen Landen, auf die

Bürgermeister in dem vormals Landgräflich Hessischen Amtsbezirke Homburg und in den Gebieten des vormaligen Herzogthums Nassau sowie der vormals freien Stadt Frankfurt, mit Ausnahme des Gebietes der jetzigen Stadtgemeinde Frankfurt, und auf die Ortsgerichtsvorsteher in den vormals Großherzoglich Hessischen Gebietstheilen.

Artikel 112.

Die im Artikel 111 bezeichneten Beamten sind zuständig, im Auftrage des Gerichts freiwillige öffentliche Versteigerungen von Grundstücken vorzunehmen und zu beurkunden. Sie sollen hiermit nur auf Antrag der Betheiligten beauftragt werden.

Artikel 113.

Die im Artikel 111 bezeichneten Beamten sind zuständig, auf Antrag eines Betheiligten die Theilung eines gemeinschaftlichen Vermögens sowie Verträge, durch welche Eltern ihr Vermögen den Kindern übergeben, vorzubereiten. Sie haben insbesondere, falls ein Betheiligter die Vermittelung einer Auseinandersetzung nach den §§. 86 bis 99 des Reichsgesetzes über die Angelegenheiten der freiwilligen Gerichtsbarkeit beantragen will, den Antrag aufzunehmen und dem zuständigen Amtsgerichte zu übersenden.

Artikel 114.

Die im Artikel 111 bezeichneten Beamten sind zuständig, Gesindedienstverträge zu beurkunden sowie auf Antrag eines Betheiligten einseitige Willenserklärungen an Personen, die in ihrem Amtsbezirk ihren Wohnsitz haben, bekannt zu machen und die Bekanntmachung zu beurkunden.

Artikel 115.

Die im Artikel 111 bezeichneten Beamten sind zuständig, Unterschriften zu beglaubigen. Die Unterschrift einer Person, die in ihrem Amtsbezirke weder einen Wohnsitz noch den gewöhnlichen Aufenthalt hat, sollen sie nicht beglaubigen; auch sollen sie an Orten, an denen sich ein Amtsgericht befindet oder an denen ein Notar seinen Wohnsitz hat, keine Beglaubigung vornehmen.

Die Beglaubigung darf nur erfolgen, wenn die Unterschrift in Gegenwart des beglaubigenden Beamten vollzogen oder anerkannt wird.

Die Beglaubigung geschieht durch einen unter die Unterschrift zu setzenden Vermerk. Der Vermerk muß die Bezeichnung desjenigen, welcher die Unterschrift vollzogen oder anerkannt hat, enthalten und den Ort und den Tag der Ausstellung angeben sowie mit Unterschrift und Siegel oder Stempel versehen sein. Er soll außerdem die Angabe enthalten, daß die Vollziehung oder Anerkennung der Unterschrift in Gegenwart des beglaubigenden Beamten erfolgt ist.

Artikel 116.

Die im Artikel 111 bezeichneten Beamten sind verpflichtet, die Gerichte bei der Beurkundung einer Theilung oder eines Uebergabevertrags sowie bei der Vermittelung einer Auseinandersetzung auf Ersuchen zu unterstützen. Auch in anderen Angelegenheiten der freiwilligen Gerichtsbarkeit können sich die Gerichte ihrer Beihülfe bedienen, insbesondere die Ertheilung von Auskunft oder Zeugnissen über persönliche Verhältnisse und über Besitzverhältnisse sowie die Abgabe von Gutachten verlangen.

Artikel 117.

Die Vorschriften der Artikel 104 bis 106 finden entsprechende Anwendung auf die Gemeindevorstände (Bürgermeister, Dorfschaftsvorsteher, Bauerschaftsvorsteher, Gutsvorsteher) in Schleswig-Holstein.

Artikel 118.

Die Vorschriften des bisherigen Rechtes, nach denen die Dorfgerichte im Geltungsbereiche des Allgemeinen Landrechts zu Geschäften der freiwilligen Gerichtsbarkeit befugt sind, sowie die Vorschriften des Allerhöchsten Erlasses vom 14. Dezember 1868 über die Zuständigkeit der Rathmänner in der Landschaft Eiderstedt werden aufgehoben. Das Gleiche gilt von den Vorschriften des bisherigen Rechtes, nach welchen in den Hohenzollernschen Landen, in dem vormaligen Herzogthum Nassau, in den vormals Großherzoglich Hessischen Gebietstheilen, in dem vormals Landgräflich Hessischen Amtsbezirke Homburg und in dem Gebiete der vormals freien Stadt Frankfurt Ortsbehörden (Ortsgerichte, Feldgerichte, Bürgermeister, Schultheißen, Schöffen u. s. w.) befugt sind, selbständig oder als gerichtliche Hülfsbeamte Geschäfte der freiwilligen Gerichtsbarkeit vorzunehmen.

Unberührt bleiben die Vorschriften über die Aufnahme von Taxen sowie die Vorschriften derjenigen Gesetze, deren Geltungsbereich sich nicht auf die im Abs. 1 Satz 2 bezeichneten Gebietstheile beschränkt, sondern sich über diese Gebietstheile hinaus erstreckt.

Artikel 119.

Der Justizminister ist befugt, über die Aufsicht, welcher die im Artikel 111 und im Artikel 118 Abs. 1 Satz 2 bezeichneten Behörden und Beamten in den Angelegenheiten der freiwilligen Gerichtsbarkeit unterliegen, Bestimmung zu treffen.

Artikel 120.

In dem Gebiete des vormaligen Kurfürstenthums Hessen sind nur die Amtsgerichte zuständig, auf Grund des §. 1960 des Bürgerlichen Gesetzbuchs für die Sicherung des Nachlasses zu sorgen.

Artikel 121.

Durch Königliche Verordnung können in den im Artikel 118 Abs. 1 Satz 2 bezeichneten Gebietstheilen sowie in den vormals Kurhessischen Theilen des Oberlandesgerichtsbezirkes Frankfurt Ortsgerichte errichtet werden. Die Ortsgerichte sind für die in den Artikeln 104 bis 109, 112 bis 116 bezeichneten Angelegenheiten zuständig; die im Artikel 111 genannten Beamten verlieren mit der Errichtung der Ortsgerichte ihre Zuständigkeit für diese Angelegenheiten.

Die Einrichtung sowie die dienstliche Stellung der Ortsgerichte wird durch Königliche Verordnung geregelt. Für Orte, an denen oder in deren

Nähe sich ein Amtsgericht befindet, kann die Zuständigkeit der im Artikel 111 genannten Beamten aufgehoben werden, ohne daß diese Orte in die Bezirke der neuen Ortsgerichte einbezogen werden.

Artikel 122.

Durch Königliche Verordnung können für den Bezirk des vormaligen Justizsenats zu Ehrenbreitstein Ortsgerichte errichtet werden.

Die Ortsgerichte sind, soweit nicht durch Königliche Verordnung einschränkende Bestimmungen getroffen werden, für die in den Artikeln 104 bis 109, 112 bis 116 bezeichneten Angelegenheiten zuständig. Mit der Errichtung der Ortsgerichte hören die Befugnisse auf, welche zu dieser Zeit in dem Bezirke des vormaligen Justizsenats zu Ehrenbreitstein den Feldgerichten, den Schultheißen, den Schöffen, den Bürgermeistern und den Ortsvorstehern in Angelegenheiten der freiwilligen Gerichtsbarkeit zustehen. Die Vorschriften des Artikel 118 Abs. 2 und des Artikel 121 Abs. 2 finden entsprechende Anwendung.

Artikel 123.

Den Ortsgerichten (Art. 121, 122) kann durch Königliche Verordnung unter Aufhebung der geltenden Vorschriften die Aufnahme von Taxen oder eine Mitwirkung bei der Aufnahme von Taxen übertragen werden. Auch können den Ortsgerichten durch Königliche Verordnung unter Aufhebung der geltenden Vorschriften solche durch die Vorschriften dieses Abschnitts nicht betroffene Angelegenheiten übertragen werden, welche in dem einzelnen Rechtsgebiete den jetzt bestehenden Ortsbehörden obliegen.

Für Orte, die in die Bezirke der neuen Ortsgerichte nicht einbezogen werden, können die im Abs. 1 bezeichneten Angelegenheiten durch Königliche Verordnung in anderer Weise als im Wege der Uebertragung auf Ortsgerichte neu geregelt werden.

Mit dem Ortsgerichte kann unter Zustimmung des Kommunallandtags, im Bezirke des vormaligen Justizsenats zu Ehrenbreitstein unter Zustimmung des Provinziallandtags, durch Königliche Verordnung das Amt des Gemeindewaisenraths sowie das Amt des Schiedsmanns verbunden werden.

Artikel 124.

In Ostfriesland und Harlingerland sowie im Regierungsbezirk Osnabrück können zur Vornahme und Beurkundung öffentlicher Versteigerungen besondere Beamte (beeidigte Auktionatoren) angestellt werden.

Artikel 125.

Der Justizminister kann über das Verfahren, welches die in diesem Abschnitte bezeichneten Behörden und Beamten in den Angelegenheiten der freiwilligen Gerichtsbarkeit zu beobachten haben, allgemeine Bestimmungen treffen.

Die Vorschriften über die dienstliche Stellung der im Artikel 124 bezeichneten beeidigten Auktionatoren, über das von ihnen zu beobachtende Verfahren sowie über die Höhe ihrer Gebühren werden von dem Justizminister und dem Minister für Handel und Gewerbe getroffen.

Achter Abschnitt.

Schlußbestimmungen.

Artikel 126.

Der Justizminister kann über das Verfahren bei der Aufnahme eines Vermögensverzeichnisses, insbesondere eines Nachlaßinventars, über das Verfahren bei der Sicherung eines Nachlasses sowie über das Verfahren bei einer aus einem anderen Anlaß erfolgenden Siegelung oder Entsiegelung allgemeine Bestimmungen treffen.

Artikel 127.

In dem Gesetze, betreffend die Befugniß der Auditeure zur Aufnahme von Akten der freiwilligen Gerichtsbarkeit 2c., vom 8. Juni 1860 (Gesetz-Samml. S. 240) werden der §. 3 Abs. 2 und der §. 11 Satz 2 gestrichen.

Artikel 128.

Das Ausführungsgesetz zum Deutschen Gerichtsverfassungsgesetze vom 24. April 1878 (Gesetz-Samml. S. 230) wird dahin geändert:

I. Die §§. 25, 28, 30 bis 32, 40, 51 bis 56, 69, der §. 70 Abs. 2, der §. 74 Abs. 2 und die §§. 75, 106 bis 109 fallen weg.

II. Der §. 2 Abs. 3 erhält folgende Fassung:

Zur Urtheilsfällung zur Beurkundung einer Verfügung von Todeswegen, zur Beurkundung eines Ehevertrags, zur Entscheidung über Durchsuchungen, Beschlagnahmen und Verhaftungen, sowie zu den Geschäften des Amtsrichters bei Bildung der Schöffengerichte und Schwurgerichte sind Referendare nicht befähigt.

III. Der §. 20 erhält folgende Fassung:

In den durch Landesgesetz den ordentlichen Gerichten übertragenen Angelegenheiten erfolgt die Bestimmung des örtlich zuständigen Gerichts, soweit nicht die Vorschriften der Deutschen Prozeßordnungen Anwendung finden, durch das gemeinschaftliche obere Gericht, wenn Streit oder Ungewißheit darüber besteht, welches von mehreren Gerichten örtlich zuständig ist oder wenn ein gemeinschaftlicher Gerichtsstand zu bestellen ist. In Ermangelung eines gemeinschaftlichen oberen Gerichts erfolgt die Bestimmung durch den Justizminister.

Ist das zuständige Gericht in einem einzelnen Falle an der Ausübung des Richteramts rechtlich oder thatsächlich verhindert, so erfolgt die Bestimmung des örtlich zuständigen Gerichts durch das zunächst höhere Gericht, in Ermangelung eines solchen durch den Justizminister.

Eine Anfechtung der Entscheidung findet nicht statt.

Im Sinne der Vorschriften der Abs. 1, 2 gilt als das dem Landgericht im Instanzenzuge vorgeordnete Gericht das Oberlandesgericht, zu dessen Bezirke das Landgericht gehört.

IV. Der §. 24 Abs. 3 erhält folgende Fassung:

Angelegenheiten, auf welche die bezeichneten Vorschriften der Deutschen Prozeßordnungen keine Anwendung finden, können, wenn die Vertretung nicht durch Richter desselben Amtsgerichts erfolgen kann, von dem Landgericht einem anderen Amtsgerichte zugewiesen werden.

V. Im §. 39 Abs. 1 erhält die Nr. 4 folgende Fassung:

4. für die Ansprüche gegen den Landesfiskus in Betreff der Verpflichtung zur Entrichtung einer Erbschaftssteuer oder einer Stempelabgabe.

VI. Der §. 43 erhält folgende Fassung:

Die gerichtliche Beglaubigung amtlicher Unterschriften zum Zwecke der Legalisation im diplomatischen Wege erfolgt durch den Präsidenten des Landgerichts; sie kann von dem Justizminister auch dem zur Führung der Aufsicht bei einem Amtsgerichte berufenen Richter übertragen werden.

VII. Der §. 49 Nr. 2 erhält folgende Fassung:

2. die bisher zur Zuständigkeit des Kreisgerichts in Ratzeburg gehörigen Familienfideikommißsachen und die Lehnssachen in Schleswig;

VIII. Im §. 57 fällt der Hinweis auf die §§. 24, 32, 51 weg.

IX. Im §. 74 erhält der Abs. 1 folgenden Zusatz:

4. das thatsächliche Angebot einer Leistung zu beurkunden.

X. Als §. 86 werden folgende Vorschriften eingestellt:

Sachverständige für gerichtliche Angelegenheiten im Allgemeinen zu beeidigen, ist Sache der Justizverwaltung. Das Gleiche gilt für die Ausstellung von Zeugnissen über das in Preußen geltende Recht.

XI. Der §. 87 erhält folgenden Abs. 2:

Ueber Beschwerden anderer als gerichtlicher Behörden wegen einer vom Gerichte verweigerten Beistandsleistung entscheiden die Oberlandesgerichte; eine Anfechtung dieser Entscheidungen findet nicht statt.

Artikel 129.

Der §. 5 des Gesetzes, betreffend die Dienstverhältnisse der Gerichtsschreiber, vom 3. März 1879 (Gesetz-Samml. S. 99) erhält folgende Fassung:

Die Gerichtsschreibergehülfen sind zur Wahrnehmung der Gerichtsschreibergeschäfte befähigt.

Zur Ertheilung von vollstreckbaren Ausfertigungen und von Zeugnissen, welche sich auf die Rechtskraft der Urtheile beziehen, zur Aufnahme von Wechselprotesten und Vermögensverzeichnissen, zur Vornahme von Siegelungen und Entsiegelungen, sowie zu den Geschäften, welche dem Gerichtsschreiber bei der Führung des Grundbuchs und des Schiffsregisters obliegen, sollen jedoch nur solche Gerichtsschreibergehülfen verwendet werden, welche, abgesehen von der Erledigung der aktiven Dienstpflicht, die Vorbedingungen für die Anstellung als Gerichtsschreiber erfüllt haben. Das Gleiche gilt für die Entgegennahme von Anmeldungen zum Handelsregister, zum Genossenschaftsregister, zum Musterregister und zum Börsenregister.

Artikel 130.

Der §. 154 Abs. 2 des Gesetzes über die Zuständigkeit der Verwaltungs- und Verwaltungsgerichtsbehörden vom 1. August 1883 (Gesetz-Samml. S. 237) wird aufgehoben.

Artikel 131.

In dem bisherigen Geltungsbereiche des Rheinischen Rechtes bleiben für die Geschäfte, die den Gerichten in Ansehung der bis zum 1. Januar 1876 geführten Standesregister obliegen, die Landgerichte zuständig. Der Justizminister kann jedoch anordnen, daß diese Geschäfte auf die Amtsgerichte übergehen.

Artikel 132.

Die Gebührenordnung für Notare vom 25. Juni 1895 (Gesetz-Samml. S. 256) wird dahin geändert:

I. Der §. 3 Abs. 1 erhält folgenden Zusatz:

Bei Versteigerungen werden die Gebühren für die Beurkundung des Zuschlags nur dann auf den Mindestbetrag erhöht, wenn die Summe dieser Gebühren in einem Versteigerungsverfahren 1 Mark 50 Pfennig nicht erreicht.

II. Der §. 5 erhält folgende Fassung:

Soweit die Notare für die Geschäfte zuständig sind, über welche der zweite Abschnitt des ersten Theiles, der §. 65 Ziffer 1 und der §. 81 Abs. 2 des Preußischen Gerichtskostengesetzes Bestimmung treffen, erhalten sie die daselbst für die Thätigkeit des Richters festgesetzten Gebühren.

III. Der §. 6 wird gestrichen.

IV. Im §. 9 werden die Worte „Aufnahme", „aufgenommen" ersetzt durch die Worte „Beurkundung", „beurkundet".

V. Im §. 10 werden die Worte „sowie für den Verkehr des Notars mit den Hypothekenbewahrern" gestrichen. Hinter dem Worte „Legalisationen" wird das Wort „sowie" eingeschaltet.

VI. Der §. 11 erhält folgende Fassung:

Wird dem Notar die Vermittelung einer Auseinandersetzung von dem Gericht oder von den Betheiligten übertragen, so erhält er das Zweifache des im §. 56 des Preußischen Gerichtskostengesetzes bestimmten Gebührensatzes B. Wird das Verfahren nicht durchgeführt oder beschränkt es sich auf die Ermittelung oder Feststellung einer Masse, so ermäßigt sich die Gebühr auf die Hälfte.

Die Gebühren für die Beurkundung oder den Entwurf eines das Verfahren abschließenden Vertrags oder eines bei Gelegenheit desselben mit einem Dritten geschlossenen Vertrags sowie die Gebühren für Vermögensverzeichnisse, Schätzungen und Versteigerungen werden neben den im Abs. 1 bestimmten Gebühren besonders erhoben. Wird die Vermittelung der Auseinandersetzung dem Notar vom Gericht übertragen, so steht die Anfertigung des Auseinandersetzungsplans dem Entwurfe, die Beurkundung der Auseinandersetzung der Beurkundung eines das Verfahren abschließenden Vertrags gleich.

VII. Der §. 18 erhält folgende Fassung:

Im Bezirke des Oberlandesgerichts zu Cöln erhält der Notar für die ihm aufgetragene Vermittelung eines hypothekarischen Darlehens, wenn nicht eine geringere Vergütung vereinbart ist, bis zur Summe von 7500 Mark 1 Prozent der Darlehnssumme, von dem Mehrbetrage 1/2 Prozent. Steht dem Notar die Vermittelungsgebühr zu, so kommt die Gebühr für die Verwahrung von Geld (§. 14) in Wegfall.

VIII. Der §. 19 wird gestrichen.

IX. Der §. 23 erhält folgende Fassung:

Tritt wegen Zuziehung eines Dolmetschers eine Erhöhung der Gebühr ein, so darf der Notar die Erstattung der dem Dolmetscher gezahlten Entschädigung nicht verlangen, wenn bei dem Amtsgericht, in dessen Bezirke der Amtssitz des Notars liegt, für die betreffende Sprache ein Beamter zum Dolmetscher bestellt ist.

X. Im §. 27 Abs. 4 Satz 2 werden hinter dem Worte „vorliegt" die Worte „oder die Beschwerdesumme fünfzig Mark nicht übersteigt" eingeschaltet. Im Abs. 3 wird das Wort „Wohnsitz" durch das Wort „Amtssitz" ersetzt.

XI. Im §. 28 Abs. 1 erhält die Ziffer 3 folgende Fassung:

3. um eine von den Betheiligten dem Notar übertragene Vermittelung einer Auseinandersetzung.

XII. Der §. 30 erhält folgende Fassung:

Diese Gebührenordnung tritt gleichzeitig mit dem Bürgerlichen Gesetzbuch in Kraft und findet auf alle zu diesem Zeitpunkte noch nicht beendigten Geschäfte, auch hinsichtlich der bereits geleisteten Arbeiten, Anwendung.

Im Bezirke des Oberlandesgerichts zu Cöln bleiben für die Ausfertigungen und beglaubigten Abschriften der vor dem 1. Oktober 1895 aufgenommenen Urkunden, für ein nach den bisherigen Vorschriften zu erledigendes gerichtliches Theilungsverfahren oder Gütertrennungsverfahren, sowie in Ansehung der dem Grundbuchrechte noch nicht unterliegenden Grundstücke für die Anzeige der Hypothekenbestellung an den Versicherer, für Schuld- und Pfandverschreibungen, für die Anfertigung des Bordereau und für die Besorgung und Prüfung des Hypothekenauszugs die bisherigen Kostenvorschriften in Kraft.

Artikel 133.

Der Justizminister wird ermächtigt, den Text der Gebührenordnung für Notare, wie er sich aus den im Artikel 132 bestimmten Aenderungen ergiebt, unter fortlaufender Nummernfolge der Paragraphen durch die Gesetz-Sammlung in der Weise bekannt zu machen, daß die Verweisungen auf die Vorschriften der Civilprozeßordnung und des Preußischen Gerichtskostengesetzes durch Verweisungen auf die entsprechenden Vorschriften der durch den Reichskanzler und den Justizminister bekannt gemachten Texte ersetzt werden.

Artikel 134.

Die in den Artikeln 57, 58 des Einführungsgesetzes zum Bürgerlichen Gesetzbuche gemachten Vorbehalte gelten auch gegenüber den Vorschriften dieses Gesetzes.

Artikel 135.

Für die Geschäfte, die in Vormundschafts-, Nachlaß- und Theilungssachen der Mitglieder des vormaligen Hannoverschen Königshauses, des vormaligen Kurhessischen und des vormaligen Herzoglich Nassauischen Fürstenhauses den Gerichten obliegen, sind die Civilsenate der Oberlandesgerichte zuständig; die örtliche Zuständigkeit bestimmt sich nach den Vorschriften des Reichsgesetzes über die Angelegenheiten der freiwilligen Gerichtsbarkeit.

Artikel 136.

Soweit in Gesetzen auf Vorschriften verwiesen ist, welche durch dieses Gesetz außer Kraft gesetzt werden, treten an deren Stelle die entsprechenden neuen Vorschriften.

Artikel 137.

Soweit nach den Uebergangsvorschriften anderer Gesetze die bisherigen Vorschriften noch künftig maßgebend sind, gilt das Gleiche auch für die durch dieses Gesetz aufgehobenen oder abgeänderten Vorschriften.

Bis zu dem Zeitpunkt, in welchem das Grundbuch als angelegt anzusehen ist, bleiben in den im Artikel 118 Abs. 1 Satz 2 bezeichneten Gebietstheilen die Vorschriften unberührt, welche die Mitwirkung der Ortsbehörden bei der Führung der öffentlichen Bücher über die Rechtsverhältnisse an Grundstücken, insbesondere die Zuständigkeit zur Beurkundung der darauf bezüglichen Rechtsgeschäfte, betreffen.

Die neuen Vorschriften über das Verfahren bei der Aufnahme gerichtlicher oder notarieller Urkunden kommen auch dann zur Anwendung, wenn für das beurkundete Rechtsverhältniß das bisherige Recht maßgebend bleibt. Das Gleiche gilt von der Vorschrift, wonach die Amtsgerichte und die Notare in Bezug auf die Zuständigkeit zur Aufnahme von Urkunden einander gleichstehen.

Soweit nach den Uebergangsvorschriften die Zuständigkeit von Ortsbehörden begründet bleibt, kann der Justizminister die Zuständigkeit auf andere Behörden oder Beamte übertragen. In diesem Falle findet die Vorschrift des Artikel 125 Abs. 1 entsprechende Anwendung; der Justizminister kann über die zu erhebenden Kosten Bestimmungen treffen.

Artikel 138.

Für die Anfechtung einer Entscheidung, die vor dem Inkrafttreten des Bürgerlichen Gesetzbuchs erlassen ist, bleiben die bisherigen Vorschriften maßgebend; dies gilt auch dann, wenn nur die Entscheidung erster Instanz vor dem bezeichneten Zeitpunkt erfolgt ist.

Artikel 139.

Auf ein zur Zeit des Inkrafttretens des Bürgerlichen Gesetzbuchs anhängiges Verfahren nach den Artikeln 5, 6 des Einführungsgesetzes zum Handelsgesetzbuche vom 24. Juni 1861 (Gesetz-Samml. S. 449) finden die Vorschriften des §. 135 Abs. 2 Satz 2 und des §. 136 des Reichsgesetzes über die Angelegenheiten der freiwilligen Gerichtsbarkeit Anwendung. Im Uebrigen bleiben die bisherigen Vorschriften maßgebend.

Artikel 140.

In dem Oberlandesgerichtsbezirke Cöln gelten für die bei dem Inkrafttreten dieses Gesetzes im Amte befindlichen Notare die Vorschriften des Artikel 102 Abs. 1 mit folgender Maßgabe:

Der aus dem Amte ausscheidende oder in einen anderen Landgerichtsbezirk versetzte Notar kann bis zum Ablaufe von drei Monaten nach dem Tage des Ausscheidens oder der Versetzung dem Amtsgerichte zur weiteren Aufbewahrung der Papiere einen Notar bezeichnen, der in dem Bezirke dieses Gerichts seinen Amtssitz hat. Die gleiche Befugniß steht im Falle des Todes eines Notars den Erben zu. Das Amtsgericht hat die Papiere dem ihm bezeichneten Notare zu übergeben.

Auf Grund der Vorschriften des vorigen Absatzes kann die Uebergabe der Papiere an einen anderen Notar nur einmal verlangt werden. Im Falle des Ausscheidens, der Versetzung oder des Todes des anderen Notars findet die Abgabe der diesem auf Grund der Vorschriften des vorigen Absatzes übergegebenen Papiere an einen anderen Notar nicht statt.

Artikel 141.

Die nachstehenden Vorschriften werden, soweit sie nicht schon in Folge Reichsgesetzes außer Kraft treten, unbeschadet der Uebergangsvorschriften, aufgehoben:

1. Theil 1 Titel 44 bis 46, 52, Theil 2 Titel 1 bis 5, Theil 3 Titel 7 der Allgemeinen Gerichtsordnung für die Preußischen Staaten, Theil 1 Titel 46 jedoch nur insoweit, als er sich nicht auf die Auseinandersetzung zwischen einem Lehns- oder Fideikommißfolger und den Allodialerben seines Vorbesitzes bezieht;
2. die Artikel 203, 812 bis 818, 839 bis 853, 855 bis 864, 907 bis 944, 986 bis 1002, 1040 des code de procédure civile, die Artikel 844, 845, 1040 jedoch nur für das Gebiet der freiwilligen Gerichtsbarkeit;
3. die Vorschriften des gemeinen Rechtes über die Exemplifikation oder Innovation von Urkunden;

4. die §§. 1 bis 8, 10 bis 31 der Hannoverschen Verordnung über das Verbot aller Privateide 2c. vom 28. Dezember 1821 (Hannov. Gesetz-Samml. 1822 Abth. I S. 43), die §§. 17 bis 20 und die §§. 28 bis 31 jedoch nur insoweit, als sie sich nicht auf Lehen oder Fideikommisse beziehen;
5. die Verordnung und Taxordnung für die Notarien in den Niederrheinischen Provinzen vom 25. April 1822 (Gesetz-Samml. S. 109) sowie der §. 67 des Gesetzes, betreffend die Dienstvergehen der nicht richterlichen Beamten 2c., vom 21. Juli 1852 (Gesetz-Samml. S. 465);
6. die Vorschriften des Rheinischen Rechtes über die Einregistrirung von Urkunden;
7. für das Gebiet der vormals freien Stadt Frankfurt die sich auf die Rechtsmittel in Angelegenheiten der freiwilligen Gerichtsbarkeit beziehenden Vorschriften der Gerichtsordnung für das gemeinsame Oberappellationsgericht der vier freien Städte Deutschlands (Bekanntmachung vom 23. August 1831; Frankf. Gesetz- und Statuten-Samml. Bd. 4 S. 229, 231) und des Gesetzes über das Verfahren in bürgerlichen Rechtssachen vom 7. November 1848 (Gesetz- und Statuten-Samml. Bd. 8 S. 282) sowie der §. 11 des Gesetzes über das Fiskalat vom 3. Dezember 1861 (Gesetz- und Statuten-Samml. Bd. 15 S. 79);
8. die Kabinetsorder über die Vidimation der Urkunden und die Abzweigung der Schulddokumente vom 6. November 1834 (Gesetz-Samml. S. 180);
9. die Versteigerungsordnung für Ostfriesland und Harlingerland vom 16. Dezember 1834 (Hannov. Gesetz-Samml. Abth. III S. 245) sowie die ergänzenden und abändernden Gesetze vom 10. Januar 1840 (Hannov. Gesetz-Samml. Abth. III S. 51), vom 26. Juli 1841 (Hannov. Gesetz-Samml. Abth. III S. 79), vom 27. Dezember 1842 (Hannov. Gesetz-Samml. Abth. III S. 115) und vom 24. März 1897 (Gesetz-Samml. S. 103);
10. die Versteigerungsordnung für den Landdrosteibezirk Osnabrück vom 14. Juli 1838 (Hannov. Gesetz-Samml. Abth. III S. 149) mit Ausnahme des Artikel 3 Abs. 3, soweit er sich auf die Befugniß der Magistrate bezieht, Sachen der Stadt oder des Fleckens an den Meistbietenden zu verkaufen oder zu verpachten;
11. die Verordnung, betreffend das Verfahren bei freiwilligen Subhastationen, vom 6. April 1839 (Gesetz-Samml. S. 125);
12. die Kabinetsorder, betreffend Siegelanlage bei dem Ableben eines Beamten im Bezirke des Appellationsgerichts zu Cöln, vom 14. Juli 1843 (Gesetz-Samml. S. 321);
13. für das Jadegebiet die Oldenburgische Auktionator- und Vergantungsordnung vom 14. Mai 1844 (Oldenb. Gesetz-Samml. 1845 S. 278);
14. das Gesetz über das Verfahren bei Aufnahme von Notariatsinstrumenten vom 11. Juli 1845 (Gesetz-Samml. S. 487);

15. die §§. 457, 458 der Hannoverschen Bürgerlichen Prozeßordnung vom 8 November 1850 (Hannov. Gesetz-Samml. Abth. I S. 341);
16. die Hannoversche Notariatsordnung vom 18. September 1853 (Hannov. Gesetz-Samml. Abth. I S. 345);
17. die §§. 6 bis 8 und der §. 11 Nr. 4 des Gesetzes, betreffend die Geschäftssprache der Behörden, Beamten und politischen Körperschaften des Staates, vom 28. August 1876 (Gesetz-Samml. S. 389), die §§. 6 bis 8 jedoch nur insoweit, als es sich um ihre Anwendung auf die ordentlichen Gerichte handelt;
18. das Gesetz, enthaltend Bestimmungen über das Notariat, vom 8. März 1880 (Gesetz-Samml. S. 177);
19. das Gesetz, betreffend das Theilungsverfahren und den gerichtlichen Verkauf von Immobilien im Geltungsbereiche des Rheinischen Rechtes, vom 22. Mai 1887 (Gesetz-Samml. S. 136) sowie der §. 16 des Ausführungsgesetzes zur Deutschen Konkursordnung vom 16. März 1879 (Gesetz-Samml. S. 109);
20. das Gesetz, betreffend die Vereinigung der Rechtsanwaltschaft und des Notariats im Geltungsbereiche des Rheinischen Rechtes, vom 13. April 1888 (Gesetz-Samml. S. 72);
21. das Gesetz, enthaltend Bestimmungen über das Notariat und über die gerichtliche oder notarielle Beglaubigung von Unterschriften oder Handzeichen, vom 15. Juli 1890 (Gesetz-Samml. S. 229).

Artikel 142.

Dieses Gesetz tritt gleichzeitig mit dem Bürgerlichen Gesetzbuch in Kraft. Die Vorschrift des Artikel 133 tritt mit der Verkündung in Kraft.

Urkundlich unter Unserer Höchsteigenhändigen Unterschrift und beigedrucktem Königlichen Insiegel.

Gegeben ꝛc.

Begründung

zu dem

Entwurf eines Preußischen Gesetzes über die freiwillige Gerichtsbarkeit.

Das Reichsgesetz über die Angelegenheiten der freiwilligen Gerichtsbarkeit vom 17. Mai 1898 (Reichs-Gesetzbl. S. 189, 771) enthält keine erschöpfende Regelung des Verfahrens auf dem Gebiete der nicht streitigen Rechtspflege, vielmehr ist bei seiner Ausarbeitung davon ausgegangen, daß eine reichsgesetzliche Ordnung des Verfahrens im Wesentlichen nur insoweit zu erfolgen habe, als es zur gleichmäßigen Durchführung des Bürgerlichen Gesetzbuchs und seiner Nebengesetze erforderlich sei (Denkschrift zu dem Entwurfe des Reichsgesetzes — Drucks. des Reichstags 9. Leg.-Per. V. Sess. 1897/98 Nr. 21 — S. 31). Der so begrenzten Aufgabe entsprechend, ermächtigt das Reichsgesetz im §. 200 Abs. 1 die Landesgesetzgebung, Vorschriften zu seiner Ergänzung und Ausführung auch insoweit zu erlassen, als besondere Vorbehalte für die Landesgesetzgebung nicht getroffen sind. Außerdem ist im §. 1 des Reichsgesetzes bestimmt, daß die allgemeinen Vorschriften des ersten Abschnitts nur für diejenigen Angelegenheiten der freiwilligen Gerichtsbarkeit gelten, welche durch eine reichsgesetzliche Vorschrift den Gerichten übertragen sind.

Gegenüber dem beschränkten Umfange der reichsgesetzlichen Regelung fällt der Preußischen Gesetzgebung auf dem Gebiete der freiwilligen Gerichtsbarkeit eine doppelte Aufgabe zu: es sind erstens diejenigen Bestimmungen zu treffen, welche innerhalb der reichsgesetzlich geordneten Gebiete zur Ergänzung und Ausführung der reichsgesetzlichen Vorschriften nothwendig sind; sodann aber ist zu prüfen, inwiefern es angezeigt erscheint, auf denjenigen Gebieten, welche an sich durch die Reichsgesetzgebung nicht berührt werden, die landesgesetzlichen Bestimmungen den reichsgesetzlichen Vorschriften anzupassen. Dabei wird zugleich darauf Bedacht zu nehmen sein, daß die Verschiedenheiten des Rechtes innerhalb der Monarchie ausgeglichen werden.

Der vorliegende Entwurf eines Preußischen Gesetzes über die freiwillige Gerichtsbarkeit zerfällt in acht Abschnitte. Der erste Abschnitt (Allgemeine Vorschriften) dehnt die Bestimmungen des ersten Abschnitts des Reichsgesetzes, soweit thunlich, auf solche Geschäfte der freiwilligen Gerichtsbarkeit aus, welche durch Landesgesetz den Gerichten übertragen sind (Art. 1, 3 bis 6), und trifft daneben selbständige Bestimmungen, welche für die reichsgesetzlichen und landesgesetzlichen Angelegenheiten der nicht streitigen Rechtspflege gemeinsam gelten sollen; die letzteren Bestimmungen beziehen sich namentlich auf die Pflicht zur Tragung der Kosten des Verfahrens (Art. 9ff.) und auf die Zwangsgewalt der Gerichte (Art. 15ff.). Im zweiten Abschnitte (Art. 19 bis 28) sind ergänzende Vorschriften für Nachlaß- und Theilungssachen getroffen (R.Ges. §§. 72ff.[1]). Der dritte Abschnitt (Vereins- und Güterrechtsregister. Schiffsregister und Handelssachen) enthält außer Bestimmungen, die sich auf die Registerführung beziehen, Vorschriften über die Verpflichtung zur Tragung der Kosten, die durch ein gerichtliches Verfahren zur Bestätigung der Dispache entstehen (R.Ges. §§. 100ff., 125ff., 149ff., 159ff.). Es folgen im vierten Abschnitte Vorschriften über gerichtliche und notarielle Urkunden (Art. 31 bis 65; vergl. R.Ges. §§. 167ff.) und im fünften Abschnitte Vorschriften über das Verfahren bei der freiwilligen gerichtlichen Versteigerung von Grundstücken (Art. 66 bis 76). Der sechste Abschnitt regelt die Amtsstellung der Notare (Art. 77 bis 103). Der siebente Abschnitt, der die Ueberschrift trägt „Besondere Gerichte, Mitwirkung der Gemeindebeamten in den Angelegenheiten der freiwilligen Gerichtsbarkeit", handelt namentlich von der Zuständigkeit der Dorfgerichte im Gebiete des Preußischen Allgemeinen Landrechts sowie der Ortsbehörden im Oberlandesgerichtsbezirke Frankfurt (Art. 104 bis 125). Der achte Abschnitt (Art. 105 bis 142) enthält Schlußbestimmungen, darunter insbesondere auch Vorschriften über die Abänderung oder Aufhebung bestehender Gesetze. Mehrfache Abänderungen erleidet vor Allem das Ausführungsgesetz zum Gerichtsverfassungsgesetz (Art. 128); aufgehoben aber werden unter Anderem die verschiedenen in Preußen geltenden Notariatsgesetze und fast der ganze zweite Theil der Allgemeinen Gerichtsordnung (Art. 141).

Um das Verständniß und die richtige Beurtheilung der in dem Entwurfe vorgesehenen Bestimmungen, insbesondere der Vorschriften des ersten Abschnitts, zu erleichtern, sei hier in Bezug auf die einzelnen Geschäfte der freiwilligen Gerichtsbarkeit, die durch Reichsgesetz oder durch Landesgesetz den Gerichten übertragen sind, noch Folgendes vorausgeschickt:

Unter die durch Reichsgesetz den Gerichten zugewiesenen Angelegenheiten der freiwilligen Gerichtsbarkeit fallen:

1. die Vormundschaftssachen sowie diejenigen Geschäfte, welche dem Vormundschaftsgerichte nach den Vorschriften des Bürgerlichen Gesetzbuchs über das Eherecht und das Elternrecht obliegen (R.Ges. §§. 35ff.);
2. die Bestätigung des Vertrags, durch welchen Jemand an Kindesstatt angenommen oder das durch die Annahme an Kindesstatt begründete Verhältniß wieder aufgehoben wird (R.Ges. §§. 65ff.);
3. die nach dem Gesetz über die Beurkundung des Personenstandes und die Eheschließung vom 6. Februar 1875 dem Gericht obliegenden Verrichtungen (R.Ges. §§. 69ff.);
4. die Nachlaß- und Theilungssachen (R.Ges. §§. 72ff.);

[1]) Mit R.Ges. ist hier wie im Folgenden das Reichsgesetz über die Angelegenheiten der freiwilligen Gerichtsbarkeit bezeichnet.

5. die Führung des Registers für Binnenschiffe (R.Ges. §§. 100 ff.; Gesetz, betreffend die privatrechtlichen Verhältnisse der Binnenschiffahrt, Reichs-Gesetzbl. 1898 S. 868, §§. 119 ff.);
6. die Führung des Handels- und des Genossenschaftsregisters und die sonstigen dem Richter der freiwilligen Gerichtsbarkeit übertragenen Handelssachen, z. B. die Ernennung und Abberufung von Liquidatoren einer Handelsgesellschaft, die Anordnung der Mittheilung einer Zwischenbilanz an den Kommanditisten oder stillen Gesellschafter, die Ermächtigung einer Minderheit von Aktionären zur Berufung einer Generalversammlung, die Verhandlung über die Dispache u. dgl. mehr (R.Ges. §§. 125 ff, 145 ff., 149 ff.);
7. die Führung des Musterregisters und des Börsenregisters (Gesetz, betreffend das Urheberrecht an Mustern und Modellen, vom 11. Januar 1876, Reichs-Gesetzbl. S. 11, §. 9; Börsengesetz vom 22. Juni 1896, Reichs-Gesetzbl. S. 157, §. 54);
8. die Vereinssachen und die Führung des Güterrechtsregisters (R.Ges. §§. 159 ff.);
9. einzelne Angelegenheiten verschiedener Art, in denen auf Grund besonderer Vorschriften eine Mitwirkung des Richters der freiwilligen Gerichtsbarkeit stattfindet, wie die Bewilligung der öffentlichen Zustellung einer Willenserklärung und die Bewilligung einer öffentlichen Bekanntmachung, in der eine Vollmachtsurkunde für kraftlos erklärt wird (B.G.B. §. 132 Abs. 2, §. 176), die Abnahme eines nicht vor dem Prozeßgerichte zu leistenden Offenbarungseids (R.Ges. §. 163), Anordnungen in Bezug auf die Untersuchung und Verwahrung von Sachen und in Bezug auf den Pfandverkauf (R.Ges. §§. 164 ff.), die Bestellung eines Vertreters des Grundstückseigenthümers zur Entgegennahme der Kündigung von Hypotheken, Grundschulden oder Rentenschulden (B.G.B. §§. 1141, 1192, 1200);
10. die Beurkundung von Rechtsgeschäften (R.Ges. §§. 167 ff.) und die Aufnahme gewisser sonstiger Urkunden, z. B. die Aufnahme von Generalversammlungsprotokollen nach §. 259 des Handelsgesetzbuchs und die Beglaubigung von Unterschriften oder Handzeichen, sowie die Herstellung von Theilhypotheken-, Theilgrundschuld- und Theilrentenschuldbriefen (Grundbuchordnung vom 24. März 1897, Reichs-Gesetzbl. 1897 S. 139, 1898 S. 754, §. 61 Abs. 1, §. 70 Abs. 1).

Zu den durch Landesgesetz den Gerichten übertragenen Angelegenheiten der freiwilligen Gerichtsbarkeit gehören:

1. die den Gerichten in Lehns-, Fideikommiß- und Stiftungssachen obliegenden Geschäfte (s. Ausf.-Ges. z. Gerichtsverfassungsgesetze vom 24. April 1878 §§. 29, 41, 49 nebst Begründung — Drucks. des Hauses der Abg. 13. Leg.-Per. II. Sess. 1877/78 zu Nr. 60 S. 49, 50, 60, 62; Ausf.-Ges. z. B.G.B. Art. 1, 2);[1])

---

[1]) Mit Ausf.-Ges. z. B.G.B. ist hier wie im Folgenden der Entwurf eines Ausführungsgesetzes zum Bürgerlichen Gesetzbuche bezeichnet.

2. die Verrichtungen, welche den Gerichten in den Höfegesetzen, den Landgüterordnungen und den Anerbengesetzen zugewiesen sind, insbesondere in Bezug auf die Führung der Höfe- und Landgüterrollen, in Bezug auf die Ermittelung des Gutswerthes und in Bezug auf die Erklärung über die Annahme oder Ausschlagung des Anerbenrechts (Gesetz, betreffend das Höferecht in der Provinz Hannover, vom 2. Juni 1874, Gesetz-Samml. S. 186, §§. 5 bis 8; Gesetz, betreffend das Höferecht im Kreise Herzogthum Lauenburg, vom 21. Februar 1881; Gesetz-Samml. S. 19, §§. 5 bis 7; Landgüterordnung für die Provinz Brandenburg vom 10. Juli 1883, Gesetz-Samml. S. 111, §§. 1 bis 9, §. 13 V, §. 15; Landgüterordnung für die Provinz Schlesien vom 24. April 1884, Gesetz-Samml. S. 121, §§. 1 bis 9; Landgüterordnung für die Provinz Schleswig-Holstein vom 2. April 1886, Gesetz-Samml. S. 117, §§. 1 bis 9, 16 bis 18, 22; Landgüterordnung für den Regierungsbezirk Cassel vom 1. Juli 1887, Gesetz-Samml. S. 315, §§. 1 bis 11, 14, §. 16 Abs. 4, 5, §. 24. Abs. 3, §. 26 Abs. 2; Gesetz, betreffend das Anerbenrecht bei Renten- und Ansiedelungsgütern vom 8. Juni 1896, Gesetz-Samml. S. 124, §§. 1, 15, §. 37 Abs. 2; Anerbengesetz für Westfalen vom 2. Juli 1898, Gesetz-Samml. S. 139, §. 19);
3. die Führung der Grundbücher;
4. die Berufung und Leitung der Versammlung der Gläubiger einer Bahnpfandschuld und die Bestätigung ihrer Beschlüsse (Gesetz vom 19. August 1895 §§. 27 ff.);
5. die Führung des Registers für Wassergenossenschaften und die Bestimmung der Person, bei welcher die Bücher und Schriften einer aufgelösten Genossenschaft verwahrt werden sollen (Gesetz, betreffend die Bildung von Wassergenossenschaften, vom 1. April 1879, Gesetz-Samml. S. 297, §§. 13 ff., 43);
6. die Entgegennahme von Erklärungen über den Familiennamen einer geschiedenen Frau und eines unehelichen Kindes (B.G.B. §§. 1577, 1706; Ausf.-Ges. z. B.G.B. Art. 67);
7. die Ausstellung der Bescheinigung, daß ein Rechtsnachfolger von Todeswegen berechtigt ist, über eine im Staatsschuldbuch eingetragene Forderung zu verfügen (Gesetz, betr. das Staatsschuldbuch, vom 20. Juli 1883, Gesetz-Samml. S. 120, §. 12; Ausf.-Ges. z. B.G.B. Art. 16);
8. die den Amtsgerichten durch die Hinterlegungsordnung vom 14. März 1879 (Gesetz-Samml. S. 249; vergl. Ausf.-Ges. z. B.G.B. Art. 82) zugewiesenen Geschäfte;
9. die amtliche Verwahrung von Testamenten und Erbverträgen (Ausf.-Ges. z. B.G.B. Art. 79);
10. die Ausstellung von Attesten aus den bei den Gerichten aufbewahrten alten Kirchenbüchern und Civilstandsregistern (A.L.R. II. 11 §§. 501, 503, 504; Verordnung, betreffend die Geburten, Heirathen und Sterbefälle, deren Bürgerliche Beglaubigung durch die Amtsgerichte

erfolgen muß, vom 30. März 1847, Gesetz-Samml. S. 125; Gesetz über die Verhältnisse der Juden vom 23. Juli 1847, Gesetz-Samml. S. 263, §§. 8 ff.; Preuß. Personenstandsgesetz vom 9. März 1874, Gesetz-Samml. S. 95, §. 53; R.Ges. vom 6. Februar 1875 §. 73);

11. die Urkundsthätigkeit, soweit sie nicht schon reichsgesetzlich zur Zuständigkeit der Gerichte gehört, z. B. die Aufnahme eines Vermögensverzeichnisses, eines Protokolls über die Generalversammlung einer eingetragenen Genossenschaft oder eines eingetragenen Vereins, die Ausstellung einer Lebensbescheinigung, die Sicherstellung des Datums einer Privaturkunde u. dgl. mehr (Entw. Art. 31, 54 ff.), ferner die Ertheilung von Ausfertigungen aus den bei den Gerichten aufbewahrten Notariatsurkunden (Entw. Art. 3, Art. 44 ff.);

12. die Aufnahme gerichtlicher Taxen (vergl. A.G.O. II. 6).

Auf landesgesetzlicher Vorschrift beruht gegenwärtig auch die Zuständigkeit der Gerichte zur Führung der Seeschiffsregister (Ausf.-Ges. z. G.V.G. §§. 15, 25); indessen ist bei den schwebenden Verhandlungen über die Abänderung des Gesetzes, betreffend die Nationalität der Kauffahrteischiffe ꝛc., vom 25. Oktober 1867 (Bundes-Gesetzbl. S. 35) in Aussicht genommen, die Führung des Registers für Seeschiffe reichsgesetzlich den Amtsgerichten zu übertragen, vorbehaltlich abweichender landesrechtlicher Bestimmungen und vorbehaltlich einer Befugniß der Landesregierungen, die Führung des Registers für die Bezirke mehrerer Amtsgerichte einem von ihnen zuzuweisen.

Erster Abschnitt.

Allgemeine Vorschriften.

Artikel 1.

Wie schon hervorgehoben, gelten die Vorschriften der §§. 2 bis 34 des Reichsgesetzes über die Angelegenheiten der freiwilligen Gerichtsbarkeit nach §. 1 dieses Gesetzes nur für solche Angelegenheiten der nicht streitigen Rechtspflege, welche durch Reichsgesetz den Gerichten übertragen sind. Die bezeichneten Vorschriften eignen sich indessen im Allgemeinen auch für diejenigen Geschäfte, welche durch Landesgesetz den Gerichten zugewiesen sind, und es empfiehlt sich deshalb im Interesse der Einheitlichkeit und Uebersichtlichkeit des Rechtes, ihr Geltungsgebiet, soweit nicht besondere Gründe entgegenstehen, auf diese Angelegenheiten zu erstrecken. Der Artikel 1 sowie die Artikel 3 bis 6 des Entwurfes enthalten die hierzu erforderlichen Bestimmungen. Die Artikel 3 bis 6 verallgemeinern die reichsgesetzlichen Grundsätze über die Beschwerde; dagegen betreffen die durch den Artikel 1 für anwendbar erklärten reichsgesetzlichen Vorschriften die örtliche Zuständigkeit (§§. 3, 4), die Ausschließung und Ablehnung der Richter (§§. 6, 7), die Gerichtssprache und die Dolmetscher (§§. 8, 9), die Zulassung von Beiständen und Bevollmächtigten (§. 13), das Armenrecht (§. 14), den Beweis durch Zeugen und Sachverständige und die Glaubhaftmachung (§. 15), den Eintritt der Wirksamkeit gerichtlicher Verfügungen und die Form ihrer Bekanntmachung (§. 16), die

Berechnung von Fristen (§. 17), die Zeugnisse über die Rechtskraft einer Verfügung (§. 31), die Folgen der Aufhebung einer Verfügung (§. 32), die Verhängung von Ordnungsstrafen (§. 33) und die Einsicht der Gerichtsakten sowie die Ertheilung von Abschriften (§. 34). Uebrigens erklärt der Entwurf die vorstehend aufgeführten Vorschriften nicht ausnahmslos für anwendbar, vielmehr fügt er gegenüber den §§. 6, 7 einen Vorbehalt für die Vorschriften des Grundbuchrechts über die Ausschließung und Ablehnung der Gerichtspersonen in der Beschwerdeinstanz und gegenüber den §§. 13, 15, dem §. 16 Abs. 1, den §§. 17, 34 einen allgemeinen Vorbehalt zu Gunsten abweichender Bestimmungen hinzu. Der erstere Vorbehalt ist aufgenommen mit Rücksicht auf den §. 81 Abs. 2 der Reichs-Grundbuchordnung sowie mit Rücksicht auf die landesgesetzlichen Vorschriften, nach welchen die Bestimmungen der Reichs-Grundbuchordnung für die Führung der Berggrundbücher und der Bahngrundbücher maßgebend sind (vergl. Gesetz, betreffend das Pfandrecht an Privateisenbahnen und Kleinbahnen, vom 19. August 1895, Gesetz-Samml. S. 499, §. 9). Für Grundbuchsachen ist auch der auf den §. 16 Abs. 1 und auf die §§. 13, 17, 34 bezügliche Vorbehalt von Bedeutung. Denn die Bestimmung, daß gerichtliche Verfügungen mit der Bekanntmachung an denjenigen, für welchen sie ihrem Inhalte nach bestimmt sind, wirksam werden, paßt nicht für Grundbucheintragungen, ferner sind über die Stellung von Anträgen durch Bevollmächtigte und über die Einsicht der Grundbücher und der Grundakten in der Grundbuchordnung selbständige Vorschriften getroffen (§§. 11, 30, 94); außerdem kommt in Betracht, daß der §. 82 der Grundbuchordnung in Verbindung mit Artikel 55 des Einführungsgesetzes zum Bürgerlichen Gesetzbuche landesgesetzliche, zur Ergänzung der Grundbuchordnung dienende Vorschriften insoweit ausschließt, als sich nicht aus den reichsgesetzlichen Vorschriften ergiebt, daß ein Gegenstand der landesgesetzlichen Regelung hat überlassen werden sollen. Des Weiteren müssen gegenüber dem §. 13 des Reichsgesetzes, nach welchem eine Vertretung durch Bevollmächtigte zulässig ist, namentlich die Bestimmungen in Kraft bleiben, wonach die Erklärung über den Austritt aus der Kirche oder der Synagogengemeinde von dem Austretenden in Person abzugeben ist (Gesetz vom 14. Mai 1873, Gesetz-Samml. S. 207, §. 1; Gesetz vom 26. Juli 1876, Gesetz-Samml. S. 353, §. 1). Ebenso müssen gegenüber dem §. 34 des Reichsgesetzes die Vorschriften der Höfegesetze und Landgüterordnungen aufrecht erhalten werden, welche die Einsicht der Höfe- und Landgüterrollen Jedem gestatten. Gegenüber dem §. 15 des Reichsgesetzes aber, der die Beeidigung der Zeugen und Sachverständigen in das Ermessen des Gerichts stellt, ist namentlich auf die Vorschriften der bestehenden Gesetze über die Feststellung des Werthes von Grundstücken zu verweisen (A.G.O. II 6 §. 4; Landgüterordnung für die Provinz Brandenburg vom 10. Juli 1883 §. 13 Nr. V, für Schleswig-Holstein vom 2. April 1886 §. 16 Abs. 3).

Von den reichsgesetzlichen Vorschriften sind im Artikel 1 des Entwurfes nicht für anwendbar erklärt die §§. 2, 5, 10 bis 12, 18 sowie die Vorschriften des §. 8 über die Sitzungspolizei und über die Berathung und Abstimmung. Die Ausdehnung der §§. 2, 5, 10 und 11, die sich auf die Rechtshülfe, die

Bestimmung des zuständigen Gerichts durch ein höheres Gericht, auf die Gerichtsferien und auf die Abgabe der Erklärungen zum Protokoll eines Gerichtsschreibers beziehen, sowie die Ausdehnung der angeführten Vorschriften des §. 8 erübrigt sich, weil das Ausführungsgesetz zum Gerichtsverfassungsgesetze schon die erforderlichen Bestimmungen enthält (§§. 20, 71, 87, 88, 90, 91; vergl. Entw. Art. 128 Nr. III). Die Vorschriften des Gerichtsverfassungsgesetzes lassen sich andererseits dadurch, daß die betreffenden Paragraphen des Reichsgesetzes im Artikel 1 des vorliegenden Entwurfes mitaufgeführt werden, nicht ersetzen. Denn für das Gebiet der freiwilligen Gerichtsbarkeit würden neben dem Hinweis auf die reichsgesetzlichen Vorschriften noch ergänzende Bestimmungen nothwendig sein, z. B. über die Bestellung eines gemeinschaftlichen Gerichtsstandes (vergl. unten zu Art. 128 Nr. III), über die Bestellung des zuständigen Gerichts durch den Justizminister, über die Befugniß, von der Bearbeitung der Lehns-, Fideikommiß- und Stiftungssachen in den Ferien abzusehen; außerdem würde das Ausführungsgesetz zum Gerichtsverfassungsgesetze noch Vorschriften für diejenigen Angelegenheiten geben müssen, die weder zu der ordentlichen streitigen noch zu der freiwilligen Gerichtsbarkeit gehören. Auch würde es für die durch Landesgesetz den Gerichten übertragenen Angelegenheiten der freiwilligen Gerichtsbarkeit zu weit gehen, wenn gemäß §. 11 des Reichsgesetzes, abweichend vom §. 71 des Ausführungsgesetzes zum Gerichtsverfassungsgesetze, nicht nur Gesuche, sondern schlechthin Anträge und Erklärungen zu Protokoll des Gerichtsschreibers abgegeben werden könnten (vergl. z. B. Gesetz über den Austritt aus der Kirche vom 14. Mai 1873 §. 1).

Der §. 12 des Reichsgesetzes, nach welchem das Gericht von Amtswegen die zur Feststellung der Thatsachen erforderlichen Ermittelungen zu veranstalten und die geeignet erscheinenden Beweise aufzunehmen hat, ist in den Entwurf nicht übernommen, weil der in Frage stehende Grundsatz im Allgemeinen als selbstverständlich angesehen werden kann und andererseits seine unbedingte gesetzliche Ausdehnung auf alle durch Landesgesetz den Gerichten zugewiesenen Angelegenheiten der freiwilligen Gerichtsbarkeit nicht unbedenklich ist. Zum mindesten müßte für Grundbuchsachen ein Vorbehalt gemacht werden; denn die Ausdehnung des §. 12 auf Grundbuchsachen würde mit dem §. 29 der Grundbuchordnung nicht vereinbar sein, nach welchem es Sache der Betheiligten ist, die Voraussetzungen der Eintragung durch öffentliche Urkunden nachzuweisen (vergl. G.B.O. §. 13); zudem ist die Landesgesetzgebung auch formell nicht befugt, in dieser Beziehung für Grundbuchsachen eine Bestimmung zu treffen.

Aehnlich verhält es sich mit dem Grundsatze des §. 18 des Reichsgesetzes, demzufolge das Gericht berechtigt ist, eine von ihm erlassene Verfügung nachträglich zu ändern. Zunächst müßte hier gleichfalls ein Vorbehalt für die Grundbuchordnung gemacht werden (vergl. G.B.O. §. 54). Sodann aber müßte die Regel des §. 18 auch sonst noch Ausnahmen erleiden. Schon im §. 55 des Reichsgesetzes ist zum Schutze Dritter vorgesehen, daß eine Verfügung, durch welche die Genehmigung zu einem Rechtsgeschäft ertheilt oder verweigert wird (vergl. z. B. B.G.B. §§. 1812, 1821, 1822), von dem Vormundschaftsgericht insoweit nicht mehr geändert werden kann, als die Genehmigung oder deren Verweigerung einem Dritten gegenüber wirksam geworden ist. Verfügungen gleicher Art kommen aber auch auf den Gebieten vor, die der Landesgesetzgebung vorbehalten sind; hierhin gehören die Verfügungen, durch die ein mit der Beaufsichtigung einer Stiftung betrautes Gericht die nach der Satzung erforderliche Genehmigung zum Erwerbe von Grundstücken u. s. w. ertheilt oder verweigert oder durch die das Vormundschaftsgericht dem Anerben die nach Landesrecht erforderliche Zustimmung zum Verzicht auf das Anerbenrecht giebt (Gesetz, betreffend das Anerbenrecht bei Renten- und Ansiedelungsgütern, vom 8. Juni 1896 §. 15 Abs. 5, Anerbengesetz für Westfalen vom 2. Juni 1898, Gesetz-Samml. S. 139, §. 19 Abs. 2). Bei dieser Sachlage empfiehlt es sich, zur Vermeidung kasuistischer Vorschriften von einer ausdrücklichen Ausdehnung des im §. 18 des Reichsgesetzes aufgestellten Grundsatzes abzusehen und die entsprechende Anwendung der reichsgesetzlichen Vorschriften der Praxis zu überlassen; dies ist um so unbedenklicher, als auch die geltenden Gesetze keine Bestimmung der in Frage stehenden Art enthalten.

Artikel 2.

Das Reichsgesetz giebt für die Beurkundung von Rechtsgeschäften in den §§. 170 bis 172 Vorschriften über die Ausschließung des Gerichtsschreibers, dagegen trifft es für andere Angelegenheiten der freiwilligen Gerichtsbarkeit keine entsprechenden Bestimmungen. Der Entwurf füllt diese Lücke aus, indem er die §§. 6, 7 des Reichsgesetzes für anwendbar erklärt. Die Vorschrift des Artikel 2 gilt sowohl für diejenigen Geschäfte, welche das Reichsgesetz den Gerichtsschreibern zuweist, z. B. für Zustellungen (R.Ges. §. 16), als auch für solche, die ihnen auf Grund einer landesgesetzlichen Bestimmung obliegen, wie die Aufnahme von Wechselprotesten, die Ausführung einer Siegelung oder Entsiegelung, die Mitwirkung bei der Führung des Grundbuchs (vergl. Ausf-Ges. z. G.B.G. §. 70, G.B.O. §. 10).

Darüber, ob der Richter bei Verhandlungen der freiwilligen Gerichtsbarkeit einen Gerichtsschreiber zuzuziehen hat, enthält der Entwurf keine Bestimmung; auch reichsgesetzlich ist die Zuziehung eines Gerichtsschreibers nur vereinzelt vorgesehen (R.Ges. §. 169, B.G.B. §§. 2233, 2276). In der Regel bedarf es mithin künftig ebenso wie nach dem geltenden Rechte der Mitwirkung eines Gerichtsschreibers nicht; doch ist selbstverständlich der Richter nicht gehindert, auch in Fällen, in denen das Gesetz die Zuziehung eines Gerichtsschreibers nicht vorschreibt, einen Gerichtsschreiber zuzuziehen, soweit dies zur ordnungsmäßigen und angemessenen Erledigung der Geschäfte erforderlich ist; hiernach wird beispielsweise im Theilungsverfahren, bei Zeugenvernehmungen, bei der mündlichen Verhandlung im Ordnungsstrafverfahren und bei den Verhandlungen über die Dispache die Heranziehung eines Gerichtsschreibers zur Protokollführung in Frage kommen können. Daß nach §. 15 des Reichsgesetzes die Zuziehung eines Gerichtsschreibers bei Zeugenvernehmungen nothwendig sei, wird nicht anzunehmen sein; denn wenngleich nach §. 15 die Vorschriften der Civilprozeßordnung über den Zeugenbeweis entsprechende Anwendung finden sollen und im

Prozeßverfahren bei der Zeugenvernehmung ein Gerichtsschreiber mitwirken muß, so ist doch diese Mitwirkung des Gerichtsschreibers nichts der Zeugenvernehmung Eigenthümliches, vielmehr ist sie im Prozeßverfahren für alle mündlichen Verhandlungen vorgeschrieben. Auf dem Gebiete der freiwilligen Gerichtsbarkeit gilt aber dieser allgemeine Grundsatz nicht; die entsprechende Anwendung der Bestimmungen der Civilprozeßordnung über den Zeugenbeweis führt deshalb nicht zu der Nothwendigkeit der Zuziehung eines Gerichtsschreibers.

Artikel 3 bis 8.

Die Artikel 3 bis 8 enthalten Vorschriften über die Beschwerde.

Im Anschluß an das geltende Recht und an das Reichsgesetz über die Angelegenheiten der freiwilligen Gerichtsbarkeit (vergl. Allgemeine Gerichtsordnung III 1 §§. 11 ff.; R.Ges. §. 19 Abs. 1, §§. 64, 143) stellt der Entwurf in den Artikeln 3 und 4 zunächst den Grundsatz auf, daß auch in den durch Landesgesetz den Gerichten zugewiesenen Geschäften der nicht streitigen Rechtspflege gegen die gerichtlichen Verfügungen, sofern nicht eine besondere Vorschrift die Anfechtbarkeit ausschließt (vergl. z. B. Art. 128 Nr. III), ein Rechtsmittel — und zwar die Beschwerde — stattfindet. Im Artikel 4 Satz 3 ist sodann ausdrücklich hervorgehoben, daß Rechte Dritter, die auf Grund der angefochtenen Verfügung erworben sind, durch die Abänderung der Verfügung nicht beeinträchtigt werden; diese Vorschrift ist namentlich von Bedeutung, wenn es sich um die Ertheilung oder die Verweigerung der Genehmigung zu einem Rechtsgeschäfte handelt, z. B. bei einer vom Gerichte beaufsichtigten Stiftung, und die Ertheilung oder Verweigerung der Genehmigung einem Dritten gegenüber wirksam geworden ist (vergl. R.Ges. §. 55. Abs. 1).

Was die Ordnung des Rechtsmittelverfahrens im Einzelnen betrifft, so kann sich der Entwurf hier gleichfalls im Wesentlichen den Vorschriften des Reichsgesetzes anschließen (Art. 6 Abs. 1). Namentlich eignen sich auch die Bestimmungen der §§. 27 bis 29 über die weitere Beschwerde, deren Abweichungen von den §§. 51 ff. des Ausführungsgesetzes zum Gerichtsverfassungsgesetze, abgesehen von der Frage der Zuständigkeit des Kammergerichts, nur eine untergeordnete Bedeutung haben, zur Uebertragung auf die durch Landesgesetz den Gerichten zugewiesenen Angelegenheiten der freiwilligen Gerichtsbarkeit. Doch müssen die Vorschriften des §. 28 Abs. 2, 3 des Reichsgesetzes von der Uebertragung ausgeschlossen bleiben, da eine Zuständigkeit des Reichsgerichts auf Grund einer landesgesetzlichen Bestimmung nicht in Frage kommen kann; auch ist es erforderlich, im Anschluß an das Ausführungsgesetz zum Gerichtsverfassungsgesetze noch besondere Bestimmungen über die Zuständigkeit des Kammergerichts zu treffen (Art. 7, 8).

Einen Vorbehalt macht der Entwurf zu Gunsten des Grundbuchrechts und des Gesetzes, betreffend das Pfandrecht an Privateisenbahnen und Kleinbahnen 2c., vom 19. August 1895 (Gesetz-Samml. S. 499). Neben der Reichs-Grundbuchordnung sind landesgesetzliche Vorschriften über das Beschwerdeverfahren in Grundbuchsachen nur insoweit zulässig, als es sich darum handelt, die Zuständigkeit für die weitere Beschwerde einem von mehreren Oberlandesgerichten oder dem obersten Landesgerichte zu übertragen. Im Uebrigen muß es dagegen bei den Vorschriften der Grundbuchordnung bewenden, insbesondere ist es nicht zulässig, durch Landesgesetz im Anschluß an den §. 20 des Reichsgesetzes über die Angelegenheiten der freiwilligen Gerichtsbarkeit in Bezug auf den Kreis der beschwerdeberechtigten Personen in Grundbuchsachen eine ausdrückliche Entscheidung zu treffen. Der zweite Vorbehalt ist namentlich für die Bestätigung von Beschlüssen der Inhaber von Theilschuldverschreibungen von Bedeutung (Gesetz vom 19. August 1895 §. 30); da hier einzelne besondere Vorschriften, z. B. über den Beginn der Frist zur Einlegung der sofortigen Beschwerde, auch künftig nicht zu entbehren sein würden,[1]) so empfiehlt es sich, um den Zusammenhang des Gesetzes zu wahren, die betreffenden Bestimmungen überhaupt unberührt zu lassen. Daß die Vorschriften des Preußischen Gerichtskostengesetzes und der Gebührenordnung für Notare von den Artikeln 4 bis 8 nicht berührt werden, ergiebt sich schon daraus, daß der Artikel 84 Nr. IX des Entwurfs eines Ausführungsgesetzes zum Bürgerlichen Gesetzbuch und der Artikel 132 Nr. X des vorliegenden Entwurfes den §. 26 des Gerichtskostengesetzes und den §. 27 der Gebührenordnung für Notare nicht aufheben, sondern nur abändern.

Wann die sofortige Beschwerde (R. Ges. §. 22) stattfindet, kann nicht durch eine allgemeine Regel entschieden werden. Fälle der sofortigen Beschwerde finden sich z. B. in den Artikeln 11, 21 des Entwurfes; außerdem bestimmt der Artikel 5 mit Rücksicht auf die bestehenden Gesetze, daß die sofortige Beschwerde in denjenigen Fällen stattfindet, in welchen nach besonderen gesetzlichen Vorschriften die Einlegung des Rechtsmittels gegen die Entscheidung erster Instanz an eine Frist gebunden ist (vergl. z. B. Landgüterordnung für den Regierungsbezirk Cassel vom 1. Juli 1887 §. 16). Die Vorschriften des Hannoverschen und des Frankfurter Rechtes, wonach die Einlegung des Rechtsmittels allgemein an eine Frist gebunden ist, enthalten eine zu weit gehende Erschwerung der Anfechtung gerichtlicher Verfügungen und können jedenfalls gegenüber dem abweichenden Standpunkte des Reichsgesetzes, welches dem in den landrechtlichen Gebietstheilen geltenden Rechte gefolgt ist, nicht aufrecht erhalten werden (vergl. Entw. Art. 141 Nr. 7, 15).

Ueber Beschwerden gegen amtsgerichtliche Verfügungen wird nach dem Entwurf ebenso wie nach dem geltenden Rechte durch eine Civilkammer des Landgerichts, über Beschwerden gegen Verfügungen, die das Landgericht in erster Instanz erlassen hat, durch einen Civilsenat des Oberlandesgerichts entschieden (Art. 6 Abs. 2, 3; Ausf.-Ges. zum Gerichtsverfassungsgesetz §. 40 Abs. 1, §. 57); eine Entscheidung durch die Kammer für Handelssachen (R.Ges. §. 30 Abs. 1 Satz 2) kommt bei den durch Landesgesetz den Gerichten übertragenen Angelegenheiten der freiwilligen Gerichtsbarkeit nicht in Frage. Soweit das Oberlandesgericht die erste Instanz bildet, überträgt der Entwurf in Uebereinstimmung mit der Allgemeinen Gerichtsordnung und mit den Vorschriften späterer Gesetze die Entscheidung über die Beschwerde dem

[1]) Vergl. Ges. von 1895 §. 30 in Verbindung mit Konkursordnung §. 189 (alte Fassung §. 174) und dazu R. Ges. §. 22 Abs. 1.

Justizminister.[1]) Die Vorschrift ist namentlich für Lehns- und Fideikommißsachen sowie für die standesherrlichen Angelegenheiten der freiwilligen Gerichtsbarkeit von Bedeutung.

Eine weitere Beschwerde findet nach dem Entwurf ebenso wie nach dem Reichsgesetze nur in Angelegenheiten statt, für welche das Amtsgericht die erste Instanz bildet (s. R.Ges. §. 64, §. 143 a. E.); wenn die Allgemeine Gerichtsordnung abweichend hiervon den Betheiligten gestattet, sich gegenüber einer vom Justizminister in der Beschwerdeinstanz getroffenen Entscheidung an den König zu wenden, so hat diese Befugniß schon in den neueren auf das Beschwerdeverfahren bezüglichen Bestimmungen keine Anerkennung mehr gefunden (vergl. die in der Anmerk. angeführten Vorschriften der Verordnung vom 12. November 1855 und der Gesetze vom 5. März 1855, 23. Juli 1875, 28. März 1877 und 12. Juli 1896).

Die Artikel 7 und 8 beziehen sich auf die Zuständigkeit des Kammergerichts für die weitere Beschwerde. Nach §. 51 des Ausführungsgesetzes zum Gerichtsverfassungsgesetz ist für die Verhandlung und Entscheidung über das Rechtsmittel der weiteren Beschwerde das Kammergericht ausschließlich zuständig. Das Kammergericht hat jedoch gemäß §. 56, wenn die weitere Beschwerde lediglich auf die Verletzung einer Rechtsnorm gestützt wird, die im Bezirke des Kammergerichts nicht gilt, die Verhandlung und Entscheidung demjenigen Oberlandesgerichte zu überweisen, zu dessen Bezirke das Landgericht gehört, welches die angefochtene Verfügung erlassen hat; eine gleiche Ueberweisung kann ferner erfolgen, wenn die angefochtene Entscheidung auf die Verletzung mehrerer Rechtsnormen gestützt wird, von denen die eine, nicht aber die andere im Bezirke des Kammergerichts Geltung hat. Ob die Voraussetzungen der Ueberweisung gegeben sind, ergiebt sich aus der Beschwerdeschrift, da diese nach §. 53 Abs. 3 die Bezeichnung der verletzten Rechtsnorm enthalten muß, widrigenfalls die Beschwerde als unzulässig verworfen wird. Für die durch Landesgesetz den Gerichten übertragenen Angelegenheiten der freiwilligen Gerichtsbarkeit, mit Ausnahme der Grundbuchsachen, würden die bezeichneten Vorschriften an sich unverändert beibehalten werden können. Anders verhält es sich mit den durch Reichsgesetz den Gerichten zugewiesenen Geschäften der nicht streitigen Rechtspflege und mit den Grundbuchsachen. Zwar bestimmen die Grundbuchordnung (§. 102) und das Reichsgesetz über die Angelegenheiten der freiwilligen Gerichtsbarkeit

[1]) Vergl. A. G. O. III 1 §. 13, Verordnung vom 2. Januar 1849, Gesetz-Samml. S. 1, §. 35 Abs. 4; Gesetz, betreffend die Kompetenz der Gerichtsbehörden in Familienfideikommißsachen, vom 5. März 1855, Gesetz-Samml. S. 175, §. 4; Verordnung, betreffend die Wiederherstellung des privilegirten Gerichtsstandes für die mittelbar gewordenen Deutschen Reichsfürsten und Grafen, vom 12. November 1855, Gesetz-Samml. S. 686, §. 4 Abs. 2; Gesetz, betreffend die Auflösung des Lehnsverbandes der nach dem Lehnrecht der Kurmark, Altmark und Neumark zu beurtheilenden Lehne, vom 23. Juli 1875, Gesetz-Samml. S. 537, §. 22 Abs. 2; Gesetz, betreffend die Auflösung des Lehnsverbandes in den Provinzen Sachsen und Brandenburg, vom 28. März 1877, Gesetz-Samml. S. 111, §. 18 Abs. 4; Gesetz, betreffend die Familienfideikommisse in Neuvorpommern und Rügen, vom 12. Juli 1896, Gesetz-Samml. S. 162, §. 2 Abs. 2.

(§. 199 Abs. 1), daß durch die Gesetzgebung eines Bundesstaats, in dem mehrere Oberlandesgerichte errichtet sind, die Entscheidung über das Rechtsmittel der weiteren Beschwerde einem der mehreren Oberlandesgerichte übertragen werden darf; die Bestimmung, daß in der Regel für den ganzen Umfang der Monarchie das Kammergericht über die weitere Beschwerde zu entscheiden hat, kann daher in Geltung bleiben. Dagegen schreiben die Grundbuchordnung und das Reichsgesetz weder selbst vor, daß die Beschwerde die verletzte Rechtsnorm bezeichnen muß, noch enthalten sie eine Bestimmung, auf Grund deren das Landesgesetz eine entsprechende Vorschrift erlassen könnte; auch der Vorbehalt im §. 200 Abs. 1 des Reichsgesetzes greift hier nicht Platz, denn die Vorschrift, daß die Beschwerde die verletzte Rechtsnorm bezeichnen muß, würde nicht als eine bloße Ergänzung, sondern als eine Abänderung der reichsgesetzlichen Vorschriften anzusehen sein. Die Ueberweisung der Entscheidung an dasjenige Oberlandesgericht, zu dessen Bezirke das Gericht der unteren Instanz gehört, kann daher künftig in den Sachen, für welche die Grundbuchordnung oder das Reichsgesetz über die freiwillige Gerichtsbarkeit maßgebend ist, nicht mehr davon abhängig gemacht werden, daß die Beschwerde auf die Verletzung eines im Bezirke des Kammergerichts nicht geltenden Gesetzes gestützt wird. Statt dessen soll es nach dem Entwurf — und zwar in allen Angelegenheiten der freiwilligen Gerichtsbarkeit — darauf ankommen, ob die Entscheidung nach der Auffassung des Kammergerichts von der Auslegung eines im Bezirke des Kammergerichts nicht geltenden Gesetzes abhängt; ist dies der Fall, so soll das Kammergericht befugt sein, die Entscheidung über die weitere Beschwerde dem Oberlandesgerichte zu überweisen, zu dessen Bezirke das untere Gericht gehört. Der Entwurf unterscheidet nicht, ob für die Entscheidung nach der Ansicht des Kammergerichts die Entscheidung ausschließlich von der Auslegung eines im Kammergerichtsbezirke nicht geltenden Gesetzes abhängt oder ob es daneben auf die Auslegung anderer Gesetze ankommt; auch in dem ersteren Falle soll — abweichend von dem Grundsatze des §. 56 des Ausführungsgesetzes zum Gerichtsverfassungsgesetze — das Kammergericht nur die Befugniß, nicht die Verpflichtung zur Ueberweisung haben. Durch diese Regelung wird das Gesetz vereinfacht und seine Handhabung erleichtert; andererseits bietet schon die Befugniß zur Ueberweisung eine ausreichende Gewähr dafür, daß das Kammergericht nicht unnöthigerweise mit der Auslegung von Rechtsnormen belastet wird, für deren Beurtheilung das örtlich zuständige Oberlandesgericht besser oder ebenso gut geeignet ist wie das Kammergericht. Die Vorschrift des Artikel 7 Abs. 2, wonach der Ueberweisungsbeschluß dem Beschwerdeführer bekannt zu machen ist, entspricht dem §. 28 Abs. 2 Satz 2 des Reichsgesetzes. Daß das Oberlandesgericht, an welches die Ueberweisung erfolgt, sich der Erledigung der Sache zu unterziehen hat, dabei aber an die rechtliche Begründung des Ueberweisungsbeschlusses nicht gebunden ist (Ausf.-Ges. zum G.V.G. §. 56 Abs. 2), braucht im Gesetze nicht ausdrücklich hervorgehoben zu werden. Wenn das örtlich zuständige Oberlandesgericht von der Begründung des Ueberweisungsbeschlusses abweichen will, so kommen auch nicht die reichsgesetzlichen Vorschriften über die Abgabe der Beschwerde an das Reichsgericht zur Anwendung; denn der Ueberweisungsbeschluß ist nicht als eine auf weitere Beschwerde ergangene Entscheidung im Sinne des §. 28 Abs. 2 des Reichsgesetzes vom 17. Mai 1898 und des §. 79 Abs. 2 der Grundbuchordnung anzusehen. Soweit aber die Voraussetzungen des §. 28 Abs. 2 und des §. 79 Abs. 2 vorliegen, wird durch die Zuständigkeitsvorschriften des Entwurfes die Verpflichtung der Gerichte, dem Reichsgerichte die Beschwerde vorzulegen, nicht berührt, vielmehr ist die Beschwerde gegebenenfalls von dem Kammergericht oder von dem Oberlandesgerichte, dem das Kammergericht die Beschwerde überwiesen hat, an das Reichsgericht abzugeben.

Artikel 9 bis 14.

Darüber, wer bei einer Angelegenheit der freiwilligen Gerichtsbarkeit, bei der mehrere Personen betheiligt sind, die Kosten zu tragen hat, läßt sich eine allgemeine Regel nicht aufstellen. Für die Gerichtskosten haftet nach dem geltenden Rechte dem Staate gegenüber im Allgemeinen derjenige, durch dessen Antrag die Thätigkeit des Gerichts veranlaßt ist, und bei Geschäften, die von Amtswegen betrieben werden, derjenige, dessen Interesse dabei wahrgenommen wird (Preuß. Gerichtskostengesetz §. 1). Ob der hiernach Zahlungspflichtige von einem anderen Betheiligten Ersatz der Gerichtskosten verlangen und ob er daneben etwa auch Ersatz der ihm sonst in der fraglichen Angelegenheit erwachsenen Kosten fordern kann, ist nach dem zu Grunde liegenden Rechtsverhältniß und den Vorschriften des bürgerlichen Rechtes zu entscheiden. Auch der Entwurf enthält nur in einzelnen Beziehungen selbständige Vorschriften (Art. 9, 16, 28, 30) und läßt es im Uebrigen bei den Bestimmungen des bürgerlichen Rechtes bewenden. Der Grundsatz des Civilprozesses, daß die unterliegende Partei die Kosten zu tragen hat, läßt sich auf die Angelegenheiten der freiwilligen Gerichtsbarkeit nicht übertragen, weil es in den meisten Angelegenheiten an Parteien, die einander gegenüberstehen, überhaupt fehlt und es sich auch in den Fällen, in denen der Richter in einem Verfahren der freiwilligen Gerichtsbarkeit über streitige Verhältnisse zu entscheiden hat, wie bei den Entscheidungen unter Ehegatten oder unter den Mitgliedern einer Handelsgesellschaft, nicht um bloße Entscheidungen auf Grund fester Rechtsgrundsätze, sondern um eine verständige Vermittelung unter den widerstreitenden Interessen und um eine rechtsbegründende Thätigkeit handelt. Ob einer der Betheiligten gegen den anderen einen Anspruch auf Erstattung der ihm durch das Verfahren der freiwilligen Gerichtsbarkeit erwachsenen Kosten hat, kann sich daher in der Regel nur nach den Grundsätzen des materiellen Rechts richten. Für einzelne Angelegenheiten enthält das Bürgerliche Gesetzbuch über die Pflicht zur Tragung der Kosten ausdrückliche Vorschriften. So hat beispielsweise nach den §§. 261, 2028, 2057 des Bürgerlichen Gesetzbuchs die Kosten der Abnahme des Offenbarungseids derjenige zu tragen, welcher die Abnahme verlangt, ebenso fallen nach den §§. 1034, 1035, 1067, 1093, 1372, 1528, 2122 die Kosten der Feststellung des Zustandes oder des Werthes einer Sache sowie die Kosten der Aufnahme eines Verzeichnisses demjenigen zur Last, auf dessen Verlangen die Aufnahme erfolgt, im Falle des §. 1217 des Bürgerlichen Gesetzbuchs geschieht ferner die Bestellung eines Verwahrers auf Kosten des

Pfandgläubigers. Auch im Handelsgesetzbuche finden sich ausdrückliche Vorschriften über die Verpflichtung zur Tragung der Kosten eines gerichtlichen Verfahrens, insbesondere hat nach §. 254 Abs. 4 des Handelsgesetzbuchs, wenn das Gericht Aktionäre zur Berufung einer Generalversammlung ermächtigt hat, die Generalversammlung darüber zu beschließen, ob die entstandenen Kosten von der Gesellschaft getragen werden sollen. Neben diesen Vorschriften kommen sodann für die Frage, ob einer von mehreren Betheiligten gegen die übrigen einen Anspruch auf Ersatz von Kosten hat, die allgemeinen Vorschriften des bürgerlichen Rechtes, insbesondere die Grundsätze von der Gemeinschaft oder der Gesellschaft, dem Auftrag oder der Geschäftsführung ohne Auftrag, von der ungerechtfertigten Bereicherung und den unerlaubten Handlungen in Betracht.

Was die Vorschriften des Entwurfes betrifft, so bestimmt der Artikel 9, daß das Gericht, falls an einer Angelegenheit der freiwilligen Gerichtsbarkeit mehrere Personen betheiligt sind, bei der von ihm zu treffenden Entscheidung einen Betheiligten verurtheilen kann, diejenigen Kosten des Verfahrens ganz oder theilweise zu tragen, welche er durch ein unbegründetes Gesuch, einen unbegründeten Widerspruch oder eine unbegründete Beschwerde, durch vorzeitiges Anrufen des Gerichts, durch eine Versäumung oder durch grobes Verschulden veranlaßt hat. Diese Vorschrift bezieht sich zunächst nur auf das gegenseitige Verhältniß der Betheiligten, doch soll nach Artikel 84 Nr. III des Entwurfes eines Ausführungsgesetzes zum Bürgerlichen Gesetzbuche der §. 1 des Preußischen Gerichtskostengesetzes durch eine Bestimmung ergänzt werden, nach welcher ein zur Tragung der Kosten des Verfahrens Verurtheilter auch der Staatskasse gegenüber neben den jetzt im §. 1 des Gerichtskostengesetzes Genannten zahlungspflichtig ist. Der Artikel 9 soll es dem Gericht ermöglichen, nach freiem Ermessen aus Rücksichten der Billigkeit die Kosten, die einem Betheiligten durch das persönliche Verhalten eines anderen verursacht worden sind, dem Letzteren auch dann zur Last zu legen, wenn sich aus den Grundsätzen des Civilrechts, insbesondere aus den Vorschriften über unerlaubte Handlungen, ein Anspruch auf Erstattung dieser Kosten nicht herleiten läßt. Auch soll durch die Bestimmung des Artikel 9 in Verbindung mit den Vorschriften der Artikel 10 ff. den Betheiligten die Möglichkeit eröffnet werden, den Anspruch auf Erstattung von Kosten der bezeichneten Art ohne Prozeß durchzuführen. Der Artikel 9 kann beispielsweise zur Anwendung kommen, wenn ein Pfandgläubiger durch einen unbegründeten Antrag auf Festsetzung einer von den gesetzlichen Vorschriften abweichenden Art des Pfandverkaufs seinen Mitgläubigern und dem Schuldner Kosten verursacht (R.Ges. §. 166, B.G.B. §. 1246) oder wenn sich ein Ehemann aus nichtigen Gründen weigert, die Beschränkung oder Ausschließung der Schlüsselgewalt der Frau aufzuheben oder die Zustimmung zur Uebernahme persönlicher Dienste durch die Frau zu ertheilen, und die Frau in Folge dessen genöthigt ist, sich an das Gericht zu wenden (B.G.B. §§. 1357, 1358); sie kann ferner zur Anwendung kommen, wenn der Schiffer einen Ladungsinteressenten, der bereit ist, sich freiwillig der Dispache zu unterwerfen, ohne Weiteres zu einer gerichtlichen Verhandlung über die Bestätigung der Dispache laden läßt (R. Ges. §. 153; Entw. Art. 30) oder wenn in Vormundschaftssachen ein Verwandter oder Verschwägerter des Mündels durch eine leichtfertig erhobene Beschwerde dem Mündel Kosten verursacht. Soweit sich die Vorschrift auf grobes Verschulden bezieht, kann sie beispielsweise Platz greifen, wenn Maßregeln auf Grund der §§. 1666, 1667 des Bürgerlichen Gesetzbuchs getroffen werden sollen und das der Anordnung dieser Maßregeln vorausgehende Verfahren, insbesondere eine Beweisaufnahme, Kosten verursacht. Nach der Vorschrift des Artikel 9 können aber nur Personen, welche betheiligt sind, zur Erstattung der Kosten verurtheilt werden; gegen nichtbetheiligte Dritte, die durch unbegründete Anzeigen und dergleichen, z. B. unbegründete Verdächtigungen eines Vormundes, Kosten verursachen, ist sie nicht anwendbar; ebensowenig kann sie zur Anwendung kommen zu Gunsten eines Dritten, der wegen eines sachlichen Interesses in das Verfahren eingreift, aber rechtlich außerhalb des Verfahrens steht, z. B. zu Gunsten eines Kaufmanns, dem dadurch Kosten erwachsen sind, daß in seinem Auftrag ein Rechtsanwalt bei Gericht beantragt hat, gegen einen Konkurrenten wegen unberechtigter Führung einer Firma nach §. 37 des Handelsgesetzbuchs einzuschreiten. Auch der Gemeindewaisenrath gehört, da er lediglich obrigkeitliche Funktionen ausübt, nicht zu den Betheiligten. Der Artikel 9 setzt ferner voraus, daß es sich um eine Angelegenheit handelt, in welcher der Richter eine Entscheidung zu treffen hat. In anderen Fällen, z. B. wenn in einem zur Aufnahme einer Urkunde bestimmten Termin ein Betheiligter nicht erscheint, kann eine Anwendung der Vorschrift nicht in Frage kommen; übrigens bleibt die Vorschrift des §. 107 des Preußischen Gerichtskostengesetzes über die Verpflichtung zur Zahlung der Gerichtskosten unberührt.

Die Verurtheilung in Kosten auf Grund des Artikel 9 wird von dem mit der Sache befaßten Richter im Beschlußverfahren ausgesprochen; der Prozeßweg muß hier ausgeschlossen werden. Wenn dagegen ein Betheiligter nicht auf Grund der Vorschriften des Artikel 9, sondern auf Grund der Bestimmungen anderer Gesetze einen Anspruch auf Kostenersatz geltend machen will, so wird es ihm, soweit nicht in diesen Gesetzen selbst ausnahmsweise ein bloßes Beschlußverfahren vorgesehen ist (vergl. B.G.B. §. 1875 Abs. 1), künftig ebenso wie im geltenden Rechte überlassen bleiben müssen, den Prozeßweg zu beschreiten.

Kann sich ein auf Grund des Artikel 9 verurtheilter Betheiligter mit seinem Gegner oder einem seiner Gegner über den Betrag der Kosten nicht einigen, welchen er zu erstatten hat, wird vielmehr eine gerichtliche Festsetzung des zu zahlenden Betrags erforderlich, so muß naturgemäß auch diese Festsetzung durch das Gericht, welches mit der betreffenden Angelegenheit der freiwilligen Gerichtsbarkeit befaßt ist, erfolgen. Der Entwurf sieht hierfür ein thunlichst einfaches Verfahren vor und legt zugleich dem Kostenfestsetzungsbeschlusse die Eigenschaft eines vollstreckbaren Titels bei. Im Einzelnen schließen sich die Bestimmungen größtentheils an Vorschriften der Civilprozeßordnung an (vergl. C.P.O. — neue Fassung — §. 105 Abs. 3, §. 107 Abs. 1, §. 568 Abs. 3). Wenn aus dem §. 107 der Civilprozeßordnung nur der Abs. 1 in den Entwurf übernommen worden ist, so rechtfertigt sich dies schon dadurch, daß es sich empfiehlt, in den Angelegenheiten der freiwilligen Gerichtsbarkeit die Formvorschriften möglichst zu beschränken und insbesondere behufs Vermeidung der Nothwendigkeit förmlicher Zustellungen die Festsetzung von Fristen thunlichst zu vermeiden; in denjenigen Fällen, in welchen die Entscheidung in der Hauptsache und die Kostenentscheidung nicht der sofortigen, sondern der einfachen Beschwerde unterliegen, würde die Befristung des im §. 107 der Civilprozeßordnung bezeichneten Antrags ohnehin zwecklos sein.

Nach §. 1875 Abs. 1 des Bürgerlichen Gesetzbuchs ist ein Mitglied des Familienraths, das ohne genügende Entschuldigung der Einberufung zu einer Sitzung nicht Folge leistet oder die rechtzeitige Anzeige seiner Verhinderung unterläßt oder sich der Theilnahme an der Beschlußfassung enthält, von dem Vorsitzenden in die dadurch verursachten Kosten zu verurtheilen. Es liegt nahe, im Falle einer solchen Verurtheilung in Bezug auf die Festsetzung der Kosten und die Zwangsvollstreckung dieselben Vorschriften für maßgebend zu erklären wie bei einer Verurtheilung auf Grund des Artikel 9. Dies ist im Artikel 10 Abs. 1 des Entwurfs vorgesehen und das Gleiche ist dort weiterhin für den Fall bestimmt, daß Jemand auf Grund des Artikel 16 des Entwurfs bei der Festsetzung einer Ordnungsstrafe in die Kosten des Verfahrens verurtheilt worden ist (s. unten zu Art. 16). Bezüglich der Erstattung von Auslagen an Verwandte und Verschwägerte eines Mündels, die der Vormundschaftsrichter vor einer von ihm zu treffenden Entscheidung gehört hat (B.G.B. §§. 1847, 1862), bedarf es besonderer Vorschriften im Entwurfe nicht. Denn daß der Betrag der Auslagen vom Vormundschaftsgerichte festgesetzt wird, ist schon im Bürgerlichen Gesetzbuche bestimmt; andererseits wird eine Zwangsvollstreckung nach Maßgabe der Vorschriften der Civilprozeßordnung (Entw. Art. 14) hier nur selten nothwendig werden, da der Vormund den vom Gerichte festgesetzten Betrag meist ohne Weiteres erstatten wird und überdies im Falle der Säumniß durch Ordnungsstrafen zur Zahlung angehalten werden kann (B.G.B. §. 1837). Aeußerstenfalls können die Verwandten sich dadurch einen vollstreckbaren Titel verschaffen, daß sie auf Grund des Beschlusses des Vormundschaftsgerichts gegen den Mündel klagen.

Artikel 15 bis 18.

Es liegt im Wesen einer mit obrigkeitlicher Gewalt ausgestatteten Behörde, daß sie die Macht haben muß, ihre Anordnungen erforderlichenfalls im Wege des Zwanges durchzuführen. Dieser Auffassung entsprechend, ertheilt die Allgemeine Gerichtsordnung (III. 1 §. 10) den Landesjustizkollegien ausdrücklich die Ermächtigung, „ihren auf die Gesetze . . gegründeten Verfügungen, nöthigenfalls durch rechtliche Zwangsmittel, Gehorsam und Folge zu verschaffen, die Widerspenstigen durch den Fiskus zur Verantwortung ziehen zu lassen und mit den in den Kriminalgesetzen geordneten Strafen wider sie zu verfahren". Die Reichsgesetzgebung hat die Regelung der Zwangsgewalt auf dem Gebiete der nichtstreitigen Rechtspflege grundsätzlich den Landesgesetzen überlassen (vergl. den Bericht der Reichstagskommission zum Gesetz über die Angelegenheiten der freiwilligen Gerichtsbarkeit — Drucks. des Reichstags 9. Leg.-Per. V. Sess. 1897/98 Nr. 109 — S. 32 Nr. 21), jedoch zum Theil auch ihrerseits Vorschriften gegeben. So ist für gewisse Angelegenheiten, z. B.

gegenüber dem Besitzer eines Testaments, der die Herausgabe an das Nachlaßgericht verweigert, ferner gegenüber dem Vormund und gegenüber denjenigen Personen, welche die ihnen obliegende Anmeldung zum Vereins- oder Handelsregister unterlassen, die Zulässigkeit der Verhängung von Ordnungsstrafen reichsgesetzlich anerkannt;[1]) außerdem ist im §. 33 des Gesetzes vom 17. Mai 1898 für alle durch Reichsgesetz den Gerichten übertragenen Angelegenheiten bestimmt, daß Ordnungsstrafen, soweit sie nach Reichs- oder Landesgesetz überhaupt zulässig sind, nicht ohne vorgängige Androhung festgesetzt werden dürfen und daß die einzelne Strafe den Betrag von dreihundert Mark nicht übersteigen darf.

Die Artikel 15 bis 18 des Entwurfes bezwecken, unter Wahrung dieser reichsgesetzlichen Schranken, welche nach Artikel 1 auch für die durch Landesgesetz den Gerichten überwiesenen Geschäfte der freiwilligen Gerichtsbarkeit maßgebend sind, die Zwangsgewalt der Gerichte durch Aufstellung allgemeiner Grundsätze zu regeln, nnd zwar in der Weise, daß neben der Ermächtigung zur Verhängung von Ordnungsstrafen dem Richter in bestimmtem Umfange die Befugniß zur Anwendung unmittelbaren Zwanges ertheilt wird.

Der Artikel 15 erklärt Ordnungsstrafen in allen Fällen für zulässig, in denen Jemandem durch eine Verfügung die Verpflichtung auferlegt ist, eine Handlung vorzunehmen, die ausschließlich von seinem Willen abhängt, oder eine Handlung zu unterlassen oder die Vornahme einer Handlung zu dulden. Was die Art der Strafen betrifft, so begnügt sich der Entwurf, in Uebereinstimmung mit den reichsgesetzlichen Vorschriften, mit der Androhung von Geldstrafen; ob die Landesgesetzgebung überhaupt befugt ist, Haftstrafen zu verhängen, ist nach der Fassung des §. 33 des Reichsgesetzes nicht unzweifelhaft.

Der Artikel 15 wird beispielsweise zur Anwendung kommen können, wenn der Vater oder die Mutter den zum geistigen oder leiblichen Wohle oder zum Schutze des Vermögens des Kindes vom Vormundschaftsgerichte getroffenen Anordnungen nicht nachkommt (B.G.B. §§. 1665 bis 1667) oder wenn sich Jemand seiner gesetzlichen Verpflichtung zuwider weigert, einen unrichtigen Erbschein dem Nachlaßgerichte herauszugeben oder ein Schiffscertifikat, einen Schiffsbrief oder einen Hypothekenbrief dem Registergerichte oder dem Grundbuchamte behufs des Vermerkes einer im Schiffsregister oder im Grundbuche bewirkten Eintragung vorzulegen (vergl. B.G.B. §§. 2361, 1507, 2368; R. G. §. 120 Abs. 1; G. B. O. §. 62 Abs. 2, §. 70 Abs. 1). Nicht minder ist das Gericht nach Artikel 15 befugt, einen Betheiligten durch Ordnungsstrafen zum persönlichen Erscheinen anzuhalten, soweit es dies für die ihm von Amtswegen obliegenden Ermittelungen für erforderlich erachtet (vergl. R. Ges. §. 12). Auch kann auf Antrag eines Betheiligten von der Verhängung von Ordnungsstrafen in Fällen Gebrauch gemacht werden, in denen das Amtsgericht in einem bloßen Beschlußverfahren über streitige

---

[1]) Vergl. im Einzelnen R.Ges. §§. 83, 151, B.G.B. §§. 78, 1788, 1837, 1875, 1897, 1915, H.G.B. §§. 14, 37, 319, §. 325 Nr. 9, Genossenschaftsgesetz (R.-G.-Bl. 1898 S. 810) §. 160.

Rechtsverhältnisse entscheidet; beispielsweise wird der Kommanditist durch Ordnungsstrafen angehalten werden können, der ihm auferlegten Verpflichtung zur Vorlage der Bücher oder zur Mittheilung einer Bilanz nachzukommen (H. G. B. §. 166 Abs. 3, R. Ges. §. 145). Allerdings steht es den Betheiligten, soweit in einem Verfahren der freiwilligen Gerichtsbarkeit über ihre gegenseitigen Rechte und Verbindlichkeiten entschieden wird, frei, auf Grund der in diesem Verfahren ergangenen Entscheidung eine Klage anzustellen und sodann die Vollstreckung nach Maßgabe der Vorschriften der Civilprozeßordnung zu betreiben (vergl. Entsch. des Reichsgerichts Bd. 23 S. 385), es wäre indessen nicht zweckmäßig, die Betheiligten lediglich auf diesen Weg zu verweisen

Der Artikel 16, demzufolge bei der Festsetzung einer Ordnungsstrafe dem Verurtheilten zugleich die Kosten des Verfahrens aufzuerlegen sind, verallgemeinert einen Grundsatz, den der §. 138 des Reichsgesetzes für das Ordnungsstrafverfahren der Registergerichte ausgesprochen hat. Sind einem anderen Betheiligten, z. B. dem stillen Gesellschafter, welcher auf Grund einer nach §. 338 Abs. 3 des Handelsgesetzbuchs ergangenen Entscheidung beantragt hat, gegen den Inhaber der Firma zur Erzwingung der Mittheilung einer Bilanz mit Ordnungsstrafen vorzugehen, durch das Strafverfahren Kosten erwachsen, so finden auf deren Festsetzung und Beitreibung die Vorschriften der Artikel 10 bis 14 Anwendung.

Die Vorschrift des Artikel 17, wonach eine Ordnungsstrafe nicht in den Nachlaß des Verurtheilten vollstreckt werden kann, beruht auf Billigkeitsgründen. Daß eine vom Gerichte festgesetzte Ordnungsstrafe aufgehoben werden kann, wenn die Nichtbefolgung der Anordnung nachträglich entschuldigt wird, versteht sich von selbst.

Der Artikel 18 enthält Bestimmungen über die Anwendung unmittelbaren Zwanges. Es soll danach zulässig sein, Gewalt zu gebrauchen, wenn eine Sache oder eine Person herauszugeben oder eine Sache vorzulegen ist oder wenn eine Anordnung ohne Gewalt nicht durchgeführt werden kann; die letztere Voraussetzung muß auch dann als gegeben erachtet werden, wenn sich eine Anordnung nach Lage des Falles mittelst bloßer Ordnungsstrafen nicht schnell genug vollstrecken läßt. Im Einzelnen wird ein unmittelbarer Zwang beispielsweise in Frage kommen, wenn sich ein Gesellschafter weigert, nach den §§. 157, 166, 338 des Handelsgesetzbuchs einem Mitgesellschafter Bücher und Papiere vorzulegen oder herauszugeben, oder wenn sich der Vater der Ueberführung eines Kindes in eine Erziehungsanstalt widersetzt (B.G.B. §. 1666) oder wenn er mittelst Ordnungsstrafen nicht dazu gebracht werden kann, vor dem Vormundschaftsgerichte zu erscheinen, um über die Erfüllung der ihm gegenüber seinem Kinde obliegenden Pflichten Rechenschaft zu geben. Ebenso kann die Anwendung von Gewalt nothwendig werden, wenn Jemand dem Beamten, der eine Nachlaßsiegelung ausführen will, thatsächlichen Widerstand entgegensetzt oder wenn sich ein Erbe oder Erbschaftsbesitzer weigert, verschlossene Behältnisse zum Zwecke der Aufnahme eines Vermögensverzeichnisses zu öffnen. Auch wäre es nicht gerechtfertigt, in den Fällen der §§. 2259 und 2361 des Bürgerlichen Gesetzbuchs dem Nachlaßgericht als einziges Mittel zur Erzwingung der Herausgabe des Testaments oder Erbscheins die Verhängung von Ordnungsstrafen zur Verfügung zu stellen; denn in vielen Fällen wird es einfacher, wirksamer und angemessener sein, wenn das Gericht einen Gerichtsdiener oder einen Gerichtsvollzieher beauftragt, das Testament oder den Erbschein dem Besitzer wegzunehmen.

Die Vorschriften des Artikel 18 Abs. 2 über die Verpflichtung zur Leistung des Offenbarungseids entsprechen den Bestimmungen im §. 83 Abs. 2 des Reichsgesetzes.

Die Artikel 15 und 18 erleiden übrigens mehrfache Ausnahmen. Unter Anderem können im gerichtlichen Auseinandersetzungsverfahren die Betheiligten nicht durch Androhung von Ordnungsstrafen oder durch unmittelbaren Zwang zum Erscheinen genöthigt werden, da das Reichsgesetz (§§. 89 ff.) die Folgen des Ausbleibens erschöpfend regelt. Ferner sind für die Zwangsvollstreckung aus der rechtskräftig bestätigten Auseinandersetzung oder Dispache sowie aus der im Entwurfe vorgesehenen gerichtlichen Kostenfestsetzung die Vorschriften der Civilprozeßordnung maßgebend, und das Gleiche gilt für die Zwangsbefugnisse gegenüber einem ungehorsamen Zeugen oder Sachverständigen (R.Ges. §§. 15, 98, 158; Entw. Art. 1, 14). Auch darf das Gericht von den Zwangsmitteln selbstverständlich nur bei solchen Anordnungen Gebrauch machen, deren Durchführung innerhalb seiner gesetzlichen Befugnisse liegt. Das Gericht ist daher, um ein Beispiel anzuführen, nicht berechtigt, in den Fällen des §. 432 des Bürgerlichen Gesetzbuchs den Schuldner zu zwingen, dem nach §. 165 des Gesetzes vom 17. Mai 1898 bestellten Verwahrer die geschuldete Sache herauszugeben; denn eine für den Schuldner maßgebende Entscheidung über das Bestehen der Schuld hat das um die Bestellung eines Verwahrers angegangene Gericht nicht zu fällen. Ebenso kann das Gericht nicht außerhalb eines anhängigen Verfahrens auf Antrag eines Betheiligten Jemanden unter Androhung von Ordnungsstrafen zur Abgabe eines Zeugnisses oder Gutachtens vorladen. Denn wenngleich die Amtsgerichte nach Artikel 31 des Entwurfes befugt sind, außerhalb eines behördlichen Verfahrens eine Aussage über einen thatsächlichen Vorgang oder ein Gutachten zu beurkunden, so ist doch auf Grund des Artikel 31 Niemand verpflichtet, gegen seinen Willen zum Zwecke der Aufnahme einer Urkunde vor Gericht zu erscheinen; die Vorschriften der Civilprozeßordnung über den Zeugen- und Sachverständigenbeweis greifen hier nicht Platz, da der im Artikel 1 des Entwurfes in Bezug genommene §. 15 des Reichsgesetzes eine wahre, vom Richter geleitete Beweisaufnahme voraussetzt und sich nicht auf eine schriftliche Wiedergabe von Erklärungen bezieht, bei welcher der Richter lediglich die Stellung einer Urkundsperson einnimmt. Auch die in den §§. 2216, 2224 des Bürgerlichen Gesetzbuchs vorgesehenen Entscheidungen können nicht nach Maßgabe der Artikel 15 ff. vollstreckt werden. Nach dem §. 2216 ist das Nachlaßgericht befugt, auf Antrag des Testamentsvollstreckers oder eines anderen Betheiligten Anordnungen, die der Erblasser für die Verwaltung des Nachlasses durch letztwillige Verfügung getroffen hat, außer Kraft zu setzen, wenn ihre Befolgung den Nachlaß erheblich gefährden würde; nach §. 2224 hat ferner das Nachlaßgericht, falls mehrere Testamentsvollstrecker vorhanden sind, bei einer Meinungsverschiedenheit zwischen ihnen zu entscheiden. Durch diese Vorschriften ist dem Nachlaßgerichte lediglich der

Erlaß der Entscheidung übertragen; die Durchführung der Entscheidung ist von den Betheiligten, vorbehaltlich der Befugniß des Nachlaßgerichts zur Absetzung des Testamentsvollstreckers (B.G.B. §. 2227), nöthigenfalls im Prozeßwege zu erzwingen.

Zweiter Abschnitt.

Nachlaß- und Theilungssachen.

Artikel 19.

Nach §. 1960 des Bürgerlichen Gesetzbuchs hat das Nachlaßgericht bis zur Annahme der Erbschaft von Amtswegen für die Sicherung des Nachlasses zu sorgen; die gleiche Bestimmung ist für den Fall getroffen, daß der Erbe unbekannt oder daß ungewiß ist, ob er die Erbschaft angenommen hat. Zur Durchführung dieser Vorschrift muß die Landesgesetzgebung in geeigneter Weise Vorsorge dafür treffen, daß das Nachlaßgericht von den Fällen, in denen gerichtliche Sicherungsmaßregeln zur Sicherung des Nachlasses angebracht erscheinen, rechtzeitig Kenntniß erhält. Die Allgemeine Gerichtsordnung (II. 5 §. 23) bestimmt in der fraglichen Beziehung, daß die im Sterbehause gegenwärtigen Verwandten oder Hausgenossen des Verstorbenen, ingleichen sein Hauswirth von den Umständen, die eine Nachlaßsiegelung nothwendig machen, den Gerichten Anzeige zu erstatten haben, wenn anders sie sich gegen die Erben oder die Gläubiger des Verstorbenen außer Verantwortung setzen wollen. Das Bürgerliche Gesetzbuch kennt indessen eine derartige Anzeigepflicht einer Privatperson nicht, und es ist zweifelhaft, ob die Landesgesetzgebung befugt ist, die Verwandten u. s. w. wegen unterlassener Anzeige haftbar zu machen. Auch läßt sich nicht verkennen, daß es zu großen Unbilligkeiten führen kann, wenn Personen, die an der Erbschaft nicht betheiligt sind, den Erben und den Nachlaßgläubigern den aus der Versäumung der Anzeige verursachten Schaden ersetzen müssen. Es erscheint deshalb nicht angängig, den Grundsatz der Allgemeinen Gerichtsordnung beizubehalten und ihn auf den ganzen Umfang der Monarchie auszudehnen. Für die rechtzeitige Benachrichtigung des Nachlaßgerichts wird am zweckmäßigsten dadurch gesorgt werden können, daß es den Polizeibehörden, die über die thatsächlichen Verhältnisse meist am besten unterrichtet sind, im Gesetz ausdrücklich zur Pflicht gemacht wird, dem für den Sterbeort zuständigen Amtsgerichte Mittheilung zu machen, wenn sie von einem Todesfalle Kenntniß erhalten, bei welchem gerichtliche Maßregeln zur Sicherung des Nachlasses angezeigt erscheinen können. Der Artikel 19 des Entwurfes enthält eine solche Bestimmung. Die aus §. 10 A.L.R. II. 17 zu entnehmende Berechtigung und Verpflichtung der Polizei, bis zum Eingreifen des Gerichts selbständig Maßregeln zur Sicherung eines gefährdeten Nachlasses zu treffen, wird dadurch nicht berührt. Es ist angeregt worden, den Standesbeamten die gleiche Anzeigepflicht aufzuerlegen, wie den Polizeibehörden; indessen wird den Standesbeamten nicht ohne zwingenden Grund eine neue, ihnen an sich fremde Aufgabe zugewiesen werden dürfen. Ein solcher Grund aber liegt nicht vor, da die Interessen der Erben und der Nachlaßgläubiger durch die Anzeigepflicht der Polizeibehörde in ausreichender

Weise geschützt werden; die Anzeigepflicht der Verwandten und Hausgenossen, durch deren Wegfall für das Geltungsgebiet der Allgemeinen Gerichtsordnung eine Aenderung des bisherigen Rechtszustandes eintritt, besteht nach französischem und gemeinem Rechte schon gegenwärtig nicht. Die Vorschriften über die Sterbeberichte der Bürgermeister in Nassau und der Ortsgerichtsvorsteher in den vormals Großherzoglich Hessischen Gebietstheilen (Nass. Gesetz vom 26. Juli 1854 §. 23 Abs. 3 nebst Instruktion vom 2. Januar 1863 §. 17, Großh. Hess. Edikt vom 16. Oktober 1852 Art. 12 nebst Instruktion vom 26. Oktober 1852 §. 25) werden durch die Bestimmungen im Artikel 105 Abs. 2 und im Artikel 111 des vorliegenden Entwurfes ersetzt.

Wegen des Verfahrens bei der Siegelung und Entsiegelung eines Nachlasses sowie bei der Aufnahme eines Nachlaßinventars ist auf den Artikel 126 des Entwurfes zu verweisen.

Artikel 20.

Der Artikel 20 enthält Vorschriften über die Sicherung der staatlichen Akten und Gelder, die ein verstorbener Beamter in Händen gehabt hat, sowie über die Sicherung der sonstigen Sachen, die nach dem Tode eines Beamten auf Grund des Dienstverhältnisses herauszugeben sind. Die hier vorgeschlagenen Bestimmungen treten an die Stelle der auf die Nachlaßsiegelung bei Beamten bezüglichen Vorschriften des Rheinischen Rechtes und der Allgemeinen Gerichtsordnung (code de procédure Art. 911 Nr. 3 nebst Kabinetsorder vom 14. Juli 1843, Gesetz-Samml. S. 321; A.G.O. II. 5 §§. 6, 31, 39, Anh. §§. 433, 436).

Artikel 21 bis 28.

Die Artikel 21 bis 28 haben das in den §§. 86 bis 89 des Reichsgesetzes vom 17. Mai 1898 geregelte Auseinandersetzungsverfahren zum Gegenstande. Sie verfolgen im Wesentlichen den Zweck, die Mitwirkung des Notars im Auseinandersetzungsverfahren zu regeln; daneben sind im Artikel 28 Bestimmungen über die Kosten des Verfahrens getroffen.

Um das Verständniß der Vorschriften des Entwurfes zu erleichtern, sei zunächst eine kurze Uebersicht des Verfahrens, wie es sich nach dem Reichsgesetze gestaltet, vorausgeschickt.

Das Reichsgesetz geht ebenso wie das Preußische Gesetz über das Theilungsverfahren im Geltungsbereiche des Rheinischen Rechtes vom 22. Mai 1887 (Gesetz-Samml. S. 136) und das Elsaß-Lothringische Theilungsgesetz vom 14. Juni 1888 davon aus, daß es meist gelingen wird, eine gütliche Einigung unter den an einer Erbschaft oder Gütergemeinschaft betheiligten Personen zu erzielen, falls die Parteien in dem für die Vornahme der Theilung anberaumten Termin erscheinen; es wird deshalb, um die Parteien zum Erscheinen zu veranlassen, den Vereinbarungen, welche die erschienenen Betheiligten mit Bezug auf die Theilung treffen, unter gewissen Voraussetzungen auch gegenüber den Ausgebliebenen Wirksamkeit beigelegt (§§. 91 bis 93, 97).

Wird bei dem Gerichte von einem Betheiligten der Antrag auf Vermittelung der Auseinandersetzung gestellt, so ladet das Gericht die übrigen Betheiligten zu einem Termine vor (§§. 89, 90). Erscheinen alle Betheiligten und kommt eine Vereinbarung zwischen ihnen zu Stande, so hat das Gericht die Vereinbarung zu beurkunden und sie, falls die Parteien nicht mit Rücksicht auf die erzielte Einigung nachträglich von dem förmlichen Auseinandersetzungsverfahren abstehen, zu bestätigen (§. 91). Ergeben sich bei den Verhandlungen Streitpunkte und ist deren Beseitigung nicht zu erreichen, so nimmt das Gericht ein Protokoll darüber auf und setzt das Verfahren aus (§. 95); die Streitpunkte sind alsdann im Prozeßwege nach den Vorschriften der Civilprozeßordnung zu erledigen. Erscheint ein Betheiligter nicht, so wird ihm von der Vereinbarung, welche die erschienenen Betheiligten getroffen haben, Mittheilung gemacht und ihm Gelegenheit gegeben, die Anberaumung eines neuen Termins zu beantragen und in diesem der Vereinbarung zu widersprechen. Erscheint der früher Ausgebliebene in dem neuen Termine, so ist die Verhandlung nunmehr mit ihm fortzusetzen. Erscheint er dagegen auch in dem neuen Termine nicht, so gilt er als mit der Vereinbarung einverstanden und das Gericht hat demgemäß die Vereinbarung zu bestätigen (§. 91 Abs. 3). Aus der bestätigten Vereinbarung findet die Zwangsvollstreckung nach Maßgabe der Vorschriften der Civilprozeßordnung statt (§. 98). War ein in dem ersten Termine nicht erschienener Betheiligter ohne sein Verschulden verhindert, die Anberaumung eines neuen Termins rechtzeitig zu beantragen oder in dem neuen Termine zu erscheinen, so ist ihm auf Antrag die Wiedereinsetzung in den vorigen Stand zu gewähren (§. 92).

Nach dem Rheinischen und dem Elsaß-Lothringischen Gesetze liegt dem Amtsgerichte nur die Einleitung des Verfahrens und die Bestätigung der Theilungsurkunde ob, während die Theilungsverhandlungen selbst vor einem von dem Nachlaßgerichte beauftragten Notar stattfinden. Diese Art der Regelung konnte, weil das Notariat reichsgesetzlich nicht geregelt ist, nicht ohne Weiteres in das neue Reichsrecht übernommen werden. Andererseits hat aber das Reichsgesetz die Möglichkeit der Mitwirkung des Notars auch nicht ausschließen wollen und deshalb im §. 193 der Landesgesetzgebung vorbehalten, zu bestimmen, daß an Stelle der Gerichte oder neben diesen die Notare die Auseinandersetzung zu vermitteln haben. Für Preußen wird von diesem Vorbehalte Gebrauch zu machen sein. Abgesehen davon, daß sich in der Rheinprovinz, deren Gesetz dem Reichsrechte zum Vorbilde gedient hat, die Mitwirkung der Notare bei dem hier in Frage stehenden Verfahren in hohem Maße bewährt hat, sind auch in dem Gebiete des Preußischen Landrechts und des gemeinen Rechtes die Notare gegenwärtig neben den Gerichten befugt, Erbauseinandersetzungen vorzunehmen und zu beurkunden. Die Möglichkeit, einen Betheiligten zu zwingen, in dem Auseinandersetzungstermine zu erscheinen, haben nach dem altpreußischen und dem gemeinen Rechte die Gerichte ebensowenig wie die Notare. Wenn nun jetzt das Reichsgesetz im Anschluß an das Rheinische Recht Bestimmungen getroffen hat, die darauf abzielen, die gütliche Auseinandersetzung durch einen Zwang zum Erscheinen zu erleichtern, so wird den Betheiligten auch die Möglichkeit gegeben werden müssen, diese Zwangsmittel bei einer vom Notar vorgenommenen Auseinandersetzung zur Geltung zu bringen. Die Regelung wird allerdings nicht in der Weise erfolgen können, daß entsprechend dem Rheinischen Rechte die Theilungsverhandlungen immer vor dem Notar erfolgen müßten. Eine solche Bestimmung wäre schon deshalb nicht angemessen, weil sie der in dem größten Theile der Monarchie schon bestehenden und durch den vorliegenden Entwurf auch auf die Rheinprovinz ausgedehnten Organisation der freiwilligen Gerichtsbarkeit, nach welcher für die Beurkundung von Rechtsgeschäften sowohl die Notare als auch die Gerichte zuständig sind, widersprechen würde. Der Entwurf macht deshalb im Artikel 21 die Zulässigkeit der Ueberweisung der Auseinandersetzung an einen Notar von einem Antrag abhängig. Der Antrag kann von jedem Betheiligten, aber nur bis zum Schlusse des ersten Termins gestellt werden. Das Antragsrecht zeitlich noch mehr zu beschränken, wäre nicht zweckmäßig, da es sich vielfach erst nach der ersten Aufklärung der Verhältnisse für die Betheiligten als wünschenswerth herausstellen wird, einen Notar zuzuziehen. Eine Verpflichtung des Gerichts, dem Antrage stattzugeben, besteht nach dem Entwurfe nicht. In vielen Fällen, z. B. wenn der Richter über die Verhältnisse besser unterrichtet ist als die in Betracht kommenden Notare, wenn der Antrag nur bezweckt, die Theilung zu verschleppen, oder wenn andere Betheiligte der Ueberweisung widersprechen, wird es zweckmäßig sein, daß der Richter die Vermittelung selbst leitet. Eine Ablehnung des Antrags muß nach Artikel 21 Abs. 2 erfolgen, wenn im Bezirke des Gerichts kein Notar wohnt oder die im Bezirke wohnenden Notare an der Vornahme der Auseinandersetzung rechtlich oder thatsächlich verhindert sind. Die Zuziehung eines in einem benachbarten Amtsgerichtsbezirke wohnenden Notars ist schon deshalb nicht angängig, weil für die Anfechtung der Verfügung eines solchen Notars nicht das Theilungsgericht und das diesem vorgeordnete Landgericht, sondern dasjenige Amts- und Landgericht zuständig sein würde, in dessen Bezirke der Notar seinen Sitz hat (s. R.Ges. §§. 194, 195; Entw. Art. 23 Abs. 3). Einem Fehlgriffe des Richters bei der Entscheidung über den Ueberweisungsantrag kann im Beschwerdewege leicht abgeholfen werden. Die Beschwerde steht nach Artikel 21 Abs. 2 allen Betheiligten zu und unterliegt keiner sachlichen Beschränkung; sie kann sich daher insbesondere, falls das Gericht dem Antrag auf Ueberweisung an einen Notar stattgegeben hat, auch gegen die Person des Notars richten und sich dabei nicht nur auf rechtliche Hinderungsgründe, sondern auch darauf stützen, daß sich der Notar aus anderen Gründen nicht zu der Vermittelung der Auseinandersetzung eigne.

Der letzte Absatz des Artikel 21, wonach das Gericht den Ueberweisungsbeschluß, sobald er rechtskräftig geworden ist, mit den Akten unter Angabe des Tages, an welchem die Rechtskraft eingetreten ist, dem Notar zu übersenden hat, entspricht dem §. 5 Abs. 3 des Rheinischen Gesetzes.

Durch die Rechtskraft des Ueberweisungsbeschlusses kann das Gericht selbstverständlich nicht gehindert werden, den Beschluß aufzuheben, wenn nachträglich Umstände eintreten oder zu seiner Kenntniß gelangen, aus denen sich eine rechtliche oder thatsächliche Verhinderung des Notars ergiebt. Vielfach wird in solchen Fällen die Ernennung eines anderen Notars angezeigt erscheinen. Es kann aber auch, z. B. wenn die Ueberweisung lediglich mit Rücksicht auf die Persönlichkeit des verhinderten Notars erfolgt war, angemessen sein, daß der Richter selbst die Auseinandersetzung weiterführt. Der

Artikel 22 stellt es deshalb in das Ermessen des Richters, ob er an Stelle des verhinderten Notars einen anderen Notar ernennen will oder nicht. Ein neuer Antrag ist für die Ernennung eines anderen Notars nicht erforderlich.

Durch den Ueberweisungsbeschluß geht nach Artikel 23 des Entwurfes, entsprechend dem geltenden Rechte, nur die Leitung der Auseinandersetzungsverhandlungen auf den Notar über. Die Bestätigung der Theilungsurkunden sowie die Entscheidung über einen Antrag auf Wiedereinsetzung in den vorigen Stand bleibt dem Gerichte vorbehalten. Auch ist nach dem Entwurfe nur das Gericht zuständig, die Vernehmung eines Zeugen oder Sachverständigen, über dessen Vernehmung die erschienenen Betheiligten nicht einig sind, anzuordnen und über die Rechtmäßigkeit der Weigerung eines Zeugnisses oder der Abgabe eines Gutachtens und über die Entbindung von der Abgabe eines Gutachtens zu entscheiden; das Gleiche soll nach dem Entwurfe ferner von der Verurtheilung eines Zeugen oder eines Sachverständigen in Strafe und Kosten, von der Anordnung der zwangsweisen Vorführung eines Zeugen sowie von der Aufhebung der gegen einen Zeugen oder Sachverständigen getroffenen Anordnungen gelten (vergl. R.Ges. §. 15 verb. mit C.P.O. §§. 350, 381, 387, 390, 402, 408, 409). Daß die Ernennung eines Sachverständigen, falls die erschienenen Betheiligten über seine Person nicht einig sind, nur durch das Gericht erfolgen kann, stimmt mit dem geltenden Rheinischen Rechte überein (Gesetz vom 22. Mai 1887 §. 10). Ein Zwang zur Erstattung eines Gutachtens kann nach dem Rheinischen Gesetz, im Gegensatze zu dem neuen Rechte, überhaupt nicht ausgeübt werden. Auch sieht das Rheinische Gesetz eine Vernehmung von Zeugen nicht vor. Nach §. 15 des Reichsgesetzes ist eine Zeugenvernehmung dagegen an sich nicht ausgeschlossen, wenngleich sie thatsächlich nur selten in Frage kommen wird.

In dem letzten Absatze des Artikel 23 macht der Entwurf von dem Vorbehalte des §. 195 des Reichsgesetzes Gebrauch; die Betheiligten können sich daher gegen Verfügungen des mit der Auseinandersetzung beauftragten Notars nicht unmittelbar bei dem Landgerichte beschweren, sondern müssen zunächst die Abänderung der Verfügung bei dem Theilungsgerichte nachsuchen. Daß der Notar selbst eine von ihm getroffene Anordnung, wenn er sie nachträglich für ungerechtfertigt erachtet, wieder aufhebt (R.Ges. §. 18), wird durch Artikel 23 Abs. 3 nicht ausgeschlossen.

Der §. 6 des Theilungsgesetzes vom 22. Mai 1887 bestimmt, daß der dem Notar ertheilte Auftrag erlischt, wenn innerhalb sechs Monaten nach dem Eintritte der Rechtskraft des Ueberweisungsbeschlusses die erforderliche Ergänzung des Theilungsantrags nicht erfolgt oder weder von dem Antragsteller noch von einem anderen Betheiligten die für die Theilung notbwendigen Unterlagen beschafft werden. Die Vorschrift ist indessen entbehrlich, wie denn auch das Reichsgesetz keine besonderen Bestimmungen darüber enthält, welche Folgen eintreten, wenn bei einer vom Nachlaßgerichte selbst vermittelten Auseinandersetzung die Betheiligten den ihnen auf Grund des §. 87 Abs. 2 gemachten Auflagen nicht nachkommen. Es versteht sich von selbst, daß der Richter oder der Notar das Verfahren nicht fortzusetzen braucht, wenn die Betheiligten die zu seiner Weiterführung nothwendigen Vorbedingungen nicht erfüllen. Andererseits kann darüber, wie in einem solchen Falle das Verfahren seine geschäftsmäßige Erledigung finden soll, insbesondere, wann die Akten wegzulegen sind, nöthigenfalls im Instruktionswege Bestimmung getroffen werden. Den von dem Gerichte dem Notar ertheilten Auftrag im Falle einer Säumniß der Betheiligten erlöschen zu lassen, liegt kein genügender Grund vor.

Mit Rücksicht darauf, daß die reichsgesetzlichen Vorschriften im gerichtlichen Auseinandersetzungsverfahren gewisse Geschäfte den Gerichtsschreibern zuweisen und außerdem die Niederlegung von Urkunden auf der Gerichtsschreiberei anordnen, schreibt der Artikel 24 des Entwurfes vor, daß, soweit nach Artikel 23 an Stelle des Gerichts der Notar zuständig ist, der Notar auch an die Stelle des Gerichtsschreibers tritt und die Geschäftsräume des Notars die Stelle der Gerichtsschreiberei vertreten (vergl. R.Ges. §. 15 in Verbindung mit C.P.O. §§. 377, 402, 411, R.Ges. §. 91 Abs. 3, §. 93 Abs. 2).

Der Artikel 25 des Entwurfes, nach welchem die Wiedereinsetzung in den vorigen Stand sowohl bei dem Gericht als auch bei dem Notar beantragt werden kann, soll den Betheiligten die Stellung eines solchen Antrags erleichtern. Die Entscheidung über den Antrag muß dem Gerichte vorbehalten bleiben (Art. 23 Abs. 1 in Verbindung mit §. 92 und §. 93 Abs. 2 Satz 2 des R. Ges.).

Der Artikel 26 betrifft die Art der Bekanntmachung der notariellen Verfügungen. Zufolge §. 16 Abs. 2 des Reichsgesetzes erfolgt die Bekanntmachung einer gerichtlichen Verfügung, wenn mit ihr der Lauf einer Frist beginnt, durch Zustellung nach den für die Zustellung von Amtswegen geltenden Vorschriften der Civilprozeßordnung, vorbehaltlich des Rechtes der Landesjustizverwaltung, für Zustellungen im Auslande eine einfachere Art der Zustellung anzuordnen. In denjenigen Fällen, in welchen mit der Bekanntmachung einer gerichtlichen Verfügung nicht der Lauf einer Frist beginnt, soll nach dem Reichsgesetz in den Akten vermerkt werden, in welcher Weise, an welchem Orte und an welchem Tage die Bekanntmachung zur Ausführung gebracht worden ist, die Landesjustizverwaltung kann aber nähere Anordnungen über die Art und Weise der Ausführung der Bekanntmachung treffen. Diese nach Reichsrecht für die Bekanntmachung gerichtlicher Verfügungen geltenden Bestimmungen sollen nach Artikel 26 mit einigen Abweichungen auf die Bekanntmachung notarieller Verfügungen Anwendung finden. Die Abweichungen rechtfertigen sich zum Theil dadurch, daß dem Notar ein Gerichtsschreiber oder ein Gerichtsdiener nicht zur Verfügung steht (s. Art. 26 Abs. 2 Satz 1, 3). Die Anwendung des §. 174 Abs. 1 der Civilprozeßordnung, wonach einer Partei unter Umständen die Bestellung eines Zustellungsbevollmächtigten aufgegeben werden kann, ist ausgeschlossen, weil im Theilungsverfahren ein Bedürfniß zu einer solchen Bestimmung nicht besteht und andererseits die in Frage stehende Anordnung eine entscheidende Thätigkeit darstellt, welche dem Notar nicht zu übertragen ist. Bezüglich der öffentlichen Zustellung (C. P. O. §. 203 ff.) bestimmt der Schlußsatz des Artikel 26, daß sie nicht durch den Notar, sondern durch das Gericht bewilligt und daß sie vom Gerichtsschreiber ausgeführt wird (vergl. Gesetz vom 22. Mai 1887 §. 19 Abs. 1). Die öffentliche Zustellung ist zwar im §. 89 des Reichsgesetzes für die Ladung ausgeschlossen; hiervon abgesehen, ist sie aber auch im Theilungsverfahren zulässig (vergl. z. B. R. Ges. §. 91 Abs. 3).

Der Artikel 27 sieht vor, daß die in dem Verfahren vor dem Notar entstandenen Schriftstücke nicht von dem Notar aufbewahrt, sondern zu den Gerichtsakten abgegeben werden; eine ausdrückliche gesetzliche Vorschrift hierüber ist mit Rücksicht auf den Artikel 43 erforderlich.

Der Artikel 28 betrifft die Kosten des Verfahrens; er kommt sowohl dann zur Anwendung, wenn die Vermittelung der Auseinandersetzung einem Notar überwiesen ist, als auch dann, wenn das Gericht selbst die Auseinandersetzung geleitet hat. Im §. 22 des Rheinischen Theilungsgesetzes ist bestimmt, daß die Kosten des Verfahrens vor dem Theilungsgericht und des Verfahrens vor dem Notar, einschließlich derjenigen Kosten, welche zur Einsetzung der Betheiligten in den Besitz der ihnen zugewiesenen Theile erforderlich sind, der Masse zur Last fallen, die Gebühren und Auslagen eines Bevollmächtigten aber von dem Machtgeber und die Kosten der Beschwerdeinstanz nach Maßgabe der gerichtlichen Entscheidungen zu tragen sind. Soweit es sich nicht um die Verpflichtung zur Tragung der Kosten der Beschwerdeinstanz handelt, ergeht in dem jetzigen Theilungsverfahren keine Kostenentscheidung, vielmehr bleibt es den Parteien überlassen, in den Theilungsplan die erforderlichen Bestimmungen aufzunehmen. Nach dem Entwurfe wird es im Wesentlichen bei dem geltenden Rechte bewenden. Der Natur des Theilungsverfahrens als eines bloßen Vermittelungsverfahrens würde es nicht entsprechen, wenn der Theilungsrichter über die Kosten des Verfahrens eine Entscheidung fällte. Der Entwurf schließt deshalb die Anwendung der Artikel 9 bis 14 für das Theilungsverfahren aus und giebt statt dessen im Artikel 28 die Bestimmungen des Rheinischen Gesetzes wieder, jedoch mit einigen Aenderungen. Eine Abweichung von dem geltenden Rechte liegt zunächst darin, daß der Entwurf keine Vorschriften über diejenigen Kosten enthält, welche zur Einsetzung der Betheiligten in den Besitz der ihnen zugewiesenen Theile erforderlich sind (z. B. Kosten der Umschreibung im Grundbuche, Kosten der Benachrichtigung des Schuldners von der Person des neuen Gläubigers u. dergl.); da diese Kosten nicht zu den Kosten des Verfahrens vor dem Richter oder dem Notar gehören, so wird mit Recht bezweifelt werden können, ob durch die Landesgesetzgebung auf Grund des §. 200 des Reichsgesetzes vom 17. Mai 1898 über diese Kosten eine Bestimmung getroffen werden darf und nicht vielmehr die Entscheidung darüber, wer diese Kosten zu tragen hat, lediglich aus dem zu Grunde liegenden Gemeinschaftsverhältnisse zu entnehmen ist. Andererseits hat der Entwurf die Vorschriften des geltenden Rechtes insofern ergänzt, als er bestimmt, daß die Kosten einer für das Auseinandersetzungsverfahren angeordneten Abwesenheitspflegschaft dem Abwesenden und die durch eine Versäumung verursachten Kosten dem Säumigen zur Last fallen. Auch hebt der Entwurf ausdrücklich hervor, daß die Betheiligten über die Kosten des Verfahrens vor dem Theilungsgericht und dem Notar abweichende Bestimmungen treffen können.

Dritter Abschnitt.

Vereins- und Güterrechtsregister. Schiffsregister und Handelssachen.

Artikel 29, 30.

Durch die Reichsgesetzgebung ist das Verfahren bei der Führung des Vereins- und des Güterrechtsregisters sowie des Handels- und des Schiffsregisters nicht erschöpfend geregelt, die einzelnen Bundesstaaten sind vielmehr auch in dieser Beziehung nach §. 200 des Gesetzes über die Angelegenheiten der freiwilligen Gerichtsbarkeit befugt, die reichsgesetzlichen Vorschriften, die in dem Bürgerlichen Gesetzbuche, dem Handelsgesetzbuche, dem Binnenschiffahrtsgesetze, dem Gesetz über die Nationalität der Kauffahrteischiffe und dem Gesetz über die Angelegenheiten der freiwilligen Gerichtsbarkeit enthalten sind,[1]) zu vervollständigen. Einzelne ergänzende Vorschriften sind schon in dem ersten Abschnitte des vorliegenden Entwurfes getroffen. Daneben ertheilt der Artikel 29 Abs. 1 dem Justizminister ausdrücklich die Befugniß, über die Einrichtung und Führung der Register nähere Bestimmungen zu geben. Die Vorschrift entspricht dem wesentlich instruktionellen Karakter der zu erlassenden Anordnungen, wie denn in Bezug auf das Handelsregister und das Register für Seeschiffe schon gegenwärtig im Einführungsgesetze zum Allgemeinen Deutschen Handelsgesetzbuche vom 24. Juni 1861 die gleiche Ermächtigung ausgesprochen ist (Art. 4 Abs. 4, Art. 53 §. 11). Bezüglich der Führung des Vereins- und des Güterrechtsregisters sind vom Bundesrathe Bestimmungen aufgestellt worden (Reichs-Centralbl. 1898 S. 438), welche der Anordnung des Justizministers zu Grunde zu legen sein werden. Soweit für die Eintragungen in das Vereins- und Güterrechtsregister oder in das Handels- und Schiffsregister eine öffentliche Beglaubigung der zu Grunde liegenden Erklärungen erforderlich ist, kann die Beglaubigung im Oberlandesgerichtsbezirke Frankfurt sowie in den vormals Großherzoglich Hessischen Gebietstheilen des Oberlandesgerichtsbezirkes Cassel nicht nur durch die Gerichte oder Notare, sondern nach Maßgabe des Artikel 115 des Entwurfes auch durch die Ortsbehörden erfolgen.

Die Vorschriften des Artikel 29 Abs. 2, 3, welche für Eintragungen im Schiffsregister und für beglaubigte Abschriften aus dem Schiffsregister die Unterzeichnung durch den Richter und den Gerichtsschreiber vorschreiben, schließen sich den schon gegenwärtig in Preußen für die Grundbuchführung geltenden Bestimmungen an. Da nach dem Bürgerlichen Gesetzbuche, welches nicht nur zur Entstehung des Schiffspfandrechts die Eintragung in das Schiffsregister erfordert, sondern außerdem dem Inhalte des Registers in gewissem Umfang öffentlichen Glauben beilegt (§. 1262), die auf das Schiffspfandrecht

---

[1]) Vergl. B.G.B. §§. 55 bis 79, 1260, 1263, 1272, 1558 bis 1563, H.G.B. §§. 8 bis 16, Binnenschiffahrtsgesetz (Reichs-Gesetzbl. 1898 S. 868 ff.) §§. 119 bis 129, Gesetz, betreffend die Nationalität der Kauffahrteischiffe, vom 25. Oktober 1867 (Bundes-Gesetzbl. S. 35) §§. 3 bis 19, R. Ges. über die Ang. d. fr. G. §§. 1 bis 34, 100 bis 124.

bezüglichen Eintragungen zum Theil eine ähnliche Bedeutung haben wie die Grundbucheintragungen, so erscheint es angemessen, auch in der hier in Frage stehenden Beziehung das Schiffsregister und das Grundbuch einander gleichzustellen. Bloße Bekanntmachungen von einer Eintragung (R. Ges. §. 121) fallen übrigens nicht unter den Artikel 29 Abs. 3; wer sie zu unterzeichnen hat, bleibt der Instruktion des Justizministers vorbehalten. Auch auf die Ausfertigung der Schiffscertifikate und Schiffsbriefe und auf die Vermerke, mit welchen die Certifikate und Schiffsbriefe zu versehen sind,[1]) ist der Artikel 29 Abs. 3 nicht anwendbar.

Für das Verfahren behufs gerichtlicher Bestätigung einer Dispache (R. Ges. §§. 149 ff., H. G. B. §§. 727 ff., Binnenschiffahrtsgesetz §§. 86 ff.) reichen die in den Artikeln 9 bis 14 des Entwurfes gegebenen Kostenvorschriften nicht aus. Hier wird vielmehr den Betheiligten ein vom Ermessen des Richters unabhängiges Recht gegeben werden müssen, in dem amtsgerichtlichen Beschlußverfahren auch eine Entscheidung über die durch das Verfahren ihnen erwachsenen Kosten zu verlangen. Der Artikel 30 enthält die erforderlichen Vorschriften. Namentlich bestimmt er, daß das mit der Bestätigung der Dispache befaßte Gericht auf Antrag eines Betheiligten über die Verpflichtung zur Tragung der Kosten zu entscheiden hat und daß die Kosten grundsätzlich von den an dem Bestätigungsverfahren Betheiligten in dem Verhältnisse zu tragen sind, in welchem sie zu dem Havereischaden beizutragen haben. Daß der Antrag auf Kostenentscheidung vor dem Bestätigungsbeschlusse gestellt wird, ist nach dem Entwurfe nicht erforderlich, vielmehr kann die Entscheidung auch noch nach der Beendigung des Verfahrens beantragt werden. Was die Vollstreckung der Kostenentscheidung betrifft, so müssen dafür dieselben Vorschriften maßgebend sein wie für die Vollstreckung der Dispache selbst; im letzten Absatze des Artikel 30 ist deshalb neben dem Artikel 14 des Entwurfes, welcher dem §. 158 Abs. 2 des Reichsgesetzes entspricht, auch der §. 158 Abs. 3 des Reichsgesetzes für anwendbar erklärt.

In der Literatur ist bisher angenommen worden, daß die Kosten, die durch das gerichtliche Verfahren zur Bestätigung der Dispache entstehen, zu den „Kosten der Aufmachung" oder „der Aufstellung der Dispache" gehören und für ihre Vertheilung demnach unmittelbar die reichsgesetzlichen Vorschriften über den Havereischaden maßgebend sind (H.G.B. §. 706 a. E., früher Art. 708, Binnenschiffahrtsgesetz §. 84). Ob diese Ansicht nach den in Preußen gegenwärtig für das Bestätigungsverfahren geltenden Vorschriften für zutreffend zu erachten ist, mag dahingestellt bleiben. Da nach den Vorschriften des Reichsgesetzes über die freiwillige Gerichtsbarkeit das Bestätigungsverfahren nicht mehr, wie bisher, obligatorisch ist, auch nicht zwischen allen Betheiligten stattfindet, vielmehr lediglich bezweckt, Streitpunkte, die sich zwischen einzelnen der Betheiligten ergeben, zu erledigen oder gegen säumige Zahler eine Zwangsvollstreckung zu ermöglichen, so können die Kosten des Bestätigungsverfahrens künftig jedenfalls nicht mehr zu den Kosten der Aufmachung der

---

[1]) Gesetz über die Nationalität der Kauffahrteischiffe §§. 8, 11, Binnenschiffahrtsgesetz §§. 125, 126, R. Ges. über die Ang. d. fr. G. §. 120.

Dispache gerechnet werden. Die Landesgesetzgebung ist daher befugt, ihrerseits die Verpflichtung zur Tragung der Kosten des Bestätigungsverfahrens zu regeln.

Vierter Abschnitt.

Gerichtliche und notarielle Urkunden.

Erster Titel.

Zuständigkeit.

Artikel 31.

Nach Artikel 141 des Einführungsgesetzes zum Bürgerlichen Gesetzbuche können die Landesgesetze bestimmen, daß für die Beurkundung von Rechtsgeschäften, die nach den Vorschriften des Bürgerlichen Gesetzbuchs gerichtlicher oder notarieller Beurkundung bedürfen, entweder nur die Gerichte oder nur die Notare zuständig sind. Der Entwurf geht davon aus, daß für Preußen von dem Vorbehalte kein Gebrauch zu machen, vielmehr den Amtsgerichten und den Notaren neben einander in gleichem Umfange die Zuständigkeit zur öffentlichen Beurkundung beizulegen ist, mag es sich nun um die Beurkundung von Rechtsgeschäften, die einer bestimmten Form bedürfen, oder um die Beurkundung formlos gültiger Willenserklärungen oder um die Aufnahme von Urkunden über andere Gegenstände als Rechtsgeschäfte handeln. Dies ist im Wesentlichen auch der Standpunkt des in Preußen geltenden Rechtes. Von den gegenwärtig bestehenden Ausnahmen sind nur zwei von allgemeinerer Bedeutung.

Zunächst sind im Geltungsbereiche des Allgemeinen Landrechts für die Aufnahme einer Verfügung von Todeswegen regelmäßig nur die Gerichte zuständig und ebenso ist hier für Schenkungen und für gewisse Eheverträge die gerichtliche Form vorgeschrieben. Diese Besonderheiten werden künftig wegfallen müssen. Nachdem das Bürgerliche Gesetzbuch das privatschriftliche Testament zugelassen hat, kann den zur öffentlichen Beurkundung angestellten Notaren die Befugniß zur Aufnahme einer letztwilligen Verfügung nicht wohl versagt werden. Der Ausschluß der Notare wäre um so ungerechtfertigter, als gerade bei Testamenten die Beurkundung häufig keinen Aufschub duldet, die Heranziehung einer Urkundsperson den Betheiligten aber wesentlich erleichtert wird, wenn ihnen neben dem Gerichte die Notare zur Verfügung stehen. In Ansehung der Erbverträge, der Schenkungen und der Eheverträge liegt gleichfalls kein Grund vor, die im Bürgerlichen Gesetzbuche vorgesehene Zuständigkeit der Notare landesgesetzlich zu beseitigen. Abgesehen davon, daß es für die Parteien des Rechtsgeschäfts am bequemsten ist, wenn ihnen die Wahl zwischen dem Gericht und den Notaren offen steht, erscheint es im Interesse der Uebersichtlichkeit des Rechtes und der Sicherheit des Verkehrs geboten, die Zuständigkeit zur Beurkundung von Rechtsgeschäften möglichst einfach zu regeln; namentlich muß es mit Rücksicht auf den Rechtsverkehr der einzelnen deutschen Staaten unter einander für wünschenswerth erachtet werden, daß die Gesetzgebung der Bundesstaaten bei der Ordnung der Zuständigkeit von Ausnahmevorschriften möglichst absieht.

Der Grundsatz, daß die Notare und die Amtsgerichte zur Aufnahme von Urkunden zuständig sind, erfährt gegenwärtig in Preußen eine weitere wichtige Einschränkung durch das Rheinische Recht. Bis zur Einführung des Grundbuchrechts waren die Rheinischen Amtsgerichte zur Aufnahme von Urkunden außerhalb eines anhängigen Verfahrens überhaupt nicht befugt und auch in dem Grundbuchgesetze vom 12. April 1888 (Gesetz-Samml. S. 52) ist ihnen eine allgemeine Zuständigkeit zur Aufnahme von Urkunden nicht beigelegt worden. Jedoch bestimmt der §. 70 des bezeichneten Gesetzes, daß jedes Amtsgericht zuständig ist für die Aufnahme derjenigen Urkunden, welche aus Anlaß der ihm obliegenden Anlegung und Weiterführung des Grundbuchs errichtet werden, mit Ausnahme von Testamenten, Schenkungen und Eheverträgen. Auch hat später das Gesetz vom 15. Juli 1890 (Gesetz-Samml. S. 229) den Amtsgerichten allgemein die Befugniß zur Beglaubigung von Unterschriften und Handzeichen verliehen. Von einzelnen Seiten war schon bei der Ausdehnung des Grundbuchrechts auf die Rheinprovinz angeregt worden, die Amtsgerichte „ohne Einschränkung zur Beurkundung von Rechtsgeschäften neben den Notaren für zuständig zu erklären. Dem Vorschlage konnte aber damals keine Folge gegeben werden. Die Begründung zu dem Entwurfe des Gesetzes vom 12. April 1888 (Drucks. des Hauses der Abgeordneten 16. Leg.-Per. III. Sess. 1888 Nr. 54 S. 45, 46, zu §. 68 des Entw.) bemerkt in dieser Hinsicht, daß der bisherige Zustand der Rheinischen Immobiliarrechtsverhältnisse den um die Beurkundung des Rechtsgeschäfts angegangenen Beamten in der großen Mehrzahl der Fälle nöthige, bei der Beschaffung der Unterlagen, die zur Prüfung der Legitimation der Betheiligten und zur Erforschung ihrer wahren Willensmeinung erforderlich seien, selbstthätig mitzuwirken. Dies gelte namentlich von der Ermittelung der Vorbesitzer und ihrer Rechtsbeziehungen, von der Feststellung der Identität der in Betracht kommenden Grundstücke, von der Beschaffung von Hypotheken und Katasterauszügen u. dergl. mehr. In allen diesen Beziehungen seien aber die Amtsgerichte nach ihrer ganzen Organisation zu einer Mitwirkung, welche die Interessen der Betheiligten in erwünschter Weise fördern könne, nicht in der Lage. Wenn das Bürgerliche Gesetzbuch in Kraft tritt, wird jedoch die Anlegung des Grundbuchs in der Rheinprovinz im Wesentlichen vollendet sein und deshalb nunmehr auch in der Rheinprovinz den Amtsgerichten die Zuständigkeit zur Aufnahme von Urkunden im vollen Umfang übertragen werden können und müssen. Der dem französischen Rechte entsprechende Grundsatz der Trennung der streitigen und der freiwilligen Gerichtsbarkeit ist durch die Grundbuchgesetzgebung ohnehin in der wichtigsten Beziehung aufgegeben, auch muß die Behauptung, daß die freiwillige und die streitige Gerichtsbarkeit ihrer Natur nach unvereinbar seien, gegenüber der Thatsache zurücktreten, daß nicht nur in den altpreußischen Provinzen, sondern in dem bei weitem größten Theile des Deutschen Reichs die Gerichte zur Beurkundung zuständig sind und daß diese Einrichtung sich durchaus bewährt hat. Thatsächliche Schwierigkeiten werden sich aus der Aufhebung der ausschließlichen Zuständigkeit der Notare nicht ergeben. Denn wenngleich die Vorschrift des Entwurfs schließlich zu einer Schmälerung der Einnahmen der Notare führen mag, so wird sich doch die an die Mitwirkung der Notare gewöhnte Bevölkerung noch auf viele Jahre hinaus ganz überwiegend nicht der Gerichte, sondern der Notare bedienen, zumal die Kosten die gleichen sind und die Notare den Wünschen der Betheiligten in Bezug auf die Zeit und den Ort der Aufnahme der Urkunden und in Bezug auf die mit der Beurkundung in Zusammenhang stehenden Geschäfte vielfach mehr entgegenkommen können als die Gerichte. Es wird daher eine Uebergangszeit von ziemlich langer Dauer eintreten, innerhalb deren es den jetzigen Inhabern der schlechteren Stellen möglich sein wird, ihre Versetzung in eine bessere Stelle zu erwirken.

Eine erschöpfende Aufzählung der einzelnen Gegenstände, zu deren Beurkundung die Amtsgerichte und die Notare berufen sind, läßt sich nicht geben (vergl. A. G. O. III 7 §. 17 Nr. 4; Rhein. Not. O. vom 25. April 1822, Gesetz-Samml. S. 109, Art. 1). Neben der Beurkundung von Rechtsgeschäften (R. Ges. §§. 167 ff.) sind namentlich hervorzuheben:

die Beglaubigung von Unterschriften und Handzeichen (R. Ges. §. 183);

die Beglaubigung von Abschriften und von Auszügen aus einer Urkunde (Entw. Art. 58);

die Sicherstellung der Zeit, zu welcher eine Privaturkunde ausgestellt ist (Entw. Art. 59);

die Aufnahme eines Protokolls über die Versammlung der Mitglieder einer Handelsgesellschaft, einer Genossenschaft, einer Gewerkschaft oder eines Vereins (vergl. H.G.B. §. 259, §. 320, Abs. 3, Denkschr. zu §§. 164 bis 179 des Entw. des R.Ges.);

die Beurkundung des Herganges bei Verloosungen sowie bei der Ausloosung oder der Vernichtung von Werthpapieren;

die Bescheinigung sonstiger Thatsachen, die Gegenstand der Wahrnehmung der Urkundsperson gewesen sind; z. B. die Ausstellung von Lebensattesten (Entw. Art. 57);

die Aufnahme von Wechselprotesten (W.O. Art. 87 ff.) und von sonstigen Protesten (vergl. H.G.B. §§. 571, 587, 588, 596, 603, 605, 646, 689; Gesetz, betreffend die privatrechtlichen Verhältnisse der Binnenschiffahrt, Reichs-Gesetzbl. 1898 S. 868, §§. 28, 33, 39, 47, 51);

die Aufnahme von Vermögensverzeichnissen, insbesondere von Nachlaßinventaren (vergl. B.G.B. §§. 1035, 1372, 1528, 1640, 1667, 1692, 1760, 1802, 2002, 2003, 2121, 2215);

die auf Abmarkungen bezüglichen Beurkundungen (vergl. B.G.B. §. 919).

Wie sich aus dem Vorstehenden ergiebt, handelt es sich nicht immer um eine reine Beurkundungsthätigkeit, vielmehr sind mit der Beurkundung zum Theil zugleich andere Verrichtungen der Urkundsperson verbunden. Mit Rücksicht hierauf ist, damit auch im Gesetze selbst klargestellt werde, daß sich die Zuständigkeit der Amtsgerichte und Notare nicht nothwendig auf die Beurkundung selbst beschränkt, im Artikel 31 erläuternd hervorgehoben, daß die Zuständigkeit auch die Vornahme freiwilliger Versteigerungen sowie die Mitwirkung bei Abmarkungen und die Aufnahme von Vermögensverzeichnissen umfaßt. Für Abmarkungen ordnet das Allgemeine Landrecht (I 17 §. 388) die Zuziehung einer Gerichtsperson an; indessen ist der Notar zur Mitwirkung bei Abmarkungen nicht minder geeignet als der Richter.

Nach der ausdrücklichen Bestimmung im Artikel 31 Abs. 2 des Entwurfes soll der Notar auch befugt sein, Zustellungen vorzunehmen und zu beurkunden. Die Bewirkung von Zustellungen wird schon im geltenden Rechte als zum Geschäftskreise der Notare gehörig angesehen (Hann. Not.O. vom 18. September 1853 §. 26 Nr. 8; vergl. auch die Rhein. Not.O. vom 25. April 1822 Taxe „Bekanntmachung") und es liegt kein Grund vor, die Urkundsbefugniß der Notare in dieser Beziehung zu beschränken. Eine notarielle Zustellung kann beispielsweise in Frage kommen für die Zustellung von Kündigungen, von Mahnungen und ähnlichen Erklärungen, wenngleich sie hier wegen der Konkurrenz der Gerichtsvollzieher nicht von erheblicher Bedeutung ist, ferner nach Maßgabe des ausländischen Rechtes für Zustellungen innerhalb eines im Auslande anhängigen Prozesses. Auf Zustellungen, die im Laufe eines im Inlande geführten Prozesses erfolgen, ist der Artikel 31 Abs. 2 nicht anwendbar (vergl. Artikel 32), vielmehr bleiben dafür lediglich die Vorschriften der Prozeßgesetze maßgebend; ebenso bewendet es für Zustellungen innerhalb eines bei dem Gericht anhängigen Verfahrens der freiwilligen Gerichtsbarkeit bei dem §. 16 des Reichsgesetzes vom 17. Mai 1898 und dem Artikel 1 des vorliegenden Entwurfes in Verbindung mit den zu erlassenden Ausführungsvorschriften des Justizministers. Daraus, daß der Artikel 31 Abs. 2 im Gegensatz zum Abs. 1 nur die Notare nennt, ergiebt sich zugleich, daß die Gerichte, soweit sich nicht aus sonstigen Vorschriften ein Anderes ergiebt, zur Vornahme von Zustellungen nicht befugt sind.

Artikel 32.

Der Artikel 32 Abs. 1 des Entwurfes bestimmt, daß die Vorschriften unberührt bleiben, wonach die im vorhergehenden Artikel bezeichneten Urkundshandlungen auch von anderen Behörden oder mit öffentlichem Glauben versehenen Personen als den Amtsgerichten oder Notaren oder nur von solchen anderen Behörden oder Personen oder nur von dem örtlich zuständigen Amtsgerichte vorgenommen werden können (vergl. Hann. Not. O. §. 9 Abs. 2 Nr. 2; Gesetz, enthaltend Bestimmungen über das Notariat, vom 8. März 1880, Gesetz-Samml. S. 177, §. 2 Abs. 2). Es kommen hierbei unter Anderem in Betracht das Ministerium des Königlichen Hauses für die Mitglieder der Königlichen Familie und des Fürstlichen Hauses Hohenzollern (Gesetz vom 26. April 1851, Gesetz-Samml. 1851 S. 181, Art. III; Allerhöchster Erlaß vom 14. August 1852, Gesetz-Samml. S. 771), die Oberlandesgerichte und Landgerichte für Beurkundungen in Fideikommiß- und Stiftungssachen (Ausf.-Ges. z. G.V.G. §§. 29, 49; A. L.R. II 4 §. 62; Gesetz vom 5. März 1855, Gesetz-Samml. S. 175, §. 1; Ausf.-Ges. z. B.G.B. Art. 1, 2), die Kommissare der Auseinandersetzungsbehörden (Verordnung vom 20. Juni 1817, Gesetz-Samml. S. 161, §. 55), ferner die Landschaftssyndiken für Beurkundungen innerhalb des Geschäftskreises der Landschaft (vergl. z. B. Ostpreußische Landschaftsordnung vom 7. Dezember 1891 §. 61), die Auditeure (Gesetz vom 8. Juni 1860, Gesetz-Samml. S. 240; Reichsmilitärgesetz vom 2. Mai 1874 §. 39) und an deren Stelle nach §. 20 des Einführungsgesetzes zur Militärstrafprozeßordnung vom 1. Dezember 1898 (Reichs-Gesetzbl. S. 1289) die Kriegsgerichtsräthe oder Oberkriegsgerichtsräthe, des Weiteren die Universitätsrichter hinsichtlich der Anerkenntnisse gestundeter Honorare (Gesetz, betreffend die Rechtsverhältnisse der Studirenden u. s. w., vom 29. Mai 1879, Gesetz-Samml. S. 389, §. 1 Abs. 3).

Zu den Beurkundungen, die nur von dem örtlich zuständigen Amtsgericht, also weder von einem sonstigen Amtsgerichte noch von einem Notar, vorgenommen werden können, gehört beispielsweise die Beurkundung des Austritts aus der Kirche sowie die Beurkundung der Uebertragung des Eigenthums an Grundstücken, die in einem Gebiete liegen, für welches die Gesetzgebung von dem Vorbehalte des Artikel 143 Abs. 1 des Einführungsgesetzes zum Bürgerlichen Gesetzbuche keinen Gebrauch gemacht hat (vergl. Gesetz vom 14. Mai 1873, Gesetz-Samml. S. 207, §§. 1, 8; Gesetz vom 28. Juli 1876, Gesetz-Samml. S. 353, §. 2; B.G.B. §. 925; Ausf.-Ges. z. B.G.B. Art. 25).

Nach Artikel 32 Abs. 2 des Entwurfes sollen die Notare beglaubigte Abschriften oder Bescheinigungen aus den bei Gericht geführten oder verwahrten Akten und öffentlichen Büchern, z. B. den Handelsregistern und Grundbüchern, in der Regel nicht ertheilen. Es entspricht der Natur der Sache, daß diese Befugnisse im Allgemeinen dem Gerichte vorbehalten bleiben, bei welchem die Akten oder die Register geführt werden; doch wird dem Notar zweckmäßiger Weise zu gestatten sein, aus besonderen Gründen, z. B. in eiligen Fällen, von diesem Grundsatz abzuweichen. Auf beglaubigte Abschriften, die der Notar nicht unmittelbar aus den Akten oder Registern, sondern von beglaubigten Abschriften des Akten- oder Registerinhalts anfertigt, bezieht sich der Artikel 32 Abs. 2 überhaupt nicht.

Artikel 33.

Der Artikel 33 sieht für die freiwillige Versteigerung von Grundstücken Beschränkungen hinsichtlich der örtlichen Zuständigkeit vor. Nach dem allgemeinen Landrechte (II 17 §. 56) gehört die freiwillige gerichtliche Subhastation vor den Richter der Sache. Neben der gerichtlichen Grundstücksversteigerung sind jedoch schon jetzt auch im Gebiete des Allgemeinen Landrechts notarielle Versteigerungen zulässig (vergl. die Verfügung des Justizministers vom 18. August 1839 — v. Kamptz, Jahrb. Bd. 35 S. 133), es besteht aber keine ausdrückliche gesetzliche Vorschrift, wonach der Notar nur zur Versteigerung solcher Grundstücke befugt wäre, die in seinem Amtsbezirke belegen sind. Der Entwurf stellt die Gerichte und Notare einander gleich, indem er bestimmt, daß die Amtsgerichte und die Notare die freiwillige Versteigerung eines Grundstücks nur vornehmen sollen, wenn das Grundstück in ihrem Geschäftsbezirke liegt. Die Vorschrift ist indessen eine bloße Ordnungsvorschrift, auch umfaßt nach Artikel 81 des Entwurfes der Amtsbezirk eines Notars ebenso wie nach dem geltenden Rechte den ganzen Oberlandesgerichtsbezirk, in welchem ihm der Amtssitz angewiesen worden ist. Liegt das Grundstück in verschiedenen Amtsbezirken oder sollen mehrere Grundstücke, die in verschiedenen

Amtsbezirken liegen, zusammen versteigert werden, so ist nach dem Entwurfe zur Vornahme der Versteigerung jeder Notar sowie jedes Amtsgericht befugt, in dessen Amtsbezirk ein Theil des Grundstücks oder eines der Grundstücke liegt.

Die Vorschriften des Artikel 33 Abs. 2, die sich auf freiwillige Versteigerungen von Grundstücken im gerichtlichen Theilungsverfahren beziehen, bedürfen keiner besonderen Begründung.

Artikel 34.

Sind behufs ausländischer Rechtsgeschäfte Urkunden auszustellen, bei welchen die Form des fremden Rechtes eine eidliche Bekräftigung vor Notar und Zeugen erfordert, so darf diese nach §. 2 Nr. 2 des Hannoverschen Gesetzes über das Verbot der Privateide vom 28. Dezember 1821 (Hannov. Gesetz-Samml. 1822 Abth. I S. 43) vor dem Notar erfolgen. Die Preußische Allgemeine Gerichtsordnung (III 7 §. 83d, §. 87) bestimmt ferner, daß im Laufe eines bei einem ausländischen Gerichte schwebenden Prozesses der Notar Zeugen eidlich abhören kann, wenn nach dem ausländischen Gerichtsgebrauch auf ein eidliches notarielles Zeugenverhör reflektirt wird. Der Artikel 34 Abs. 1 des Entwurfes faßt diese Bestimmungen zusammen, indem er dem Notar die Befugniß zur Abnahme eines Eides oder einer Versicherung an Eidesstatt ertheilt, wenn der Eid oder die Versicherung an Eidesstatt zur Wahrnehmung von Rechten im Auslande erforderlich ist. Die Vorschrift ist namentlich für die nach englischem Rechte vielfach nothwendigen Affidavits von Bedeutung. Abgesehen von Zeugenverhören kommen insbesondere auch eidesstattliche Versicherungen über Zustellungen in Betracht.

Daß der Notar im Erbbescheinigungsverfahren eidesstattliche Versicherungen entgegennehmen darf, ist schon im Bürgerlichen Gesetzbuche bestimmt (§. 2356 Abs. 2; vergl. Preuß. Gesetz vom 12. März 1869, Gesetz-Samml. S. 473, §. 3). Wegen der Befugniß der Notare, im Theilungsverfahren Zeugen und Sachverständige zu beeidigen, ist auf Artikel 23 des Entwurfes und §. 15 des Reichsgesetzes zu verweisen.

Uebrigens beschränkt der Entwurf die Vorschrift des Artikel 34 Abs. 1 nicht auf den Notar, sondern dehnt sie ausdrücklich auf den Richter der freiwilligen Gerichtsbarkeit aus. Die Vorschriften des internationalen Rechtes über die Abnahme von Eiden im Wege der Rechtshülfe zwischen den Prozeßgerichten werden hierdurch nicht berührt.

In einem bei ihm anhängigen Verfahren der freiwilligen Gerichtsbarkeit, z. B. im Auseinandersetzungs- oder Vormundschaftsverfahren, kann der Richter nach §. 15 des Reichsgesetzes zur eidlichen Vernehmung von Sachverständigen schreiten. Der Artikel 34 Abs. 2 ergänzt diesen Grundsatz dahin, daß das Amtsgericht auch außerhalb eines bei ihm anhängigen Verfahrens für eine einzelne Angelegenheit einen Sachverständigen beeidigen kann, wenn alle bei dieser Angelegenheit betheiligten Personen darauf antragen und die Beeidigung nach dem Ermessen des Gerichts angemessen erscheint. Die Vorschrift schließt sich der auf die Beeidigung von Kunstverständigen, Achtsleuten oder Schiedsrichtern bezüglichen Bestimmung des §. 8 des oben genannten

Hannoverschen Gesetzes an. Doch weicht der Entwurf insofern von dem Hannoverschen Gesetz ab, als er einerseits nicht ausdrücklich hervorhebt, daß die Beeidigung nur im Einverständnisse mit dem Sachverständigen erfolgen kann, und andererseits das Gericht nicht unbedingt verpflichtet, dem Antrage der Betheiligten auf Beeidigung eines Sachverständigen stattzugeben (vergl. R.Ges. §. 15 Abs. 1 Satz 2). Die besonderen Vorschriften des geltenden Rechtes über die gerichtliche Aufnahme von Taxen bleiben neben dem Artikel 34 Abs. 2 bestehen.

Artikel 35, 36.

Im Artikel 35 wird die Zuständigkeit der Gerichtsschreiber zur Beglaubigung von Abschriften anerkannt. Das geltende Recht enthält eine solche allgemeine Bestimmung nicht; es entspricht jedoch der Stellung der Gerichtsschreiber, daß ihnen grundsätzlich die Beglaubigung von Abschriften wenigstens insoweit zusteht, als es sich um Abschriften aus den bei Gericht geführten oder verwahrten Akten, Registern und Urkunden handelt. Andererseits liegt auch kein Grund vor, für die Fälle, in denen die Betheiligten Urkunden, die sie in ihrem Besitze haben, zum Zwecke der Abschriftsbeglaubigung vorlegen, den Gerichtsschreibern die Befugniß zur Beglaubigung zu versagen. Für die Abschriften aus dem Schiffsregister und dem Grundbuche behält der Artikel 35 die besonderen Vorschriften im Artikel 29 Abs. 3 und im Artikel 9 Abs. 2 des Entwurfes eines Ausführungsgesetzes zur Grundbuchordnung (s. die Anlage am Schlusse dieser Begründung) ausdrücklich vor.

Nach Artikel 36 sollen ferner die Gerichtsschreiber befugt sein, die Zeit zu beglaubigen, zu welcher ihnen eine Urkunde — behufs der Sicherung des Datums derselben — vorgelegt ist (vergl. die Bemerkungen zu Art. 59); es handelt sich hierbei um eine Beurkundung einfacher Art, die unbedenklich den Gerichtsschreibern überlassen werden kann.

Artikel 37.

Der Grundsatz, daß eine Beurkundung, für die das Landgericht oder das Oberlandesgericht zuständig ist, durch einen beauftragten oder ersuchten Richter vorgenommen werden kann, entspricht der gegenwärtigen Praxis (vergl. A. G.O. II 2 §. 1). Auch die Vorschrift des Artikel 37 Satz 2, wonach die Beauftragung nicht einen Beschluß der Kammer oder des Senats voraussetzt, vielmehr eine bloße Anweisung des Vorsitzenden genügt, stimmt mit dem geltenden Rechte überein (A. G.O. II 2 §. 2). Daß der Auftrag nicht nur für einen bestimmten Fall, sondern auch allgemein ertheilt werden kann (A. G.O. III 1 §. 3), versteht sich von selbst. Der Schlußsatz des Artikel 37, demzufolge der beauftragte oder ersuchte Richter sich in der Urkunde als solcher bezeichnen soll, bezweckt, die Gesetzmäßigkeit der Urkunde auch äußerlich ersichtlich zu machen.

Artikel 38.

Einzelne der Geschäfte, die im Artikel 31 den Amtsgerichten und den Notaren zugewiesen sind, können nach anderweitigen gesetzlichen Vorschriften sei es auf Antrag der Betheiligten, sei es im Auftrage des Gerichts, auch von den Gerichtsvollziehern oder von den Gerichtsschreibern vorgenommen werden (vergl. Ausf.-Ges. z. G. V. G. §§. 70, 74, Entw. Art. 128 Nr. IX). Insbesondere gilt dies für Wechselproteste, für die Versteigerung beweglicher Sachen und für die Aufnahme von Vermögensverzeichnissen. Soweit die Zuständigkeit des Gerichtsschreibers oder des Gerichtsvollziehers reicht, wird dem Richter die Befugniß nicht versagt werden dürfen, nach seinem pflichtmäßigen Ermessen, unabhängig von den Anträgen der Betheiligten, die Ausführung eines Geschäfts, um dessen Vornahme er ersucht worden ist, dem Gerichtsschreiber oder einem Gerichtsvollzieher zu übertragen. Der Artikel 38 Abs. 1 Satz 1 des Entwurfes enthält eine dahingehende allgemeine Bestimmung. Auf den gleichen Erwägungen beruht auch die Vorschrift des Abs. 1 Satz 2, wonach die Aufnahme von Vermögensverzeichnissen, die öffentliche Versteigerung beweglicher Sachen sowie die öffentliche Verpachtung an den Meistbietenden den im siebenten Abschnitte bezeichneten Behörden und Beamten übertragen werden kann. Im Abs. 2 des Artikel 38 ist im Anschluß an die auf Nachlaßinventare bezüglichen Vorschriften der Allgemeinen Gerichtsordnung und des Bürgerlichen Gesetzbuchs weiterhin vorgesehen, daß das Gericht die Aufnahme eines Vermögensverzeichnisses auch einem Notar übertragen darf (A. G. O. III 7 §. 88; B. G. B. §. 2003). Nach der Allgemeinen Gerichtsordnung (III 7 §. 89) können „die Justizkommissarien, als Notarien, auch noch zur Besorgung anderer Aufträge, z. B. zu Insinuationen, Eidesabnahme, Dirigirung von Exekutionen, Auktionen u. s. f. gebraucht werden". Diese Vorschrift ist indessen, soweit sie überhaupt noch Geltung beanspruchen kann, entbehrlich; insbesondere wird es hinsichtlich der Versteigerung beweglicher Sachen für genügend zu erachten sein, wenn das Gericht befugt ist, sie den Gerichtsvollziehern zu übertragen. Wird ein Geschäft auf Grund des Artikel 38 auf Gerichtsvollzieher, Notare oder Ortsbehörden übertragen, so wird eine Gebühr für die Staatskasse nicht zu erheben sein, soweit nicht die §§. 46, 82 des Preußischen Gerichtskostengesetzes Platz greifen.

Artikel 39.

Der Grundsatz des Artikel 39, wonach eine Beurkundung nicht deshalb ungültig ist, weil der beurkundende Beamte sie außerhalb der Grenzen seines Bezirkes vorgenommen hat, schließt sich an die im Allgemeinen Landrecht (I 12 §. 73, II 17 §. 60) und in der Allgemeinen Gerichtsordnung (II 2 §. 10) für gerichtliche Beurkundungen getroffenen Bestimmungen an. Durch den §. 7 des Reichsgesetzes werden diese Bestimmungen nicht ersetzt; denn es handelt sich im Artikel 39 nicht um Beurkundungen eines örtlich unzuständigen Gerichts, sondern um Beurkundungen, welche ein Richter in Fällen, in denen eine örtliche Beschränkung der Zuständigkeit nicht besteht, außerhalb seines Bezirkes vornimmt (z. B. ein in Berlin angestellter Amtsrichter nimmt in einem zu Charlottenburg gehörigen Hause ein Testament auf). Hinsichtlich der notariellen Beurkundungen fehlt es in dem Allgemeinen Landrecht und der Allgemeinen Gerichtsordnung an einer dem Artikel 39 des Entwurfes entsprechenden Vorschrift und die Hannoversche Notariatsordnung (§. 24) stellt sich ausdrücklich auf den entgegengesetzten Standpunkt. Die Frage hat keine große praktische Bedeutung; um jedoch die Unzuträglichkeiten thunlichst zu vermeiden, die mit der Nichtigkeit öffentlicher Urkunden nothwendig verbunden sind, wird es sich gleichwohl empfehlen, auch die notariellen Urkunden dem in Frage stehenden Grundsatze zu unterstellen.

Zweiter Titel.

Urkunden über Rechtsgeschäfte.

Die Form, in welcher gerichtliche und notarielle Urkunden über Rechtsgeschäfte unter Lebenden und von Todeswegen aufzunehmen sind, ist in dem Bürgerlichen Gesetzbuche (§§. 2232 bis 2246, 2276) sowie in dem Reichsgesetz über die Angelegenheiten der freiwilligen Gerichtsbarkeit (§§. 168 ff.) ausführlich geregelt. Die neuen Bestimmungen gelten nicht nur für die in dem Bürgerlichen Gesetzbuche geordneten Rechtsgebiete, vielmehr unterliegen auch solche Beurkundungen, die ein der Landesgesetzgebung vorbehaltenes Gebiet, z. B. das Lehn- oder Fideikommißrecht oder das Recht des hohen Adels, betreffen, künftig den reichsgesetzlichen Vorschriften, soweit nicht etwa für diese Gebiete in den Gesetzen oder Hausverfassungen einzelne besondere Bestimmungen getroffen sind. Auch dadurch, daß für eine Beurkundung ein Kollegialgericht zuständig ist, wird die Anwendbarkeit der reichsgesetzlichen Vorschriften nicht ausgeschlossen.

Zur Aufstellung allgemeiner ergänzender Normen bieten die reichsgesetzlichen Vorschriften über die Aufnahme rechtsgeschäftlicher Urkunden nur wenig Anlaß, zumal im §. 200 Abs. 2 des Reichsgesetzes bestimmt ist, daß ein Verstoß gegen solche ergänzenden Rechtssätze ohne Einfluß auf die Gültigkeit der Beurkundung ist. Der Entwurf hat die erforderlichen landesgesetzlichen Bestimmungen in den Artikeln 40 bis 42 zusammengefaßt.

Artikel 40.

Werden bei der Beurkundung eines Rechtsgeschäfts von dem Richter oder dem Notar Wahrnehmungen gemacht, die geeignet sind, Zweifel darüber zu begründen, ob einer der Betheiligten die zu dem Rechtsgeschäft erforderliche Geschäftsfähigkeit oder Einsicht besitzt, so soll dies nach Artikel 40 Abs. 1 in dem Protokolle festgestellt werden. Die Vorschrift schließt sich dem jetzigen Rechte an (s. Rhein. Not.O. Art. 17; Preuß. Not.O. §. 4;[1]) Hann. Not.O. §§. 15, 16; A.G.O. II 2 §§. 25, 27, 31, §. 43 Nr. 4, III 7 §. 48). Daß der Richter oder der Notar die Betheiligten zu belehren hat, wenn er Zweifel über ihre Geschäftsfähigkeit oder darüber hegt, ob sie die nöthige Einsicht besitzen, um die rechtlichen Folgen des Geschäfts zu übersehen (Rhein. Not.O., Preuß. Not.O. a. a. O.), bedarf keiner ausdrücklichen Hervorhebung im Gesetze.

---

[1]) Als Preußische Notariatsordnung ist hier wie im Folgenden das Gesetz über das Verfahren bei Aufnahme von Notariatsinstrumenten vom 11. Juli 1845 (Gesetz-Samml. S. 487) bezeichnet.

Die Vorschrift des Artikel 40 Abs. 2 bezieht sich auf den Fall, daß bei dem Richter oder dem Notar aus einem anderen Grunde als wegen mangelnder Geschäftsfähigkeit Bedenken gegen die Gültigkeit des Rechtsgeschäfts bestehen; hier soll der Richter oder der Notar seine Zweifel den Betheiligten mittheilen und den Inhalt der Mittheilung sowie die von den Betheiligten darauf abgegebenen Erklärungen in dem Protokolle feststellen. Gleiche Vorschriften enthalten auch die Rheinische und die Preußische Notariatsordnung; sie verpflichten jedoch zugleich den Notar, auf Verlangen der Betheiligten auch ein ungültiges Geschäft zu beurkunden, es sei denn, daß der Inhalt der Verhandlung gegen ein Strafgesetz verstößt (Rhein. Not.O. Art. 15, 16; Preuß. Not.O. §§. 2, 3; vergl. auch Hann. Not.O. §. 15 Abs. 2). Eine derartige Verpflichtung des Notars erkennt der Entwurf nicht an, er bestimmt vielmehr, daß der Notar — und ebenso der Richter — die Beurkundung abzulehnen hat, wenn der Inhalt des Geschäfts gegen ein Strafgesetz verstößt oder das Geschäft offenbar ungültig ist. Es kann dem Notar ebensowenig wie dem Richter zugemuthet werden, Geschäfte zu beurkunden, welche wegen eines Verstoßes gegen die guten Sitten, wegen Geschäftsunfähigkeit der Betheiligten oder aus einem sonstigen Grunde offenbar ungültig sind (vergl. A.G.O. II 2 §§. 28 bis 30), vielmehr muß es dem Takte und der Einsicht des Urkundsbeamten überlassen bleiben, im einzelnen Falle zu entscheiden, ob er ein Rechtsgeschäft, welches er für ungültig erachtet, zu beurkunden hat, weil die Ungültigkeit nicht zweifellos ist, oder ob die Bedenken gegen die Gültigkeit des Geschäfts so schwerwiegender Art sind, daß eine Ablehnung der Beurkundung angemessen erscheint.

Ueber die Feststellung der Persönlichkeit der Betheiligten sind im §. 176 Abs. 3 des Reichsgesetzes die erforderlichen Vorschriften getroffen; diese Vorschriften gelten nicht nur für Rechtsgeschäfte unter Lebenden, sondern nach §. 168 a. a. O., da im Bürgerlichen Gesetzbuch eine entgegenstehende Vorschrift nicht gegeben ist, auch für Testamente und Erbverträge. Der angeführte §. 176 bestimmt, daß das Protokoll eine Angabe darüber enthalten soll, ob der Richter oder der Notar die Betheiligten kennt oder, sofern dies nicht der Fall ist, in welcher Weise er sich Gewißheit über ihre Persönlichkeit verschafft hat; kann er sich diese Gewißheit nicht verschaffen, wird aber gleichwohl die Aufnahme der Verhandlung verlangt, so sollen der Sachverhalt und dasjenige, was zur Feststellung der Persönlichkeit beigebracht ist, in das Protokoll aufgenommen werden. Das Reichsgesetz überläßt es hiernach dem beurkundenden Beamten, wie er die Persönlichkeit der Betheiligten feststellen will, und eine landesgesetzliche Einschränkung dieses Ermessens kann nicht wohl in Frage kommen. Die Bestimmung der Rheinischen und der Hannoverschen Notariatsordnung (Art. 24 und §. 14), wonach die Feststellung nur durch sog. Rekognitionszeugen erfolgen kann, ist deshalb in den Entwurf nicht übernommen; im Geltungsbereiche der Allgemeinen Gerichtsordnung können sich schon gegenwärtig der Richter und der Notar nicht nur durch Erkennungszeugen, sondern auch auf andere glaubwürdige Art von der Persönlichkeit der Betheiligten versichern (A.G.O. II 2 §. 23; III 7 §. 48; Entscheidung des Reichsgerichts in Gruchot, Beiträge Bd. 33 S. 459).

Artikel 41.

Für den Fall, daß ein Betheiligter taub ist, ohne zugleich stumm zu sein, ist in dem Reichsgesetz über die Angelegenheiten der freiwilligen Gerichtsbarkeit als besondere Formvorschrift lediglich vorgesehen, daß der Richter einen Gerichtsschreiber oder zwei Zeugen, der Notar einen zweiten Notar oder zwei Zeugen zuziehen muß (§. 169). Da indessen die Vorlesung des Protokolls (§. 177 Abs. 1 Satz 1, 2 a. a. O.) dem tauben Betheiligten keine Kenntniß von dem Inhalte der Verhandlung verschafft, so schreibt der Entwurf im Anschluß an Bestimmungen der Allgemeinen Gerichtsordnung über die Beurkundung von Verträgen Tauber, Taubstummer und Blinder (II 3 §. 4, §. 7 Abs. 2, §. 8 a. E.) vor, daß dem tauben Betheiligten das Protokoll nicht nur gemäß der allgemeinen Regel des §. 177 Abs. 1 Satz 3, wenn er es verlangt, sondern von Amtswegen zur Durchsicht vorgelegt, falls aber der Taube nicht im Stande ist, Geschriebenes zu lesen, eine Vertrauensperson zugezogen werden soll, die sich mit ihm zu verständigen vermag; die Vertrauensperson hat alsdann das Protokoll mit den Betheiligten (§. 177 Abs. 1 a. a. O.) zu genehmigen und zu unterschreiben. In dem Protokoll ist festzustellen, daß der Betheiligte nach der Ueberzeugung des Richters oder des Notars die Vertrauensperson verstanden hat. Kann sich der Richter oder der Notar diese Ueberzeugung nicht verschaffen, so hat er die Beurkundung abzulehnen und es den Parteien zu überlassen, für die Bestellung eines Pflegers Sorge zu tragen (B.G.B. §. 1910). Die Vorschriften, die in den §§. 170 ff. des Reichsgesetzes für die Zeugen und die Dolmetscher getroffen sind, finden auf die Vertrauensperson keine Anwendung. Nach dem Schlußsatze des Artikel 41 kann auch der Gerichtsschreiber, der zugezogene zweite Notar, ein zugezogener Zeuge oder einer der Betheiligten als Vertrauensperson thätig sein; doch wird der Richter oder Notar, falls er einen Betheiligten als Vertrauensperson verwendet, selbstverständlich besonders sorgfältig zu prüfen haben, ob derselbe das Vertrauen verdient, insbesondere nicht bei der Beurkundung ein dem Interesse des Tauben entgegenstehendes Interesse verfolgt. Die Betheiligten als Vertrauenspersonen gänzlich auszuschließen, empfiehlt sich nicht, weil sonst bei Rechtsgeschäften, an denen die nächsten Verwandten des Tauben betheiligt sind, leicht Schwierigkeiten entstehen können; denn häufig werden nur die Angehörigen des Tauben in der Lage sein, sich mit ihm zu verständigen. Dazu kommt, daß der Richter oder der Notar, falls die Verständigung so geschieht, daß die Worte dem Tauben vorgesprochen werden und dieser sie von den Lippen abliest, die Möglichkeit hat, die Vertrauensperson zu überwachen.

Artikel 42.

Der Artikel 42 verpflichtet den Richter und den Notar, die vorgelegten Vollmachtsurkunden oder beglaubigte Abschriften dieser Urkunden der aufgenommenen Verhandlung beizufügen (A.G.O. II 2 §. 43 Nr. 3, III 7 §. 47, Rhein. Not.O. Art. 26 Abs. 2, Hann. Not.O. §. 39). Der Urkundsbeamte ist aber nicht befugt, die Aufnahme der Verhandlung von der Vorlage einer Vollmacht abhängig zu machen; eine dahin gehende Vorschrift würde nur schwer vereinbar sein mit dem §. 167 Abs. 2 des Bürgerlichen Gesetzbuchs, nach welchem die Ertheilung der Vollmacht nicht der Form bedarf, welche für das in Frage stehende Rechtsgeschäft erforderlich ist. Kann sich der Betheiligte, der als Vertreter eines Anderen auftritt, nicht als solcher ausweisen, so hat der Urkundsbeamte auf den Mangel aufmerksam zu machen und, wenn die Betheiligten gleichwohl auf der Aufnahme der Verhandlung bestehen, die Verhandlung aufzunehmen, jedoch in dem Protokolle des Mangels zu gedenken (vergl. R. Ges. §. 176 Abs. 3). Etwas strengere Vorschriften giebt in dieser Beziehung der §. 27 Theil II Titel 2 der Allgemeinen Gerichtsordnung, während die Rheinische und die Hannoversche Notariatsordnung keine Bestimmung enthalten, aus der eine Verpflichtung des Bevollmächtigten zur Beibringung einer Vollmachtsurkunde herzuleiten wäre.

Artikel 43.

In Uebereinstimmung mit dem geltenden Rechte geht der Entwurf davon aus, daß die Urschriften der von dem Richter oder dem Notar aufgenommenen Urkunden regelmäßig in der Verwahrung des Gerichts oder des Notars bleiben (Rhein. Not.O. Art. 37; Preuß. Not.O. §. 16 i. A.; Hann. Not.O. §. 21 Abs. 1; A. G.O. II 2 §§. 49 ff.). Die Betheiligten erhalten von den Urkunden auf Verlangen Abschriften oder Ausfertigungen, d. h. solche beglaubigte Abschriften, welche bestimmt sind, die Urschrift im Verkehre zu vertreten. Die Vorlegung der Ausfertigung hat, wie die Denkschrift zu §. 178 des Entwurfes eines Reichsgesetzes über die Angelegenheiten der freiwilligen Gerichtsbarkeit hervorhebt, dieselben Wirkungen wie die Beibringung der Urschrift, während die Vorlegung einer gewöhnlichen beglaubigten Abschrift unter Umständen, z. B. wenn es sich um den Nachweis des Bestehens einer Vollmacht handelt, nicht genügt.

Artikel 44.

Der Artikel 44 Abs. 1, wonach Ausfertigungen gerichtlicher oder notarieller Urkunden nur von dem Gericht oder Notar ertheilt werden können, in dessen Verwahrung sich die Urschrift befindet, giebt gleichfalls nur einen Grundsatz des geltenden Rechtes wieder (vergl. Rhein. Not.O. Art. 39 Satz 1, Art. 53; Preuß. Not.O. §§. 16, 17, 38; Hann. Not.O. §. 19 Abs. 3; A. G.O. II 2 §§. 49 ff.). Wenn die Rheinische Notariatsordnung (Art. 39 Satz 2) den Notar für befugt erklärt, auch von der bei ihm hinterlegten Abschrift eines Aktes, unter Hinweis auf diese Hinterlegung, eine Ausfertigung zu ertheilen, so wird diese Vorschrift nicht sowohl auf die Ertheilung einer eigentlichen Ausfertigung als auf die Ertheilung einer beglaubigten Abschrift zu beziehen sein. Daß der Notar von der Abschrift oder der Ausfertigung eines Aktes, welche er einer von ihm aufgenommenen Urkunde beigefügt hat, für eine Person, die bei dem von ihm beurkundeten Rechtsgeschäfte betheiligt ist, eine Abschrift anfertigt, ist auch nach dem Entwurfe nicht unzulässig, da sich der Artikel 44 Abs. 1 nur auf Ausfertigungen bezieht; ebenso kann der Notar nach dem Entwurfe von sonstigen Urkunden Abschriften anfertigen und beglaubigen. Dem Wesen und dem Zwecke der Ausfertigung entspricht es aber, daß sie nur von dem Notar ertheilt werden kann, der sich im Besitze der Urschrift befindet. Jede andere Regelung würde die Kontrole darüber unmöglich machen, wieviel

Ausfertigungen ertheilt sind und wer eine Ausfertigung erhalten hat; daraus aber würden namentlich bei Vollmachten Unzuträglichkeiten entstehen können (vergl. B.G.B. §. 172 Abs. 2).

Hat das Gericht oder der Notar, in dessen Verwahrung sich die Urschrift befindet, das Protokoll nicht selbst aufgenommen, so soll nach Artikel 44 Abs. 2 des Entwurfes in der Ausfertigung angegeben werden, weshalb sie von dem Gericht oder dem Notar ertheilt worden ist. Die Vorschrift entspricht, ebenso wie der Artikel 44 Abs. 1, dem geltenden Rechte (vergl. Rhein. Not. O. Art. 53, 54, Preuß. Not. O. §§. 37 bis 39, Hann. Not. O. §§. 59, 60, 63, 64; Gesetz vom 15. Juli 1890 §. 13 Abs. 4; vergl. Entw. Art. 97, 98, 102, 103, 140).

Artikel 45.

Da die Betheiligten mit Rücksicht auf gesetzliche Bestimmungen des ausländischen Rechtes unter Umständen ein berechtigtes Interesse daran haben können, daß ihnen die Urschrift des Protokolls, auf welcher sich die Originalunterschriften befinden, ausgehändigt wird, so gestattet der Artikel 45 dem Gericht und dem Notar, die Urschrift herauszugeben, falls glaubhaft gemacht wird, daß die Urkunde im Auslande gebraucht werden soll. Die Herausgabe der Urschrift darf selbstverständlich nicht auf den einseitigen Antrag eines Betheiligten, sondern nur mit Zustimmung aller Parteien erfolgen. Wird die Urschrift herausgegeben, so ist eine Ausfertigung zurückzubehalten und auf dieser zu vermerken, wem und an welchem Tage die Urschrift ausgehändigt worden ist. Die zurückbehaltene Ausfertigung vertritt die Urschrift und es können daher von ihr weitere Ausfertigungen ertheilt werden (Art. 45 Abs. 1).

Der Satz, daß die Urschrift in der Verwahrung des Gerichts oder des Notars bleibt, erleidet nach dem Entwurf eine weitere Ausnahme bei solchen Beurkundungen, die nicht Rechtsgeschäfte betreffen (Art. 62, 63). Auch für Protokolle über Verpachtungen oder über Versteigerungen beweglicher Sachen eine Ausnahme zuzulassen (Hann. Not. O. §. 47 Nr. 1), liegt keine hinreichende Veranlassung vor.

Die amtliche Verwahrung uneröffneter Testamente und Erbverträge ist im Artikel 79 des Entwurfes eines Ausführungsgesetzes zum Bürgerlichen Gesetzbuche geregelt. Für eröffnete Testamente und Erbverträge ergiebt sich aus den §§. 2261, 2300 des Bürgerlichen Gesetzbuchs, daß sie vom Nachlaßgericht aufzubewahren sind.

Artikel 46.

Nach §. 182 Abs. 1 des Reichsgesetzes ist die Ausfertigung der Protokolle über die gerichtliche Beurkundung eines Rechtsgeschäfts von dem Gerichtsschreiber zu unterschreiben und mit dem Gerichtssiegel zu versehen; ferner bestimmt der Abs. 2 des §. 182, daß die Protokolle auch auszugsweise ausgefertigt werden können. Im Artikel 46 Abs. 1 des Entwurfes werden diese Vorschriften, die von dem geltenden Preußischen Rechte (vergl. A. G. O. II 2 §. 50) insofern abweichen, als nach diesem die Unterzeichnung der Ausfertigung nicht dem Gerichtsschreiber, sondern dem Richter obliegt, auf die gerichtliche Ausfertigung notarieller Urkunden für anwendbar erklärt (vergl. Art. 97, 98, 102, 103 verb. mit Art. 44).

Der Abs. 2 des Artikel 46 betrifft die von den Notaren zu ertheilenden Ausfertigungen. Die Ausfertigung ist, wie dies schon in der Natur der Sache liegt, von dem Notar zu unterschreiben und mit dem Dienstsiegel zu versehen (vergl. die Denkschrift zu §. 178 des Entwurfes des Reichsgesetzes; Rhein. Not. O. Art. 42 Satz 2; Preuß. Not. O. §. 16 Abs. 2; Hannov. Not. O. §. 41 Abs. 2). Auch eine auszugsweise Ausfertigung notarieller Urkunden ist im Anschluß an den §. 182 Abs. 2 des Reichsgesetzes ausdrücklich für zulässig erklärt. Ob die Notare schon gegenwärtig befugt sind, solche Auszüge zu ertheilen, ist für das Gebiet des altpreußischen Rechtes bestritten, während im Rheinischen Rechtsgebiete von Auszügen, insbesondere bei größeren Versteigerungen, nicht selten Gebrauch gemacht wird. In der That haben an der Zulässigkeit einer auszugsweisen Ausfertigung alle Betheiligten mit Rücksicht auf die Ersparung von Zeit und Kosten ein erhebliches Interesse; demgegenüber wird die an sich vorhandene Möglichkeit, daß in Folge von Auszügen, die nicht mit der gehörigen Sorgfalt hergestellt sind, Unzuträglichkeiten entstehen, nicht ausschlaggebend in Betracht kommen können.

Ueber die Form der auszugsweisen Ausfertigung trifft der Artikel 49 des Entwurfes Bestimmung.

Artikel 47.

Die auf die äußere Form der Ausfertigungen bezüglichen Vorschriften des Artikel 47 Abs. 1 entsprechen im Wesentlichen den Bestimmungen der geltenden Notariatsordnungen (Preuß. Not. O. §. 16, Hann. Not. O. §. 41); doch knüpft der Entwurf, abweichend von der Hannoverschen Notariatsordnung, an die Verletzung der hier gegebenen Formvorschriften nicht die Folge der Nichtigkeit der Ausfertigung. Keiner besonderen Hervorhebung im Gesetze bedarf es, daß die in der Urschrift vorgenommenen Zusätze und Berichtigungen, sofern nicht etwa ihre Echtheit zu Bedenken Anlaß giebt, gleich in den Kontext der Ausfertigung aufgenommen werden dürfen (vergl. Hann. Not. O. §. 41 Abs. 1 a. E.). Wegen des Verfahrens bei einer aus mehreren Bogen bestehenden Ausfertigung ist auf den Artikel 64 Abs. 2 des Entwurfes zu verweisen. Die Vorschrift, daß der Notar auf jeder Ausfertigung die Nummer anzugeben hat, unter der sich die Urschrift im Notariatsregister eingetragen findet (Rhein. Not. O. Art. 43 Abs. 2, Preuß. Not. O. §. 16 Abs. 1, Hann. Not. O. §. 41 Abs. 2), ist in den von dem Notariatsregister handelnden Artikel 95 aufgenommen; dagegen ist in dem vorliegenden Artikel — gleichfalls im Anschluß an das geltende Recht — noch bestimmt, daß auf der Urschrift der gerichtlichen und der notariellen Urkunden vermerkt werden soll, wem und an welchem Tage Ausfertigungen ertheilt worden sind (Rhein. Not. O. Art. 40 Abs. 2, Preuß. Not. O. §. 17, Hann. Not. O. §. 19 Abs. 3; s. auch A. G. O. II 2 §. 53). Nach der Preußischen und der Hannoverschen Notariatsordnung soll ein gleicher Vermerk auf die Ausfertigung selbst gesetzt werden (Preuß. Not. O. §. 16 Abs. 1 a. E., §. 17 Abs. 1 Satz 2, Hann. Not. O. §. 41 Abs. 3); von einer dahingehenden Vorschrift hat der Entwurf in Uebereinstimmung mit dem Rheinischen Rechte abgesehen, weil ein solcher auf die

Ausfertigung gesetzter Vermerk für die Betheiligten meist ohne erheblichen Werth sein wird; denn es ist daraus nicht zu entnehmen, ob nicht später noch weitere Ausfertigungen ertheilt worden sind.

Daß jede Ausfertigung sowie jede Abschrift als solche kenntlich zu machen ist, braucht im Gesetze nicht ausgesprochen zu werden; auch braucht eine bestimmte Ausfertigungsformel gesetzlich nicht vorgeschrieben zu werden.

Artikel 48.

Zu einer ordnungsmäßigen Ausfertigung gehört die Beifügung der Anlagen der Urschrift. Dabei muß jedoch unterschieden werden zwischen Anlagen, auf die in der beurkundeten Erklärung Bezug genommen ist, und sonstigen Anlagen. Handelt es sich um eine Anlage der ersteren Art, hat z. B. Jemand, der ein Schenkungsversprechen beurkunden lassen will, dem Gericht oder dem Notar ein das Schenkungsversprechen enthaltendes Schriftstück mit dem Bemerken überreicht, daß er sich zu dessen Inhalte bekenne, so wird das überreichte Schriftstück nach §. 176 Abs. 2 des Reichsgesetzes als Theil des Protokolls angesehen; hieraus ergiebt sich von selbst, daß es auch einen Theil der Ausfertigung bildet (vergl. auch Preuß. Not. O. §. 22, Hann. Not. O. §. 37). Anders verhält es sich mit einer Anlage der Urschrift, auf welche die beurkundete Erklärung nicht Bezug nimmt, z. B. mit der Vollmacht eines Vertreters. Solche Anlagen bilden keinen Theil des Protokolls selbst und der Artikel 48 des Entwurfes bestimmt deshalb, daß sie der Ausfertigung der Haupturkunde in beglaubigter Abschrift beizufügen sind.

Artikel 49.

Der Artikel 49 regelt die Formen, die zu beobachten sind, wenn eine Urkunde auszugsweise ausgefertigt werden soll. Die Bestimmungen in Satz 1 und 2 werden einer näheren Begründung nicht bedürfen. Da nach §. 182 des Reichsgesetzes und nach Artikel 46 des Entwurfes der Gerichtsschreiber die gerichtlichen Ausfertigungen zu unterschreiben hat, diesem aber nicht die Entscheidung darüber zugewiesen werden kann, welche Theile der Urkunde in den Auszug aufzunehmen sind, so ist in dem Schlußsatze des vorliegenden Artikels bestimmt, daß bei gerichtlichen Ausfertigungen der Richter den Umfang des Auszugs und den Inhalt des Ausfertigungsvermerks anzuordnen und der Gerichtsschreiber in dem Ausfertigungsvermerke die Anordnung des Richters zu erwähnen hat.

Artikel 50 bis 53.

Die Allgemeine Gerichtsordnung enthält keine Regel darüber, wer berechtigt ist, von den bei Gericht aufgenommenen Urkunden eine Ausfertigung zu verlangen. Nach der Preußischen und der Rheinischen Notariatsordnung können die Betheiligten oder, wie es in der Rheinischen Notariatsordnung heißt, die im eigenen Namen Betheiligten sowie ihre Erben und Rechtsnachfolger eine Ausfertigung fordern, während die Hannoversche Notariatsordnung „jeder Partei" das Recht auf eine Ausfertigung giebt (Rhein. Not. O. Art. 41; Preuß. Not. O. §. 16; Hann. Not. O. §. 19). Im Anschluß an diese Vorschriften ist im Artikel 50 bestimmt, daß von den Protokollen über die gerichtliche oder notarielle Beurkundung eines Rechtsgeschäfts, sofern nicht in der Urkunde oder durch besondere Erklärung gegenüber dem Gericht oder dem Notar eine abweichende Bestimmung getroffen ist, diejenigen Personen, welche selbst das Rechtsgeschäft im eigenen Namen vorgenommen haben oder in deren Namen das beurkundete Rechtsgeschäft von Anderen vorgenommen worden ist, sowie die Rechtsnachfolger dieser Personen eine Ausfertigung fordern können.

Ist das Rechtsgeschäft durch einen Bevollmächtigten abgeschlossen, so kann dieser für sich selbst eine Ausfertigung nicht fordern; ob er berechtigt ist, für seinen Machtgeber die Ausfertigung in Empfang zu nehmen, hängt von dem Inhalt und der Auslegung der Vollmacht ab; in der Regel wird anzunehmen sein, daß sich die Vollmacht zum Abschluß eines Geschäfts auf die Empfangnahme der Ausfertigung erstreckt.

Die Ertheilung einer mehrfachen Ausfertigung an dieselbe Partei (Preuß. Not. O. §. 18, Hann. Not. O. §. 19) läßt der Entwurf nur zu, wenn ihr rechtliche Bedenken nicht entgegenstehen; die Einschränkung ist namentlich für solche Urkunden von Bedeutung, die eine Vollmacht enthalten (B. G. B. §. 172).

Wer eine Ausfertigung verlangen kann, muß auch das Recht haben, eine einfache oder beglaubigte Abschrift zu fordern und die Urschrift einzusehen; im Artikel 50 Abs. 2 ist dies besonders zum Ausdrucke gebracht. Daneben findet auf gerichtliche Urkunden der allgemeine Grundsatz des §. 34 des Reichsgesetzes Anwendung, wonach das Gericht befugt ist, jedem, der ein berechtigtes Interesse glaubhaft macht, die Einsicht der Gerichtsakten zu gestatten und eine Abschrift zu ertheilen. Für notarielle Urkunden über Rechtsgeschäfte enthält der Artikel 51 eine entsprechende Bestimmung. Doch ist die Vorschrift des Entwurfes insofern enger gefaßt, als sie sich nur auf solche Personen bezieht, in deren Interesse die Urkunde errichtet worden ist; für Urkunden über Rechtsgeschäfte reicht diese Regelung aus; andererseits empfiehlt es sich nicht, die Notariatsurkunden in weiterem Umfange als nothwendig Dritten zugänglich zu machen. Auf Testamente findet der Artikel 51 überhaupt keine Anwendung; das ergiebt sich schon daraus, daß der Notar sie mit dem Dienstsiegel zu verschließen und dem Amtsgerichte zur besonderen amtlichen Verwahrung zu übergeben hat (B. G. B. §. 2246; Ausf.-Ges. z. B. G. B. Art. 79). Die vom Gericht in amtliche Verwahrung genommenen Testamente sind auch, mögen sie vor dem Gericht oder vor einem Notar oder in privatschriftlicher Form errichtet sein, nicht zu den Gerichtsakten im Sinne des § 34 des Reichsgesetzes zu rechnen. Das Gleiche gilt von Erbverträgen, sofern nicht die Parteien die besondere amtliche Verwahrung ausgeschlossen haben oder der Erbvertrag mit einem anderen Vertrag in derselben Urkunde verbunden ist (vergl. B. G. B. §. 2277); liegt einer dieser Ausnahmefälle vor, so ist auf den notariellen Erbvertrag der Artikel 51 des Entwurfes und auf den gerichtlichen Erbvertrag der §. 34 des Reichsgesetzes anwendbar, doch wird von der durch diese Bestimmungen dem Notar und dem Gericht eingeräumten Befugniß bei Erbverträgen ein besonders vorsichtiger Gebrauch zu machen sein.

Da die Entscheidung darüber, wer nach den gesetzlichen Bestimmungen von einer Urkunde eine Ausfertigung oder Abschrift verlangen kann, nicht immer ohne Weiteres aus der Urkunde selbst zu entnehmen ist, sondern in vielen Fällen eine Prüfung sonstiger rechtlicher oder thatsächlicher Verhältnisse voraussetzt, so sieht der Artikel 52 Abs. 1 vor, daß der Gerichtsschreiber Ausfertigungen oder Abschriften nur auf Anordnung des Gerichts ertheilen soll. Gegen die Verfügung des Gerichts finden gemäß Artikel 3 ff. die Rechtsmittel der Beschwerde und der weiteren Beschwerde statt. Weigert sich ein Notar, eine Ausfertigung oder Abschrift zu ertheilen oder die Einsicht der Urschrift zu gestatten, so entscheidet nach Artikel 52 Abs. 2 auf Antrag das Landgericht, in dessen Bezirke der Notar seinen Sitz hat; die Entscheidung des Landgerichts unterliegt der Beschwerde an das Oberlandesgericht.

Der Artikel 53 stellt zur Vermeidung von Zweifeln ausdrücklich fest, daß die Rechte, welche Behörden oder Beamten sowie anderen als den in den Artikeln 50, 51 bezeichneten Personen in Bezug auf die Aushändigung oder Einsicht gerichtlicher oder notarieller Urkunden oder in Bezug auf die Mittheilung ihres Inhalts zustehen, durch die Vorschriften des zweiten Titels nicht berührt werden; in Betracht kommen hierbei insbesondere die Bestimmungen der Steuergesetze,[1]) ferner die §§. 2261, 2264, 2300 des Bürgerlichen Gesetzbuchs, der §. 792 der Civilprozeßordnung und der §. 34 des Reichsgesetzes über die Angelegenheiten der freiwilligen Gerichtsbarkeit.

Dritter Titel.

Sonstige Urkunden.

Artikel 54.

Die Vorschriften des dritten Titels beziehen sich auf gerichtliche oder notarielle Urkunden über Gegenstände, die nicht Rechtsgeschäfte sind, doch gelten sie nach Artikel 54 Satz 2 für gerichtliche Beurkundungen nur insoweit, als nicht die Beurkundung einen Theil eines anderen Verfahrens bildet, sie bleiben mithin auf das sogenannte gerichtliche Notariat beschränkt. Dagegen kommen sie nicht zur Anwendung bei Beurkundungen, die lediglich bezwecken, innerhalb eines gerichtlichen Verfahrens das Ergebniß einer Verhandlung aktenkundig zu machen. Es würde zu weit führen, wenn in Vormundschaftssachen, in Nachlaßsachen u. s. w. über jede Verhandlung nach Maßgabe der Vorschriften des dritten Titels ein förmliches Protokoll aufgenommen werden müßte; ein kurzer Aktenvermerk wird hier vielfach genügen. Auf Grund dieser Erwägungen ist schon bei den Berathungen der Reichstags-Kommission über das Gesetz vom 17. Mai 1898 ein Antrag abgelehnt worden, welcher protokollarische Feststellung des Inhalts aller in Angelegenheiten der freiwilligen Gerichtsbarkeit stattfindenden Verhandlungen verlangte (Kom-

---

[1]) Vergl. Einkommensteuergesetz vom 24. Juni 1891 (Gesetz-Samml. S. 175) §. 35 Abs. 6; Gewerbesteuergesetz vom 24. Juni 1891 (Gesetz-Samml. S. 205) §. 25 Abs. 5; Ergänzungssteuergesetz vom 14. Juli 1893 (Gesetz-Samml. S. 134) §. 25 Abs. 5; Stempelsteuergesetz vom 31. Juli 1895 (Gesetz-Samml. S. 413) §. 31 Abs. 2.

missionsbericht des Reichstags, Drucks. 9. Leg.-Per. V. Sess. 1897/98 Nr. 109 S. 9, zu §. 8).

Ueber die unter die Vorschriften des dritten Titels fallenden gerichtlichen oder notariellen Urkunden sind vereinzelte Bestimmungen schon in den Reichsgesetzen getroffen, insbesondere über die Beglaubigung von Unterschriften und Handzeichen, über die Form der Wechselproteste und über die Protokolle der Generalversammlung einer Aktiengesellschaft oder einer Kommanditgesellschaft auf Aktien (R.Ges. §. 183; W.O. Art. 87 ff.; H.G.B. §. 259, §. 320 Abs. 3). Diese Bestimmungen müssen selbstverständlich unberührt bleiben.

Was die Vorschriften des Entwurfs betrifft, so bringt der

Artikel 55

zunächst im Satz 1 zum Ausdrucke, daß die Urkunde den Ort und den Tag der Verhandlung oder, falls sie nicht in Form eines Protokolls aufgenommen wird, den Ort und den Tag der Ausstellung angeben und mit der Unterschrift des Richters oder des Notars versehen sein muß. Im Artikel 55 Satz 2 ist sodann bestimmt, daß die Urkunde, falls sie den Betheiligten in Urschrift ausgehändigt wird (s. Art. 62), auch mit Siegel oder Stempel zu versehen ist (vergl. R.Ges. §. 183). Des Weiteren stellt der

Artikel 56

in Uebereinstimmung mit der ausdrücklichen Vorschrift des §. 32 der Hannoverschen Notariatsordnung die Regel auf, daß die Beurkundung in der Form eines Protokolls erfolgt (vergl. A.G.O. II 2 §. 42; Preuß. Not.O. §§. 10 ff., 41). Außer dem Richter oder dem Notar sollen auch die übrigen bei der Verhandlung mitwirkenden Personen (z. B. der zugezogene Dolmetscher) das Protokoll unterschreiben. Darüber, inwieweit das Protokoll den Betheiligten behufs der Genehmigung vorzulesen oder ihnen zur Durchsicht vorzulegen und von ihnen zu unterschreiben ist, soll dagegen das Ermessen des Richters oder Notars entscheiden. Abweichend hiervon schreiben die geltenden Notariatsordnungen, ohne zwischen der Beurkundung von Rechtsgeschäften und der Aufnahme sonstiger Urkunden zu unterscheiden, allgemein vor, daß die Urkunden den „Betheiligten", den „Interessenten" oder den „Parteien" zur Genehmigung vorzulegen sind und von ihnen unterschrieben werden müssen (Rhein. Not.O. Art. 27, 28; Preuß. Not.O. §. 13, Hann. Not.O. §. 36). Indessen wird schon jetzt angenommen, daß es nicht unbedingt erforderlich sei, daß jedem, der eine Erklärung selbst abgiebt oder dem gegenüber eine Erklärung abgegeben wird, die aufgenommene Urkunde vorgelesen und zur Unterschrift vorgelegt wird (vergl. Entsch. des Reichsgerichts Bd. 25 S. 195). Ein solches Verfahren würde sich namentlich in Versammlungen der Mitglieder einer Gesellschaft oder eines Vereins nicht durchführen lassen. Nicht minder würde es widersinnig sein, bei Protesten zu verlangen, daß derjenige, gegen welchen der Protest aufgenommen wird, die Urkunde genehmigt. Im §. 259 des Handelsgesetzbuchs und im Artikel 88 der Wechselordnung wird denn auch nur die Unterschrift des Notars oder des Richters gefordert.

Bei dieser Sachlage empfiehlt es sich, nachdem für die Beurkundung von Rechtsgeschäften reichsgesetzlich das Erforderliche bestimmt worden ist, es im Uebrigen dem pflichtmäßigen Ermessen des Urkundsbeamten zu überlassen, inwieweit eine ausdrückliche Genehmigung des Protokolls durch Vorlesung und Unterzeichnung angezeigt erscheint. Daß die Urkunden über Rechtsgeschäfte und die sonstigen Protokolle in der fraglichen Beziehung einander nicht schlechthin gleichgestellt werden können, ist auch schon in der Allgemeinen Gerichtsordnung zum Ausdrucke gekommen; denn nach §. 33 II 5 soll bei dem Protokoll über eine Siegelung, „welches eigentlich nur eine Anzeige über den vorgenommenen Aktus der Siegelung enthält", die Mitunterschrift der zugezogenen Personen nur insofern nothwendig sein, als die Verzeichnisse der außer Sperre gebliebenen Sachen von demjenigen unterzeichnet werden müssen, dessen Verwahrung sie anvertraut worden sind.

Artikel 57 bis 61.

Um überflüssige Weitläufigkeiten zu vermeiden, erklärt der Entwurf im Artikel 57 die Aufnahme eines Protokolls für entbehrlich bei Zustellungen, bei der Beglaubigung von Abschriften, bei der Sicherstellung der Zeit, zu welcher eine Privaturkunde ausgestellt ist, bei Lebensbescheinigungen und bei sonstigen einfachen Zeugnissen. Abgesehen von dem Hinweis auf die sonstigen einfachen Zeugnisse enthält die Hannoversche Notariatsordnung die gleiche Bestimmung (§. 32 Abs. 1) und ebenso geht die Allgemeine Gerichtsordnung (II 3 §. 27, III 7 §§. 79, 80) davon aus, daß die Beglaubigung einer Abschrift in der Form eines bloßen Attestes erfolgt. Hinsichtlich der Beglaubigung einer Unterschrift sowie eines Handzeichens ist schon durch den §. 183 des Reichsgesetzes im Anschluß an das bisherige Preußische Recht vorgeschrieben, daß sie in der Form eines bloßen Vermerkes geschieht.

Der Artikel 58 regelt die Form der Beglaubigung von Abschriften. Die auf Durchstreichungen, Aenderungen oder andere Mängel einer von den Betheiligten zum Zwecke der Abschriftsbeglaubigung vorgelegten Schrift bezügliche Bestimmung des Abs. 2 schließt sich dem §. 27 II 3 der Allgemeinen Gerichtsordnung an. Für Abschriften der von den Gerichten oder Notaren aufgenommenen Urkunden bedarf es einer entsprechenden Bestimmung nicht, da der Artikel 65 Vorschriften darüber trifft, in welcher Weise Mängel in der äußeren Form der gerichtlichen und notariellen Urschriften zu vermeiden sind. Wegen der Bestimmung des Abs. 3 über beglaubigte Auszüge ist auf die Bemerkungen zu Artikel 49 zu verweisen.

Die Allgemeine Gerichtsordnung enthält in den §§. 28, 29 a. a. O. noch Vorschriften über beglaubigte Abschriften, welche die Stelle des Originals vertreten sollen, sowie über die Renovation von Urkunden. Diese Vorschriften können in Wegfall kommen. Bei gerichtlichen und notariellen Urkunden sind nach dem neuen Rechte die Ausfertigungen bestimmt, die Urschrift da, wo es auf die Vorlegung der Urschrift ankommt, zu vertreten (s. die Denkschrift zu §. 178 des Entwurfes eines Gesetzes über die Angelegenheiten der freiwilligen Gerichtsbarkeit). Was aber die Privaturkunden anlangt, so ist nach den allgemeinen Vorschriften über Willenserklärungen und Urkundenbeweis zu beurtheilen, welche Wirkung der beglaubigten Abschrift einer Privaturkunde zukommt, deren Unterschrift, wie die Allgemeine Gerichtsordnung im §. 28 voraussetzt, vor der Herstellung der Abschrift gehörig rekognoszirt worden ist. Das Urkundenrenovationsverfahren endlich hat schon jetzt neben den Vorschriften der Civilprozeßordnung über die Feststellungsklage kaum noch eine praktische Bedeutung.

Nicht anders als mit der Urkundenrenovation der Allgemeinen Gerichtsordnung verhält es sich mit dem gemeinrechtlichen Exemplifikationsverfahren (s. Wetzell, Gemeiner Civilprozeß §. 24 Note 98b; Renaud, Gemeiner Civilprozeß S. 319, 320). Ebenso ist auch der Artikel 203 des code de procédure civile außer Kraft zu setzen. Nach diesem Artikel soll, falls eine in der Verwahrung eines Notars oder eines sonstigen amtlichen Depositars befindliche Urschrift im Laufe eines Verifikationsverfahrens, d. h. eines die Echtheit einer Urkunde betreffenden Verfahrens, behufs der Schriftvergleichung dem Gerichte vorgelegt werden muß, der Depositar auf Kosten des Verifikationsklägers eine Ausfertigung oder Abschrift anfertigen. Die Ausfertigung oder Abschrift wird von dem Präsidenten des Gerichts verifizirt und vertritt die Urschrift so lange, bis diese in die Hände des Depositars zurückgelangt; insbesondere können auf Grund der zurückbehaltenen Ausfertigung oder Abschrift den Betheiligten Ausfertigungen ertheilt werden. In der hier fraglichen Beziehung das Gebiet des Rheinischen Rechtes anders zu behandeln als die übrigen Theile der Monarchie, liegt keine Veranlassung vor, andererseits wird aber auch davon abgesehen werden müssen, den im Artikel 203 des code de procédure aufgestellten Grundsatz auf die ganze Monarchie auszudehnen, da in den Gebieten des altpreußischen und des gemeinen Rechtes ein Bedürfniß zu einer solchen Vorschrift nicht hervorgetreten ist. Die Vorschrift würde sich zudem nicht auf den Fall des code de procédure beschränken lassen, sondern folgerichtig auf sonstige Fälle, in denen die Urschrift einer gerichtlichen oder notariellen Urkunde einer Behörde oder einem Beamten, z. B. einem Aufsichtsbeamten, herauszugeben ist, erstreckt werden müssen; eine dahingehende Bestimmung erscheint aber mit Rücksicht auf die Weitläufigkeiten und Kosten, zu denen sie führen würde, nicht angängig.

Mit dem §. 28 Theil II Titel 3 der Allgemeinen Gerichtsordnung ist zugleich die Kabinetsorder vom 6. November 1834 (Gesetz-Samml. S. 180), welche den §. 28 in einzelnen Beziehungen abgeändert hat, aufzuheben (Art. 141 Nr. 8). Die Bestimmungen, welche die Kabinetsorder über die Abzweigung von Hypothekendokumenten enthält, sind schon jetzt veraltet (Grundbuchordnung vom 5. Mai 1872 §. 83). Künftig gilt für die Bildung von Theilhypothekenbriefen der §. 61 der Grundbuchordnung vom 24. März 1897.

Die Vorschriften des Entwurfes über die Sicherstellung der Zeit, zu welcher eine Privaturkunde ausgestellt ist (Art. 59), sollen zum Ersatze der Rheinischen Bestimmungen über die Einregistrirung von Urkunden sowie des §. 26 Nr. 7 und des §. 32 Abs. 1 der Hannoverschen Notariatsordnung dienen (vergl. Gesetz über die Einregistrirung in den Rheinprovinzen vom 23. April 1824, Gesetz-Samml. S. 80). Die Bescheinigung des Richters oder

Notars, daß ihm eine Urkunde zu einer bestimmten Zeit vorgelegt worden ist, kann für die Betheiligten in Fällen, in denen es auf das Alter der Urkunde und insbesondere auf die Zeit der Vornahme des beurkundeten Rechtsgeschäfts ankommt, von erheblicher Bedeutung sein; namentlich ermöglicht sie es dem Inhaber einer Privaturkunde, sich den Beweis ihres Alters auch dann zu sichern, wenn der Aussteller sich weigert, seine Unterschrift beglaubigen zu lassen, oder wenn eine solche Beglaubigung aus anderen Gründen, z. B. wegen Abwesenheit des Ausstellers, nicht herbeizuführen ist.

Der Artikel 60 bestimmt, daß die nach den Artikeln 55, 58, 59 von dem Richter oder Notar zu beobachtenden Formvorschriften entsprechende Anwendung finden, wenn ein Gerichtsschreiber eine Abschrift oder die Zeit, zu welcher eine Privaturkunde ihm vorgelegt worden ist, beglaubigt. Falls ein Gerichtsschreiber eine auszugsweise Abschrift beglaubigt, soll ferner auch die im Artikel 49 Satz 3 für Ausfertigungen gegebene Vorschrift zur Anwendung kommen, der Richter also den Umfang des Auszugs und den Inhalt des Beglaubigungsvermerkes anordnen und der Gerichtsschreiber in dem Beglaubigungsvermerke die Anordnung des Richters erwähnen. Da der §. 182 des Reichsgesetzes sich nur auf Ausfertigungen und nicht auf beglaubigte Abschriften bezieht, so würde die Landesgesetzgebung an sich nicht gehindert sein, zu bestimmen, daß auszugsweise beglaubigte Abschriften stets vom Richter zu unterschreiben sind. Unter einer solchen Vorschrift würde aber die Uebersichtlichkeit des Rechtes leiden; die Regelung erfolgt daher am besten in der Weise, daß auszugsweise beglaubigte Abschriften entweder vom Richter oder unter Anwendung der Formen des Artikel 49 Satz 3 vom Gerichtsschreiber vollzogen werden.

Der Artikel 61 Abs. 1, demzufolge der Richter oder der Notar bei der Beglaubigung einer Unterschrift oder eines Handzeichens ohne Zustimmung der Betheiligten nicht befugt ist, von dem Inhalte der Urkunde Kenntniß zu nehmen, schließt sich dem §. 21 der Preußischen und dem §. 13 der Hannoverschen Notariatsordnung an. Ebenso geben die Vorschriften des Artikel 61 Abs. 2, welche sich auf die Verpflichtung des Notars beziehen, von Urkunden, die er entworfen und deren Unterschriften oder Handzeichen er beglaubigt hat, eine Abschrift zurückzubehalten, lediglich den Inhalt des §. 9 Abs. 2, 3 des Gesetzes vom 15. Juli 1890 wieder; der Abs. 1 des angeführten §. 9 ist schon durch §. 15 des Stempelsteuergesetzes vom 31. Juli 1895 (Gesetz-Samml. S. 413) aufgehoben und ersetzt.

Im Abs. 3 des Artikel 61 ist bestimmt, daß der Richter oder der Notar, wenn er Wahrnehmungen macht, die geeignet sind, Zweifel an der unbeschränkten Geschäftsfähigkeit der Person zu begründen, deren Unterschrift oder Handzeichen beglaubigt werden soll, dies in dem Beglaubigungsvermerke festzustellen hat. Eine ähnliche Vorschrift enthält auch das Gesetz vom 15. Juli 1890, welches im §. 8 Abs. 5 den Richter oder Notar, der eine Unterschrift oder ein Handzeichen beglaubigt, für die erforderliche Prüfung der Geschäftsfähigkeit verantwortlich macht. Ob der Urkundsbeamte hiernach das Vorhandensein der vollen Geschäftsfähigkeit zu prüfen hat oder ob es genügt, wenn er feststellt, daß der Aussteller der Urkunde die zu dem beurkundeten Geschäfte erforderliche Handlungsfähigkeit besitzt, ist nicht unbestritten. Vom Standpunkte der Gesetzgebung aus verdient aber die erstere Ansicht den Vorzug;[1]) denn es ist, wie sich schon aus dem Abs. 1 des vorliegenden Artikels ergiebt, bei der Beglaubigung einer Unterschrift oder eines Handzeichens nicht Sache des Richters oder des Notars, zu prüfen, ob das beurkundete Rechtsgeschäft von einer beschränkt geschäftsfähigen Person mit voller Wirksamkeit vorgenommen werden kann.

Die Bestimmung, daß der Beglaubigungsvermerk angeben muß, ob die Beglaubigung auf Grund der vor dem Richter oder Notar erfolgten Fertigung oder auf Grund der vor ihm erfolgten Anerkennung geschieht (Gesetz vom 15. Juli 1890 §. 8 Abs. 3 Satz 2), ist aus dem Entwurfe des Reichsgesetzes durch einen Beschluß des Reichstags im Interesse der Vereinfachung der Beglaubigung gestrichen worden (s. den Kommissionsbericht zu §. 179 des Entw.); die betreffende Bestimmung landesgesetzlich als Ordnungsvorschrift aufrecht zu erhalten, erscheint nicht angezeigt. Wegen der Beifügung der Nummer des Notariatsregisters und der Gebührenberechnung (Gesetz v. 15. Juli 1890 §. 8 Abs. 4 a. E.) ist auf den Artikel 95 des Entwurfes und den §. 26 der Gebührenordnung für Notare vom 25. Juni 1895 (Gesetz-Samml. S. 256) zu verweisen.

Artikel 62, 63.

Die Artikel 62 und 63 beziehen sich auf die Verwahrung der unter die Vorschriften des vorliegenden Titels fallenden gerichtlichen und notariellen Urkunden, auf die Ertheilung von Ausfertigungen und Abschriften dieser Urkunden sowie auf das Recht der Einsicht.

Ebensowie bei den Urkunden über Rechtsgeschäfte geht der Entwurf auch hier davon aus, daß die Urschrift in der Verwahrung des Gerichts oder des Notars bleibt. Selbstverständlich kann diese Regel nicht Platz greifen, wenn es sich lediglich um die Beglaubigung einer Unterschrift oder eines Handzeichens, um die Beglaubigung einer Abschrift oder um die Sicherstellung des Datums einer Urkunde handelt; in diesen Fällen versieht das Gericht oder der Notar das vorgelegte Schriftstück mit dem erforderlichen Vermerk und giebt es alsdann dem Betheiligten zurück. Der Entwurf läßt es indessen bei diesen Ausnahmen nicht bewenden. Nach Artikel 62 Abs. 1 soll die Zurückbehaltung der Urschrift in allen Fällen unterbleiben können, in denen die Beurkundung nicht in der Form eines Protokolls erfolgt ist; es dürfen daher namentlich auch Lebensbescheinigungen und notarielle Zustellungsurkunden den Betheiligten in Urschrift ausgehändigt werden (vergl. Hann. Not. O. §. 47 Nr. 2, 6). Ferner greift hier ebenso wie bei rechtsgeschäftlichen Urkunden die Ausnahme Platz, die im Artikel 45 für solche Urkunden zugelassen ist, welche im Auslande gebraucht werden sollen (Art. 62 Abs. 1 Satz 2). Endlich bestimmt der Artikel 63, daß Wechselproteste den Auftraggebern in Urschrift ausgehändigt werden. Für die von den Gerichtsschreibern und den Gerichtsvollziehern auf-

[1]) Vergl. auch Entsch. des Kammergerichts Bd. 14 S. 163.

genommenen Wechselproteste ist schon jetzt in den Geschäftsordnungen[1]) das Gleiche vorgeschrieben und ebenso wird von einem großen Theile der Notare schon gegenwärtig in dieser Weise verfahren. Ob nach Reichsrecht die Wechselproteste den Betheiligten unbedingt in Urschrift auszuhändigen sind oder ob es dem Artikel 90 der Wechselordnung auch entspricht, wenn dem Auftraggeber eine Ausfertigung ertheilt und das Wechselprotestregister aus den Urschriften gebildet wird, mag dahingestellt bleiben; jedenfalls empfiehlt es sich zur Abschneidung aller Zweifel, für Wechselproteste eine Ausnahme von dem Grundsatze vorzusehen, daß die Urschriften der Protokolle den Betheiligten nicht ausgehändigt werden.

Soweit die Urschriften der unter die Vorschriften des dritten Titels fallenden Urkunden in der Verwahrung des Gerichts oder des Notars bleiben, können von ihnen, wie der Artikel 62 Abs. 1 Satz 2 ergiebt, nach Maßgabe der für rechtsgeschäftliche Urkunden geltenden Vorschriften Ausfertigungen ertheilt werden; dies gilt auch dann, wenn ein gesetzlicher Zwang, die Urschrift zurückzubehalten, nicht vorliegt. Bei den unter den vorliegenden Titel fallenden Urkunden kann aber nicht allen, die selbst oder durch Bevollmächtigte bei dem beurkundeten Vorgang Erklärungen abgegeben haben, sondern nur demjenigen, auf dessen Antrag die Urkunde aufgenommen worden ist, das Recht ertheilt werden, eine Ausfertigung zu verlangen. Andererseits darf auch den sonstigen Betheiligten, z. B. den Mitgliedern eines Vereins, über dessen Versammlung ein gerichtliches oder notarielles Protokoll aufgenommen worden ist, nicht die Möglichkeit entzogen werden, von dem Inhalte der Urkunde Kenntniß zu nehmen und eine Abschrift zu erhalten. In dieser Beziehung genügt es aber, wenn die im §. 34 des Reichsgesetzes den Gerichten ertheilte Ermächtigung auf die Notare ausgedehnt wird.

Vierter Titel.

Aeußere Form der Urkunden.

Artikel 64, 65.

Die Vorschriften des Artikel 64 über die äußere Behandlung solcher Urkunden, die allein oder mit ihren Anlagen aus mehreren Bogen bestehen, schließen sich an die Bestimmungen der Preußischen und der Hannoverschen Notariatsordnung an (Preuß. Not. O. §. 16 Abs. 2; Hann. Not. O. §. 40, §. 41 Abs. 2). Der Artikel 65 enthält dagegen nicht so strenge Vorschriften wie die entsprechenden Artikel oder Paragraphen der geltenden Notariatsordnungen (Rhein. Not. O. Art. 26, 30, 31, 44; Preuß. Not. O. §. 12, §. 36 Abs. 2; Hann. Not. O. §. 17 Abs. 4, §. 34). Insbesondere ist im Anschluß an die für gerichtliche Urkunden in der Allgemeinen Gerichtsordnung (§. 44 II 2) getroffenen Bestimmungen auch für notarielle Urkunden nach-

[1]) Geschäftsordnung für die Gerichtsschreibereien der Amtsgerichte vom 14. Dezember 1896 (Just.-Min.-Bl. S. 363) §. 45; Geschäftsanweisung für die Gerichtsvollzieher vom 24. Juli 1879 (Just.-Min.-Bl. S. 206) §. 112 Abs. 4.

gelassen, daß Randzusätze, falls sie nur geringfügiger Art sind, nicht besonders unterschrieben zu werden brauchen. Bei Zusätzen am Schlusse des Protokolls oder bei sonstigen nachträglichen Aenderungen der aufgenommenen Urkunde, auf die am Schlusse der Urkunde hingewiesen ist, bedarf es nach Artikel 65 einer besonderen Unterzeichnung überhaupt nicht. Auch soll eine Unterzeichnung der Randzusätze durch die Betheiligten nicht erforderlich, vielmehr ihre Beglaubigung durch die mitwirkenden Personen (den Richter, den Notar, die Urkundszeugen u. s. w.) genügend sein. Ferner ist von einer gesetzlichen Vorschrift Abstand genommen, wonach notarielle Urkunden ohne Lücken zu schreiben sind, wie denn für gerichtliche Urkunden schon jetzt eine solche Vorschrift nicht besteht. An die Verletzung der Vorschriften über die äußere Form der Urkunden eine theilweise Nichtigkeit der Beurkundung zu knüpfen (vergl. Rhein. Not. O. Art. 30, 31; Hann. Not. O. §. 34 Abs. 2 i. A.), ist reichsgesetzlich ausgeschlossen (R. Ges. §. 200 Abs. 2; s. auch Preuß. Not. O. §. 12).

Wenn bei der Beurkundung eines Rechtsgeschäfts der Betheiligte in seiner Erklärung auf eine Schrift Bezug nimmt und diese dem Protokoll als Anlage beigefügt wird, so bildet sie nach §. 176 Abs. 2 des Reichsgesetzes einen Theil des Protokolls. Es finden daher auf sie auch die Vorschriften des Artikel 65 Abs. 1, 2 des Entwurfes Anwendung. Nach Abs. 3 des Artikel 65 soll es jedoch einer Unterzeichnung der in der eingereichten Schrift sich findenden Aenderungen nicht bedürfen, wenn aus dem Protokolle hervorgeht, daß die Aenderungen genehmigt worden sind. Die Vorschrift entspricht dem §. 37 Abs. 3 der Hannoverschen Notariatsordnung; doch ist in der letzteren nur die Unterschrift des Notars und der Zeugen, nicht auch die der Betheiligten für entbehrlich erklärt.

Zur Erschwerung von Fälschungen und zur Vermeidung von Irrthümern ist in den geltenden Notariatsgesetzen angeordnet, daß in den notariellen Urkunden Summen und Zahlen, von bestimmten Ausnahmen abgesehen, mit Buchstaben geschrieben werden (Rhein. Not. O. Art. 26; Preuß. Not. O. §. 12, Hann. Not. O. §. 35; Gesetz vom 15. Juli 1890 §. 7). Dagegen sind in der Allgemeinen Gerichtsordnung dem Richter in dieser Beziehung Anweisungen nicht ertheilt. Der Entwurf hat kein Bedenken getragen, auch für die Notare von einer entsprechenden Vorschrift abzusehen. Durch das Ausschreiben der Zahlen in Buchstaben wird die Aufnahme der Verhandlungen leicht unnöthigerweise erschwert und zudem die Uebersichtlichkeit der Urkunden vielfach beeinträchtigt. Andererseits hat bei den gerichtlichen Urkunden der Mangel einer Bestimmung der in Frage stehenden Art nicht zu Mißständen geführt. Ob eine Zahl wegen ihrer Wichtigkeit in Buchstaben auszudrücken ist oder ob die leichter lesbare Darstellung in Ziffern genügt, läßt sich nur im einzelnen Falle richtig beurtheilen; es bleibt deshalb am besten der Sorgfalt und der Umsicht der Urkundsperson überlassen, inwieweit Buchstaben oder Ziffern anzuwenden sind. Auch in der Civilprozeßordnung ist nicht vorgeschrieben, daß in den gerichtlichen Entscheidungen die Urtheilssummen oder andere Zahlen in Buchstaben ausgedrückt werden sollen.

Die Bestimmung des §. 32 der Hannoverschen Notariatsordnung, wonach der Notar das Protokoll regelmäßig selbst schreiben muß und nur mit Genehmigung des Justizministers einen — besonders zu beeidigenden — Schreiber zuziehen darf, ist schon durch das Gesetz vom 8. März 1880 (§. 6) aufgehoben worden. Daß die Richter und die Notare bei der Beurkundung Formulare benutzen dürfen, braucht im Gesetze nicht ausgesprochen zu werden.

Fünfter Abschnitt.

Verfahren bei der freiwilligen gerichtlichen Versteigerung von Grundstücken.

Der fünfte Abschnitt soll die Bestimmungen der §§. 66ff. Th. I Tit. 52 der Allgemeinen Gerichtsordnung sowie die Bestimmungen der Verordnung, betreffend das Verfahren bei freiwilligen Subhastationen, vom 6. April 1839 (Gesetz-Samml. S. 125) und der dazu ergangenen Instruktion vom 20. Mai 1839 (Just.-Min.-Bl. S. 190) ersetzen. Wie in der Allgemeinen Gerichtsordnung (I 52 §§. 67, 69) und in der Instruktion (§. 8) auf die für die Zwangsversteigerung geltenden Grundsätze Bezug genommen ist, so schließen sich auch die Vorschriften des Entwurfes im Wesentlichen an Bestimmungen des Gesetzes über die Zwangsversteigerung und die Zwangsverwaltung vom 24. März 1897 und an Bestimmungen an, die für das Ausführungsgesetz zu diesem Gesetz in Aussicht genommen sind. Für Notare sind entsprechende Vorschriften im Entwurfe nicht getroffen, weil ihnen das Gesetz auch bisher in Bezug auf das Verfahren bei den Versteigerungen freie Hand ließ und ein Bedürfniß zu Vorschriften für notarielle Versteigerungen nicht hervorgetreten ist.

Artikel 66.

Der Abs. 1 des Artikel 66, demzufolge bei der freiwilligen gerichtlichen Versteigerung eines Grundstücks der Antragsteller dem Gerichte seine Befugniß zur Verfügung über das Grundstück nachzuweisen hat, stimmt mit dem §. 3 der Instruktion vom 20. Mai 1839 überein. Es würde der Stellung der Gerichte nicht entsprechen, wenn sie genöthigt wären, Versteigerungen vorzunehmen, deren Wirksamkeit in Folge eines Mangels in der Legitimation des Antragstellers zweifelhaft ist.

Der zweite Absatz bringt zum Ausdrucke, daß die Verfahrensvorschriften der folgenden Artikel nur insoweit Platz greifen, als die Betheiligten nicht ein Anderes bestimmen. Sind bei einer Versteigerung mehrere Betheiligte vorhanden und können sie sich über die Art und Weise der Versteigerung nicht einigen, so muß die Versteigerung unterbleiben, bis der Streit durch ein vollstreckbares Urtheil entschieden ist. Die Allgemeine Gerichtsordnung (§. 69) bestimmt, daß in einem solchen Falle nach denjenigen Anträgen zu verfahren sei, welche sich „den gesetzlichen Bestimmungen bei nothwendigen Subhastationen am meisten nähern". Eine derartige Vorschrift würde jedoch, da sie einen Eingriff in die materiellen Rechte der Betheiligten enthält, gegenüber der reichsgesetzlichen Regelung des bürgerlichen Rechtes unzuläßig sein. Auch ist die Vorschrift der Allgemeinen Gerichtsordnung schon jetzt ohne erhebliche praktische Bedeutung, da jeder Betheiligte den Antrag auf die Versteigerung zurückziehen und so das Verfahren verhindern kann. Die Aufhebung einer Gemeinschaft erfolgt nöthigenfalls im Wege der Zwangsversteigerung (B. G. B. §. 753, Reichsgesetz vom 24. März 1897 §§. 180 bis 184).

Artikel 67 bis 71.

Wegen der Vorschriften der Artikel 67 bis 71, die sich auf das Verfahren bis zum Versteigerungstermin und auf das Recht zur Einsicht der das Grundstück betreffenden Urkunden beziehen, ist auf die §§. 67, 68 I 52 der Allgemeinen Gerichtsordnung, auf die §§. 6, 8 der Instruktion vom 20. Mai 1839 sowie auf die §§. 36 bis 43 des Reichsgesetzes über die Zwangsversteigerung und die §§. 5, 7 des zugehörigen Einführungsgesetzes zu verweisen.

Die beiden ersten Sätze des Artikel 67, welche die Vorlegung von Auszügen aus den Steuerbüchern vorschreiben, schließen sich den Bestimmungen des §. 14 Nr. 1 und des §. 199 Abs. 1 des Preußischen Zwangsversteigerungsgesetzes vom 13. Juli 1883 an; entsprechende Vorschriften sollen auch in das Ausführungsgesetz zum Reichsgesetz über die Zwangsversteigerung aufgenommen werden. Ein ausdrücklicher Vorbehalt für den Fall, daß ein Auszug nach Lage der Rollen nicht ertheilt werden kann (§. 14 Nr. 1 a. a. O.), erscheint bei dem bloß subsidiären Karakter der Vorschriften des Entwurfes entbehrlich. Neben der im Artikel 67 Abs. 1 Satz 3 angeordneten Vorlegung eines Grundbuchauszugs ist im §. 19 Abs. 2 und im §. 36 des Reichsgesetzes vom 24. März 1897 noch eine abschriftliche Mittheilung der Urkunden vorgesehen, auf welche im Grundbuche Bezug genommen ist; es wird indessen nicht erforderlich sein, bei freiwilligen Versteigerungen unter den Voraussetzungen des Artikel 67 Abs. 1 Satz 3 die Vorlegung solcher Abschriften zur gesetzlichen Regel zu machen.

Der §. 8 der Instruktion vom 20. Mai 1839 geht davon aus, daß die Versteigerungsbedingungen schon vor dem Versteigerungstermine festgestellt und in die Subhastationspatente aufgenommen werden. Eine solche Vorschrift enthält der Entwurf nicht, vielmehr bestimmt er nur, daß, falls vor der Bekanntmachung der Terminsbestimmung Versteigerungsbedingungen festgestellt sind, in der Terminsbestimmung der Ort angegeben werden soll, wo die Versteigerungsbedingungen eingesehen werden können (Art. 67 Abs. 2).

Wenn nach Artikel 69 des Entwurfes auf die Veröffentlichung der Terminsbestimmung die §§. 39, 40 des Reichsgesetzes über die Zwangsversteigerung und der Artikel 5 des dazugehörigen Ausführungsgesetzes entsprechende Anwendung finden sollen, so ist hierzu zu bemerken, daß der Artikel 5 des Entwurfes eines Preußischen Ausführungsgesetzes zum Zwangsversteigerungsgesetz in Uebereinstimmung mit §. 46 Nr. 2 des Gesetzes vom 13. Juli 1883 die öffentliche Bekanntmachung der Terminsbestimmung durch den Anzeiger des Amtsblatts vorschreibt (s. die Anlage am Schlusse dieser Begründung).

Die Vorschrift des Allgemeinen Landrechts, daß der Bietungstermin den Vorkaufsberechtigten bekannt zu machen ist (I 20 §. 615; vergl. Instruktion vom 20. Mai 1839 §. 8 Abs. 2 a. E.), steht im Zusammenhange mit §. 616

A. L.R. I 20, wonach sich der Vorkaufsberechtigte im Bietungstermin über die Ausübung seines Rechtes erklären muß. Da diese letztere Bestimmung in das Bürgerliche Gesetzbuch nicht übernommen ist, der Berechtigte vielmehr nach §. 510 des Bürgerlichen Gesetzbuchs zur Ausübung seines Rechtes regelmäßig eine Frist von zwei Monaten hat (§. 510), so hat der Entwurf auch eine Benachrichtigung der Vorkaufsberechtigten von dem Termine nicht vorgeschrieben.

Die örtliche Zuständigkeit zur freiwilligen Versteigerung (Instr. vom 20. Mai 1839 §. 2) ist im Artikel 33 des Entwurfes geordnet. Darüber, wo der Versteigerungstermin abzuhalten ist (Reichsgesetz vom 24. März 1897 §. 36 Abs. 3), bedarf es keiner Bestimmung. Wenn die Betheiligten nichts Anderes beantragen, geschieht die Versteigerung an der Gerichtsstelle. Wird beantragt, die Versteigerung an einem anderen Orte vorzunehmen, so hat der Richter nach seinem pflichtmäßigen Ermessen zu entscheiden, ob das Gesuch durch ausreichende Gründe unterstützt ist.

Artikel 72 bis 74.

Die Artikel 72 bis 74 regeln das Verfahren im Versteigerungstermine selbst. Der Artikel 72 entspricht dem §. 66 des Reichsgesetzes vom 24. März 1897, der Artikel 73 dem §. 69 Abs. 2 und der Artikel 74 den §§. 73, 74 (vergl. zu Art. 73 auch Hinterlegungsordnung §. 72, §. 74 Nr. 1, §. 75 Abs. 1; Ausf.-Ges. z. B. G. B. Art. 82 Nr. XV). Ob und in welcher Weise die Bieter Sicherheit zu leisten haben (s. Reichsgesetz vom 24. März 1897 §§. 67, 68, §. 69 Abs. 1, § 70), ist von den Betheiligten in den Kaufbedingungen festzusetzen (Instruktion vom 20. Mai 1839 §. 7 Abs. 2); auch bleibt den Betheiligten die Entscheidung darüber vorbehalten, ob ein Gebot zurückzuweisen ist (R. Gesetz vom 24. März 1897 §. 71). Für das Erlöschen des Gebots (a. a. O. §. 72; A. G. O. I 52 §. 72 i. A.) ist bei freiwilligen Versteigerungen der §. 156 Satz 2 des Bürgerlichen Gesetzbuchs maßgebend. Danach erlischt ein Gebot, wenn ein Uebergebot abgegeben oder die Versteigerung ohne Ertheilung des Zuschlags geschlossen wird.

Für die Beurkundung der Versteigerung und die Ausfertigung des Versteigerungsprotokolls (Instruktion vom 20. Mai 1839 §§. 9, 10) sind die Bestimmungen im zehnten Abschnitte des Reichsgesetzes über die Angelegenheiten der freiwilligen Gerichtsbarkeit und im vierten Abschnitte des vorliegenden Entwurfes maßgebend.

Artikel 75.

Der Vorbehalt des Artikel 75 soll Zweifeln über die Tragweite der Bestimmungen des Entwurfes vorbeugen; er findet namentlich auf die Vorschriften Anwendung, welche bei der Veräußerung von Grundstücken einer Gemeinde hinsichtlich der Nothwendigkeit einer Taxe, hinsichtlich der Art der Bekanntmachung des Versteigerungstermins sowie hinsichtlich der Frist zwischen der Bekanntmachung und dem Verkaufstermine gelten (vergl. Städteordnung für die sechs östlichen Provinzen vom 30. Mai 1853, Gesetz-Samml. S. 261, §. 51; Städteordnung und Landgemeindeordnung für die Provinz Westfalen vom 19. März 1856, Gesetz-Samml. S. 237, 265, §. 53; Landgemeindeordnung für die sieben östlichen Provinzen vom 3. Juli 1891, Gesetz-Samml. S. 233, §. 114).

Artikel 76.

Die Vorschrift des Artikel 76 über die freiwillige gerichtliche Versteigerung eines Bergwerkeigenthums, eines unbeweglichen Bergwerksantheils oder einer selbständigen Kohlenabbaugerechtigkeit bedarf keiner besonderen Begründung. Die Artikel 18, 20 des Entwurfes eines Ausführungsgesetzes zu dem Gesetz über die Zwangsversteigerung, auf welche der Artikel 76 verweist, entsprechen den §§. 157 und 160 des Gesetzes vom 13. Juli 1883 (s. die Anlage am Schlusse dieser Begründung).

Sechster Abschnitt.

Amtsstellung der Notare.

Der sechste Abschnitt des Entwurfes (Art. 77 bis 103) giebt im Wesentlichen diejenigen Vorschriften der geltenden Notariatsgesetze wieder, welche sich nicht auf die Form der Beurkundung sondern auf die amtliche Stellung der Notare beziehen.

Artikel 77 bis 82.

Im Artikel 77 wird zunächst, entsprechend dem §. 1 des Gesetzes vom 15. Juli 1890, der Grundsatz ausgesprochen, daß zur Bekleidung des Amtes eines Notars befähigt ist, wer in einem Deutschen Bundesstaate die Fähigkeit zum Richteramt erlangt hat. Daß die Notare als wirkliche Staatsbeamte anzusehen sind (A.G.O. Anh. §. 462 zu III 7 §. 3), ergiebt sich aus Artikel 82 Abs. 1 Satz 1.

Der Artikel 78 Abs. 1 bestimmt sodann im Anschluß an die Allgemeine Gerichtsordnung (III 7 §. 9 a. E.) und an den §. 30 der Verordnung vom 2. Januar 1849 (Gesetz-Samml. S. 1), daß an Orten, die nicht mehr als fünfzigtausend Einwohner haben, nur Rechtsanwälte zu Notaren ernannt werden sollen. Doch läßt der Entwurf Ausnahmen hiervon zu, auch erhält er für den Bezirk des Oberlandesgerichts zu Cöln das dort geltende besondere Recht aufrecht. Als durch das Gesetz vom 13. April 1888 (Gesetz-Samml. S. 72) für das Rheinische Rechtsgebiet entgegen dem Artikel 5 der Notariatsordnung die Verbindung der Rechtsanwaltschaft und des Notariats für zulässig erklärt wurde, ist auf Wunsch des Rheinischen Provinziallandtags die Beschränkung hinzugefügt worden, daß die Verbindung nur an Orten, an denen dazu ein Bedürfniß besteht, statthaft sei; von dieser Beschränkung jetzt abzusehen, liegt keine genügende Veranlassung vor.

Die Notare werden nach dem Entwurf (Art. 79) ebenso wie nach dem bisherigen Rechte durch den Justiminister ernannt. Die Rheinische Notariatsordnung (Art. 10) schreibt eine Ernennung auf Lebenszeit vor. Die anderen Notariatsgesetze enthalten dagegen eine solche Bestimmung nicht, und es wird deshalb außerhalb des Gebiets des Rheinischen Rechtes thatsächlich in der Weise verfahren, daß die Ernennung eines Rechtsanwalts zum Notar nur für die Dauer seiner Zulassung zur Rechtsanwaltschaft bei einem bestimmten Gericht erfolgt. Der Entwurf erkennt die Zulässigkeit dieses Verfahrens, welches dem Grundsatze der Verbindung der Rechtsanwaltschaft und des Notariats entspricht, auch für das Rheinische Rechtsgebiet an, bringt aber daneben zum Ausdrucke, daß die Ernennung eines Rechtsanwalts zum Notar auch auf Lebenszeit erfolgen darf. Wird jemand zum Notar ernannt, der nicht Rechtsanwalt ist, so kann die Ernennung nur für die Lebenszeit geschehen.

Die Artikel 80 und 81, die von dem Amtssitz und dem Amtsbezirke des Notars handeln, wiederholen im Wesentlichen Vorschriften des geltenden Rechtes (Rhein. Not.O. Art. 3, Hann. Not.O. §. 1 Abs. 1 Gesetz vom 15. Juli 1890 §. 3). Neu aufgenommen ist die Bestimmung des Art. 80 Abs. 2, welche nach dem Vorgange der Vorschriften der Civilprozeßordnung über den Gerichtsstand (§§. 14, 15, 19, §. 20 Abs. 2 der neuen Fassung) Vorsorge für den Fall trifft, daß ein Ort in mehrere Amtsgerichtsbezirke getheilt ist. Auch die Vorschriften des Artikel 82 über die Beeidigung stimmen im Wesentlichen mit dem geltenden Rechte überein (Rhein. Not.O. Art. 11, A. G.O. III 7 §. 118, Hann. Not.O. §. 4). Die Hannoversche Notariatsordnung (§. 7 Nr. 1) verbietet dem Notar ausdrücklich, außerhalb seines Wohnsitzes Geschäftsräume zu halten; eine dahingehende gesetzliche Vorschrift erscheint jedoch entbehrlich. Da dem Landgerichtspräsidenten nach §. 43 des Ausführungsgesetzes zum Gerichtsverfassungsgesetze die Beglaubigung amtlicher Unterschriften zum Zwecke der Legalisation obliegt, so bestimmt der Artikel 82 Abs. 2, daß der Notar seine bei Notariatshandlungen anzuwendende Unterschrift dem Landgerichtspräsidenten einzureichen hat (vergl. Rhein. Not.O. Art. 12; Hann. Not.O. §. 6).

Eine Bekanntmachung der Ernennung oder des Ausscheidens eines Notars durch die Amtsblätter (s. Rhein. Not.O. Art 11, 52; Hann. Not.O. §§. 82, 83) ist nicht erforderlich. Ueber die Form des Dienstsiegels (Rhein. Not.O. Art. 42 Satz 1) kann im Verwaltungswege Bestimmung getroffen werden (vergl. die Allgemeinen Verfügungen vom 10. September 1879, Just.-Min.-Bl. S. 324, vom 27. März 1880, Just.-Min.-Bl. S. 61, und vom 20. August 1890, Just. Min.-Bl. S. 232). Endlich kann es hinsichtlich der Uebernahme von Nebenämtern und Nebenbeschäftigungen durch die Notare (vergl. A. G.O. III 7 §. 10, Rhein. Not.O. Art. 5, Hann. Not.O. §. 3, §. 8 Abs. 1) bei den Vorschriften der Kabinetsorder vom 13. Juli 1839 (Gesetz-Samml. S. 235), dem §. 19 der Preußischen Gewerbeordnung vom 17. Januar 1845 (Gesetz-Samml. S. 41) sowie bei den Bestimmungen des Gesetzes vom 10. Juni 1874 (Gesetz-Samml. S. 244) bewenden.

Artikel 83.

Die Rheinische und die Preußische Notariatsordnung schreiben übereinstimmend vor, daß der Notar seine Dienste nicht verweigern darf. Diese Vorschrift behält der Entwurf bei, giebt ihr aber durch Einschaltung der Worte „ohne triftigen Grund" eine mildere und richtigere Fassung (Art. 83 Abs. 1). Einen ausreichenden Grund zur Ablehnung einer Diensthandlung kann beispielsweise eine Krankheit oder eine Ueberhäufung mit anderen Geschäften bilden. Doch darf der Notar, wenn er nicht alle an ihn ergehenden

Anträge erledigen kann, Niemanden willkürlich bevorzugen; auch macht es der Artikel 83 Abs. 3 dem Notar ausdrücklich zur Pflicht, die Ablehnung eines Antrags dem Antragsteller unverzüglich zu erklären (vergl. B.G.B. §§. 663, 675, Rechtsanwaltsordnung vom 1. Juli 1878 §. 30). Nach §. 25 Abs. 2 Theil III Titel 7 der Allgemeinen Gerichtsordnung können arme Parteien die Dienste des Notars unentgeltlich in Anspruch nehmen; im Anschluß hieran bestimmt der Artikel 83 Abs. 2, daß der Notar, soweit die Betheiligten nach §. 14 des Reichsgesetzes über die Angelegenheiten der freiwilligen Gerichtsbarkeit oder nach Artikel 1 des vorliegenden Entwurfes dem Gerichte gegenüber auf Bewilligung des Armenrechts Anspruch haben, seine Dienste gebührenfrei zu gewähren hat.

Artikel 84, 85.

Nach §. 1 des Reichsgesetzes über die Angelegenheiten der freiwilligen Gerichtsbarkeit gelten, soweit nicht ein Anderes bestimmt ist, die Vorschriften, die in den §§. 6 bis 9 des genannten Gesetzes in Bezug auf die Ausschließung und Ablehnung des Richters, in Bezug auf seine Befugniß, sich wegen Befangenheit der Ausübung seines Amtes zu enthalten, sowie in Bezug auf die Gerichtssprache und die Dolmetscher getroffen sind, auch für diejenigen durch Reichsgesetz den Gerichten übertragenen Geschäfte, welche eine Beurkundung zum Gegenstande haben. Besondere Bestimmungen sind in den §§. 2232 ff. des Bürgerlichen Gesetzbuchs sowie in den §§. 168 ff. des Gesetzes über die Angelegenheiten der freiwilligen Gerichtsbarkeit für die Beurkundung von Rechtsgeschäften getroffen. Dagegen bewendet es beispielsweise für die gerichtliche Beurkundung eines Generalversammlungsbeschlusses, für richterliche Wechselproteste u. dergl. m. bei den §§. 6 bis 9. Da im Allgemeinen kein Grund vorliegt, in den hier fraglichen Beziehungen für die Notare andere Bestimmungen zu treffen als für die Gerichte, so dehnt der Artikel 84 des Entwurfes die §§. 6 bis 9, vorbehaltlich der reichsgesetzlichen Vorschriften über die Beurkundung von Rechtsgeschäften, auf die Notare aus. Nicht erwähnt ist im Artikel 84 die Ablehnung eines Notars. Das Reichsgesetz bestimmt im §. 6 in Bezug auf die Ablehnung eines Richters nur, daß die Ablehnung ausgeschlossen ist. Diese Vorschrift ist insofern von Erheblichkeit, als sie etwaige abweichende landesgesetzliche Vorschriften aufhebt und außer Zweifel stellt, daß die Vorschriften der Civilprozeßordnung keine entsprechende Anwendung finden. Für den Entwurf ist eine solche negative Bestimmung nicht erforderlich.

Uebrigens giebt der Artikel 85 des Entwurfes für einen besonderen Fall den Betheiligten ein Recht auf Ablehnung eines Notars. Nach dem genannten Artikel soll in einer Angelegenheit, bei welcher mehrere Personen betheiligt sind, der Notar, der in dieser Angelegenheit für einen der Betheiligten als Prozeßbevollmächtigter thätig ist oder gewesen ist, keine Handlungen der freiwilligen Gerichtsbarkeit vornehmen, wenn einer der Betheiligten widerspricht. Die Vorschrift ist dem Gesetz über die Vereinigung der Rechtsanwaltschaft und des Notariats im Geltungsbereiche des Rheinischen Rechtes vom 13. April 1888 (Gesetz-Samml. S. 72) entnommen (vergl. auch Preuß. Not. O. §. 6, Hann. Not. O. §. 27 Nr. 3). Sie bezieht sich nicht nur auf die im Artikel 84 bezeichneten Amtshandlungen des Notars, sondern ergänzt auch die über die Beurkundung von Rechtsgeschäften in den §§. 170, 171 des Reichsgesetzes getroffenen Bestimmungen. Von Bedeutung ist sie namentlich für das Auseinandersetzungsverfahren, außerdem kann sie beispielsweise zur Anwendung kommen, wenn Jemand rechtskräftig verurtheilt ist, einen Vertrag notariell beurkunden zu lassen. Dagegen ist die Vorschrift in Fällen, in denen die Beurkundung von dem freien Willen der Betheiligten abhängt, gegenstandslos. Doch findet auch in solchen Fällen die Bestimmung des Artikel 85 Satz 2 Anwendung, wonach der Notar den Betheiligten davon Mittheilung machen soll, daß er in der in Frage stehenden Angelegenheit für einen der Betheiligten als Prozeßbevollmächtigter thätig ist oder gewesen ist. Einen Notar, der Generalbevollmächtigter einer Partei ist, von der Beurkundung eines Geschäfts, bei welchem diese Partei betheiligt ist, auszuschließen (Preuß. Not. O. §. 6), ist in der Denkschrift zum Reichsgesetz über die Angelegenheiten der freiwilligen Gerichtsbarkeit ausdrücklich abgelehnt (Drucks. des Reichstags 1897/98 Nr. 21, zu §§. 166 bis 169 des Entwurfes).

Artikel 86.

Wenn der Artikel 86 den Notaren die Befugniß versagt, einen Dolmetscher zu beeidigen, so entspricht dies dem geltenden Rechte (A. G. O. II 2 §§. 40, 41, Preuß. Not. O. §. 28, Hann. Not. O. §. 43 Abs. 3). Ein Ausnahme wird künftig im Theilungsverfahren eintreten; denn nach §. 194 Abs. 3 des Reichsgesetzes in Verbindung mit Artikel 23 des Entwurfes tritt der vom Gerichte mit der Auseinandersetzung beauftragte Notar in dieser Beziehung an die Stelle des Nachlaßgerichts, er hat daher gemäß §. 9 des Reichsgesetzes und §. 191 des Gerichtsverfassungsgesetzes, wenn eine Beeidigung des Dolmetschers erforderlich wird, diese selbst vorzunehmen.

Artikel 87.

Die Vorschrift, daß die Notare zuständig sind, Siegelungen und Entsiegelungen im Auftrage des Gerichts oder des Konkursverwalters vorzunehmen, ist der besseren Uebersichtlichkeit wegen aus dem Ausführungsgesetze zum Gerichtsverfassungsgesetze (§. 108) hierher übernommen. Nach der Allgemeinen Gerichtsordnung (II 5 §. 20) ist der Notar auch ohne gerichtlichen Auftrag zur Vornahme einer Siegelung befugt, wenn er von dem Verstorbenen darum ersucht worden ist, und das Gleiche soll gelten, wenn ein Erbe, Gläubiger oder anderer Interessent die Siegelung beantragt und sich kein Richter am Orte oder in der Nähe befindet. Die letztere Vorschrift hat aber keine praktische Bedeutung, weil es im Geltungsgebiete der Allgemeinen Gerichtsordnung, abgesehen von den Vororten Berlins, die von Berlin aus leicht zu erreichen sind, nur an Orten, die zugleich Sitz eines Gerichts sind, Notare giebt. Andererseits ist dem Bürgerlichen Gesetzbuch eine amtliche Nachlaßsicherung auf Ersuchen des Erblassers unbekannt; ist der Notar zum Testamentsvollstrecker ernannt, so kann er in dieser Eigenschaft den Nachlaß in Besitz nehmen und die zu seiner Sicherung erforderlichen Maßregeln ergreifen (vergl. B.G.B. §§. 2203 ff.). Auch kann der

Notar, ohne Testamentsvollstrecker zu sein, im Einverständnisse mit den Betheiligten eine Siegelung vornehmen.

Artikel 88.

Im Artikel 88 des Entwurfes ist zur Vermeidung von Zweifeln besonders hervorgehoben, daß die Vorschriften des vorliegenden Gesetzentwurfes die Zuständigkeit der Notare nicht erschöpfen. Neben den hier den Notaren zugewiesenen Geschäften kommen beispielsweise noch in Betracht die bloße Anfertigung von Entwürfen (Gebührenordnung für Notare vom 25. Juni 1895, Gesetz-Samml. S. 256, §. 9) und die Leitung der Generalversammlung einer Wassergenossenschaft (Gesetz, betreffend die Bildung von Wassergenossenschaften vom 1. April 1879, Gesetz-Samml. S. 297, §. 22).

Artikel 89.

Die Hannoversche Notariatsordnung verbietet im §. 8 Abs. 2 dem Notar die Uebernahme einer Bürgschaft oder Gewährleistung für Geschäfte, die er beurkunden soll. Die Rheinische und die Preußische Notariatsordnung enthalten eine solche Bestimmung nicht; da sie jedoch allgemein dem Notar die Aufnahme einer Verhandlung, bei der er betheiligt ist, untersagen und den Begriff des Betheiligten nicht auf die Personen beschränken, welche die zu beurkundende Erklärung abgeben, so wird auch für ihr Geltungsgebiet anzunehmen sein, daß der Notar nicht nur unfähig ist, seine eigene Gewährleistungserklärung zu beurkunden, sondern daß er auch mündlich keine Gewährleistung für Geschäfte, die er beurkundet, übernehmen darf. In dieser Beziehung tritt nach dem neuen Rechte gegenüber der Rheinischen und der Preußischen Notariatsordnung eine Aenderung ein, da künftig als Betheiligter im Sinne der Vorschriften, welche den Ausschluß des Notars von der Beurkundung eines Rechtsgeschäfts regeln, nur derjenige anzusehen ist, dessen Erklärung beurkundet werden soll (R.Ges. §. 168; vergl. Hann. Not.O §. 27 Abs. 1 Nr. 2). Es bedarf deshalb, um dem Notar nicht nur die Beurkundung, sondern schlechthin die Uebernahme einer Gewährleistung zu verbieten, einer besonderen Bestimmung; diese ist im Artikel 89 getroffen. Das Verbot hat eine Nichtigkeit der trotzdem übernommenen Gewährleistung nicht zur Folge. In Bezug auf Kauf- und Pachtgelder, die der Notar zu erheben hat, eine Ausnahme zu machen (Versteigerungsordnung für Ostfriesland und Harlingerland vom 16. Dezember 1834, Hann. Gesetz-Samml. III. Abth. S. 245, Art. 31; Versteigerungsordnung für den Landdrosteibezirk Osnabrück vom 14. Juli 1838, Hann. Gesetz-Samml. III. Abth. S. 149, Art. 25; Hann. Not. O. §. 67 i. A.), liegt keine ausreichende Veranlassung vor.

Artikel 90.

Der Artikel 90 wiederholt einen Grundsatz, der sowohl in der Rheinischen wie in der Preußischen und der Hannoverschen Notariatsordnung zum Ausdrucke gebracht ist (Rhein. Not.O. Art. 41; Preuß. Not.O. §. 19; Hann. Not.O. §. 12). Wenn der Artikel 90 bestimmt, daß die Notare von den Verhandlungen, bei denen sie mitgewirkt haben, ohne Zustimmung der

Betheiligten Niemandem Kenntniß geben dürfen, so stellt er durch diese Fassung außer Zweifel, daß durch die Pflicht zur Verschwiegenheit nur das Interesse der Parteien gewahrt werden soll und es mithin im Civil- oder Strafprozesse zur Vernehmung eines Notars einer Genehmigung der Aufsichtsbehörde (C.P.O. neue Fassung §. 376, St.P.O. §. 53) nicht bedarf. Bisher war die Frage bestritten. Nach der Vorschrift des Entwurfes unterliegt im Strafprozesse die Vernehmung eines Notars über den Gegenstand der vor ihm gepflogenen Verhandlungen überhaupt keiner Beschränkung, da die Strafprozeßordnung (§. 52) im Gegensatze zur Civilprozeßordnung (§. 384 Nr. 5) dem Notar das Recht zur Zeugnißverweigerung nicht giebt. Die Pflichten der Notare gegenüber den Steuerbehörden (vergl. §§. 7, 31 des Stempelsteuergesetzes vom 31. Juli 1895) werden, wie sich aus dem Zusatze „soweit nicht ein Anderes bestimmt ist" ergiebt, durch den Artikel 90 nicht berührt (vergl. oben zu Art. 53), desgleichen nicht die nach dem §. 34 des Reichsgesetzes über die Angelegenheiten der freiwilligen Gerichtsbarkeit und den Vorschriften der Artikel 21 ff. dem Notar im Theilungsverfahren zustehende Befugniß, demjenigen, welcher ein berechtigtes Interesse glaubhaft macht, die Einsicht der Theilungsverhandlungen zu gestatten.

Die Hannoversche Notariatsordnung bestimmt im §. 21 Abs. 2, daß jede Partei berechtigt ist, die versiegelte Aufbewahrung eines Aktes zu verlangen. Von einer derartigen Vorschrift wird indessen in Uebereinstimmung mit dem Rechtszustande der übrigen Landestheile abgesehen werden können.

Artikel 91 bis 94.

Die Artikel 91 bis 94 beziehen sich auf die Dienstaufsicht über die Notare und auf das Disziplinarverfahren.

Das Recht der Aufsicht steht bisher in der Rheinprovinz dem Justizminister und der Staatsanwaltschaft, in den übrigen Landestheilen dagegen nach §. 7 des Gesetzes vom 8. März 1880 dem Justizminister und den Präsidenten der Oberlandesgerichte und der Landgerichte zu. Der Artikel 91 des Entwurfes beseitigt diese Verschiedenheit, indem er das Aufsichtsrecht der Staatsanwaltschaft, welches in Zusammenhang mit der ehemaligen rheinisch-französischen Gerichtsverfassung steht, aufhebt und für den gesammten Umfang der Monarchie die Aufsicht in den unteren Instanzen den Präsidenten der Gerichte überträgt. Auch bezüglich des Inhalts des Aufsichtsrechts stellt der Entwurf die Rechtseinheit her, indem er die Vorschriften des §. 23 des Gesetzes vom 9. April 1879 (betreffend die Abänderungen von Bestimmungen der Disziplinargesetze), welche gegenwärtig nur für die Notare in den gemeinrechtlichen und den landrechtlichen Gebietstheilen gelten, allgemein für anwendbar erklärt (Art. 92). Ueber die Beurlaubung der Notare (Hann. Not.O. §. 7) giebt der Entwurf keine Vorschriften; es kann der Regelung im Verwaltungswege überlassen bleiben, inwiefern die Notare eines Urlaubs bedürfen und wer den Urlaub zu ertheilen hat (vergl. die Allg. Verfügung vom 28. Mai 1885, Just.-Min.-Bl. S. 175, §. 15).

Die Vorschrift des Artikel 92, derzufolge die Notare verpflichtet sind, den Beamten, welchen das Recht der Aufsicht zusteht, sowie den von diesen beauftragten Beamten auf Verlangen die Urkunden und Register vorzulegen, ist aus der Preußischen Notariatsordnung (§. 44; vergl. Hann. Not.O. §. 77) übernommen; eine solche ausdrückliche Vorschrift empfiehlt sich, weil nach Artikel 90 die Notare im Allgemeinen von den Verhandlungen, bei denen sie mitgewirkt haben, ohne Zustimmung der Betheiligten Niemandem Kenntniß geben dürfen. Die Vorschriften des Rheinischen Rechtes, wonach der Amtsrichter vierteljährlich das Notariatsregister abzuschließen hat (Not.O. Art. 45 bis 47), sind entbehrlich, ebenso die Bestimmung des §. 77 der Hannoverschen Notariatsordnung, nach welcher der Aufsichtsbeamte das Register bei der Revision mit seiner Namensunterschrift und dem Datum der genommenen Einsicht versehen soll. Auch wird es nicht erforderlich sein, gesetzlich zu bestimmen, daß mindestens einmal im Jahre eine Prüfung des Notariatsregisters zu erfolgen habe (Preuß. Not.O. §. 44 i. A.; Hann. Not.O. §. 77 Abs. 2 Satz 1).

Das Disziplinarrecht für Notare ist, nachdem das Gesetz vom 8. März 1880 §. 8 die Besonderheiten des Hannoverschen Rechtes beseitigt hat, in den landrechtlichen und gemeinrechtlichen Landestheilen schon gegenwärtig einheitlich geordnet. Es finden hier, was den Begriff des Dienstvergehens und das Verhältniß des Disziplinarverfahrens zum Strafverfahren betrifft, auf die Notare die §§. 2 bis 7 des Disziplinargesetzes für nicht richterliche Beamte vom 21. Juli 1852 Anwendung (s. §. 66 Abs. 1 des genannten Gesetzes). Für die Strafarten ist maßgebend der §. 12 der Verordnung über die Bildung eines Ehrenraths unter den Justizkommissarien, Advokaten und Notarien vom 30. April 1847 (Gesetz-Samml. S. 196), das Verfahren aber richtet sich nach dem §. 21 des Gesetzes vom 9. April 1879, betreffend die Abänderungen von Bestimmungen der Disziplinargesetze, und nach den dort in Bezug genommenen Vorschriften des Disziplinargesetzes für Richter vom 7. Mai 1851; nach §. 22 des Gesetzes vom 9. April 1879 erlischt ferner das Amt eines Notars, der zugleich Rechtsanwalt ist, von selbst, wenn gegen ihn auf Ausschließung von der Rechtsanwaltschaft erkannt wird. Der Rechtszustand in der Rheinprovinz stimmt hiermit insofern überein, als der erwähnte §. 22 sowie nach §. 66 des Disziplinargesetzes für nicht richterliche Beamte die §§. 2 bis 7 dieses Gesetzes auch auf die Rheinischen Notare Anwendung finden. Dagegen gelten im Uebrigen für die Rheinprovinz besondere Bestimmungen, namentlich ist das zuständige Gericht nicht der Disziplinarsenat des Oberlandesgerichts, sondern das Landgericht (vergl. im Einzelnen Rhein. Not.O. Art. 4 Satz 2, Art. 15, Art. 24 Abs. 2, Art. 26 Abs. 3, Art. 32, Art. 40 Abs. 1, Art. 41, Art. 43 Abs. 2, Art. 44, Art. 45 Abs. 2, Art. 47, 49 bis 52; Disziplinargesetz für nicht richterliche Beamte §§. 48 bis 50, §. 66 Abs. 1). Da kein Grund besteht, die abweichenden Vorschriften des Rheinischen Rechtes aufrecht zu erhalten, so wird durch die Artikel 93, 94 des Entwurfes den Vorschriften des §. 21 des Gesetzes vom 9. April 1879 und des §. 12 der Verordnung vom 30. April 1847 für den ganzen Umfang der Monarchie Geltung verliehen.

Die Bestimmungen des §. 12 haben jedoch im Entwurf im Anschluß an den §. 63 der Rechtsanwaltsordnung einige Abänderungen erfahren; der

Höchstbetrag der Geldstrafe ist von fünfzehnhundert auf dreitausend Mark erhöht und zugleich ausgesprochen, daß Geldstrafe und Verweis verbunden werden können. Eine neue Vorschrift giebt der Entwurf auch insofern, als er den §. 13 des Gesetzes über die Dienstvergehen der Richter vom 7. Mai 1851 (Gesetz-Samml. S. 218) und den §. 24 des Gesetzes vom 9. April 1879 auf die Notare Anwendung finden läßt. Die bezeichneten Paragraphen bestimmen, daß ein Richter, dem ein geringes Dienstvergehen zur Last fällt, von der Aufsichtsbehörde nach einer von ihm erforderten Erklärung auf die Pflichten aufmerksam zu machen ist, welche ihm sein Amt auferlegt, und daß ihm demgegenüber der Antrag auf Eröffnung des förmlichen Disziplinarverfahrens offen steht. Für die Notare fehlt es bisher an einer entsprechenden Vorschrift, es muß daher, falls einem Notar auch nur eine Mahnung ertheilt werden soll, stets das förmliche Disziplinarverfahren eingeleitet werden. Die hiermit verbundenen Weiterungen stehen aber häufig in keinem Verhältnisse zu der zu rügenden Verfehlung. Auch ist es innerlich nicht gerechtfertigt, die Ertheilung einer Mahnung bei den Notaren an schwerere Formvorschriften zu binden als bei den Richtern.

Die Hannoversche Notariatsordnung enthält im Anschluß an die Vorschriften über die Dienstaufsicht und die Disziplin noch Bestimmungen darüber, aus welchen Gründen das Amt des Notars erlischt (Art. 81). Diese Bestimmungen sind entbehrlich. Aus den allgemeinen Vorschriften über die Beendigung eines Staatsamtes ergiebt sich, daß das Amt des Notars, abgesehen von den Folgen eines Straf- oder Disziplinarverfahrens, durch Entlassung auf Antrag und durch Tod erlischt; ist das Notariat nur für die Dauer der Zulassung zur Rechtsanwaltschaft bei einem bestimmten Gerichte verliehen, so endigt das notarielle Amt auch dadurch, daß sich der Notar in der betreffenden Rechtsanwaltsliste löschen läßt (A.L.R. II 10 §. 102). Daneben finden auf Notare, die in Folge eines körperlichen Gebrechens oder wegen Schwäche ihrer körperlichen oder geistigen Kräfte zur Erfüllung ihrer Amtspflichten dauernd unfähig sind, die Vorschriften des §. 77 des Gesetzes vom 21. Juli 1852 Anwendung (vergl. Verordnung vom 13. Mai 1867, Gesetz-Samml. S. 700, Verordnung vom 22. Mai 1867, Gesetz-Samml. S. 729, Verordnung vom 23. September 1867, Gesetz-Samml. S. 1613, Gesetz vom 25. Februar 1878, Gesetz-Samml. S. 97). Den nach §. 67 des Gesetzes vom 21. Juli 1852 möglichen Zweifel darüber, ob der §. 77 auch im Gebiete des Rheinischen Rechts gilt, beseitigt der Entwurf dadurch, daß er den §. 67, der durch die Vorschriften des Entwurfs entbehrlich wird, ausdrücklich aufhebt (Art. 141 Nr. 5).

Wenn nach der Hannoverschen Notariatsordnung die Befugniß zur Ausübung des Notariats schon durch den freiwilligen Verzicht des Notars und nicht erst durch die Entlassung erlischt (vergl. auch die Art. 3, 54, 55 der Rheinischen Notariatsordnung, wo von einer freiwilligen Niederlegung des Amtes die Rede ist), so liegt kein Grund vor, für die Notare in dieser Beziehung etwas Besonderes zu bestimmen. Wenn ferner die Hannoversche Notariatsordnung die Befugniß zur Ausübung des Notariats dadurch erlöschen läßt, daß der Notar eigenmächtig seinen Wohnsitz verändert oder auf länger als sechs Monate verläßt, daß er ohne Genehmigung des Justizministers ein unerlaubtes Nebenamt annimmt, sowie endlich dadurch, daß er in Konkurs verfällt oder unter Kuratel gestellt wird, so reichen hier die Vorschriften über die Dienstentsetzung und über die vorläufige Suspension im Disziplinarverfahren aus (vergl. Gesetz vom 21. Juli 1852 §. 77; Gesetz vom 7. Mai 1851 §§. 44 ff.).

Artikel 95, 96.

Die Artikel 95, 96 geben die auf das Notariatsregister und das Verwahrungsbuch bezüglichen Bestimmungen des geltenden Rechtes mit geringfügigen Aenderungen wieder (Gesetz vom 15. Juli 1890 §§. 10, 11; Rhein. Not.O. Art. 43; Preuß. Not.O. §. 16 Abs. 1, §. 36 Abs. 1, 3; Hann. Not.O. §. 17 Abs. 1 bis 3, §. 18, §. 41 Abs. 2). Schon nach dem jetzigen Rechte brauchen die Beglaubigungen von Abschriften in das Notariatsregister nicht eingetragen zu werden (Kommissionsbericht des Abg.-Hauses zu dem Gesetze vom 15. Juli 1890, Drucks. 1890 Nr. 145 S. 13 a. E.); dies ist in der neuen Fassung ausdrücklich hervorgehoben. Ferner ist im Entwurfe nicht mehr vorgeschrieben, daß jedes Blatt des Registers mit dem Handzuge des Richters zu versehen ist, sondern statt dessen nur bestimmt, daß der Amtsrichter die Zahl der Seiten des Registers zu beglaubigen hat. Wegen der Vornahme von Korrekturen im Notariatsregister ist auf den Artikel 65 zu verweisen.

Artikel 97 bis 101.

Die Vorschriften der Artikel 97 bis 101 über die Vertretung eines beurlaubten oder an der Wahrnehmung seiner Geschäfte verhinderten Notars entsprechen den Bestimmungen des §. 13 Abs. 1, 2 und des §. 14 des Gesetzes vom 15. Juli 1890. Weggelassen sind jedoch die besonderen Vorschriften für den Oberlandesgerichtsbezirk Cöln, die ihren Grund lediglich darin haben, daß in der Rheinprovinz nach dem geltenden Rechte die Amtsgerichte nur innerhalb bestimmter Grenzen mit Angelegenheiten der freiwilligen Gerichtsbarkeit befaßt sind und die Aufsicht über die Notare der Staatsanwaltschaft zusteht. Andererseits ist die Vorschrift des §. 14 Abs. 1 dahin erweitert, daß der Justizminister einem Notar auf dessen Antrag nicht nur für die Dauer einer durch erhebliche Gründe gerechtfertigten Abwesenheit, sondern auch im Falle einer Krankheit einen Vertreter bestellen kann; dabei ist zugleich ausgesprochen, daß der Antrag auf Ernennung eines Vertreters, falls der Notar durch die Krankheit verhindert ist, den Antrag zu stellen, auch durch einen nach §. 1910 des Bürgerlichen Gesetzbuchs ernannten Pfleger gestellt werden kann. Außerdem ist in Bezug auf die Beeidigung des Vertreters am Schlusse des Artikel 99 eine erleichternde Bestimmung getroffen. Eine sachliche Aenderung hat ferner der letzte Absatz des §. 14 erfahren. Nach ihm finden, soweit persönliche Hinderungsgründe für den Notar in den Gesetzen vorgesehen sind, die bezüglichen Vorschriften auf den Vertreter entsprechende Anwendung und zwar in der Weise, daß sowohl die aus der Person des Vertreters als auch die aus der Person des vertretenen Notars sich ergebenden Hinderungsgründe die Aufnahme der Verhandlung durch den Vertreter ausschließen. Gegenüber den reichsgesetzlichen Vorschriften über die

Ausschließung des Notars (B.G.B. §§. 2234 ff., R.Ges. über die Ang. d. fr. G. §§. 170 ff.) kann diese Bestimmung für die Zukunft nur als Ordnungsvorschrift aufrecht erhalten werden (R.Ges. §. 200 Abs. 2); sie hat deshalb im Artikel 101 Abs. 2 eine dementsprechende Fassung erhalten.

Die von der Form der Ausfertigung handelnden Vorschriften im §. 13 Abs. 3, 4 des Gesetzes vom 15. Juli 1890 werden durch die allgemeine Bestimmung des Artikel 44 Abs. 2 entbehrlich.

Der Vertreter des Notars ist, wie das Kammergericht anerkannt hat (Beschluß des I. Civilsenats vom 31. Oktober 1898), in dieser Eigenschaft als Beamter anzusehen. Daß der Entwurf auf demselben Standpunkte steht, ergiebt sich aus Art. 99 Abs. 2 Satz 2 („sofern er nicht schon Preußischer Staatsbeamter ist"). Der Vertreter nimmt in Bezug auf die Wahrnehmung der Notariatsgeschäfte dieselbe amtliche Stellung ein wie der Notar.

Artikel 102, 103.

Nach Artikel 102 Abs. 1 des Entwurfes hat bei dem Ausscheiden oder dem Tode eines Notars sowie bei der Versetzung eines Notars in einen anderen Landgerichtsbezirk das Amtsgericht, in dessen Bezirke der Notar seinen Wohnsitz hatte, die das Amt des Notars betreffenden Papiere (Urschriften, Register u. s. w.) an sich zu nehmen und aufzubewahren; dem Präsidenten des Landgerichts, in dessen Bezirke der Notar seinen Sitz hatte, ist hiervon Anzeige zu machen. Diese Vorschriften entsprechen dem Artikel 37 der Preußischen Notariatsordnung (vergl. auch Hann. Not.O. §§. 59 bis 62); doch weicht der Entwurf im Anschluß an das Hannoversche Recht von dem angeführten Artikel 37 insofern ab, als er die Ablieferung der Akten an das Gericht schon bei der Versetzung des Notars in einen anderen Landgerichtsbezirk eintreten läßt, während der Artikel 37 eine Versetzung in einen anderen Amtsgerichtsbezirk, d. h. in einen anderen Oberlandesgerichtsbezirk, voraussetzt. Die Bestimmung der Hannoverschen Notariatsordnung verdient in dieser Beziehung den Vorzug, weil sie es den Betheiligten erleichtert, die notariellen Urkunden einzusehen sowie Ausfertigungen und Abschriften davon zu erhalten.

Ebenso wie der Abs. 1 des Artikel 102 schließt sich auch der Abs. 2, der von der Ablieferung der Dienstsiegel an das Gericht handelt, an Bestimmungen des geltenden Rechtes an (Preuß. Not.O. §. 37; Hann. Not.O. §. 59). Das Gleiche gilt von dem Artikel 103, der die Verwahrung der Akten für den Fall regelt, daß ein Notar vorläufig seines Amtes enthoben wird (Preuß. Not.O. §. 39; vergl. auch Hann. Not.O. §. 64).

Bei einem Wechsel des Amtssitzes nach Artikel 80 Abs. 2 Satz 2 findet der Artikel 102 keine Anwendung, weil in einem solchen Falle keine „Versetzung" stattfindet.

Besondere Bestimmungen über die Abgabe der Akten eines ausscheidenden, verstorbenen oder versetzten Notars gelten gegenwärtig im Oberlandesgerichtsbezirke Cöln. Nach dem Rheinischen Rechte (Not.O. Art. 53 ff.) werden bei dem Tode oder dem Ausscheiden eines Notars die Dienstpapiere nicht dem Amtsgericht, in dessen Bezirk der Notar seinen Wohnsitz hatte, sondern einem anderen Notar im Bezirke dieses Amtsgerichts zur Aufbewahrung übergeben;

in gleicher Weise wird bei Versetzungen eines Notars verfahren und zwar bei jeder Versetzung in einen anderen Amtsgerichtsbezirk. Was die Bestellung des Verwahrers betrifft, so ist zwischen der vorläufigen und der endgültigen Verwahrung zu unterscheiden. Der Notar, der die Akten vorläufig verwahren soll, wird von dem Landgerichte bestimmt. Dem ausscheidenden oder versetzten Notar sowie den Erben eines verstorbenen Notars ist aber die Befugniß gegeben, innerhalb einer Frist von drei Monaten dem Staatsanwalte bei dem Landgerichte den Notar zu benennen, dem die Papiere zur endgültigen Aufbewahrung übergeben werden sollen. Wird von dieser Befugniß rechtzeitig Gebrauch gemacht, so verordnet der Staatsanwalt, daß dem benannten Notar die Urkunden von dem vorläufigen Verwahrer ausgehändigt werden. Geschieht die Benennung nicht rechtzeitig, so bestimmt das Landgericht auf Antrag des Staatsanwalts den endgültigen Verwahrer. Diese besonderen Grundsätze des Rheinischen Rechtes aufrecht zu erhalten, liegt keine ausreichende Veranlassung vor, zumal es der öffentlichrechtlichen Stellung des Notariats nicht entspricht, daß der ausscheidende Notar und die Erben eines verstorbenen Notars den Nachfolger bezeichnen können. Es empfiehlt sich auch nicht, die Bestimmung der Rheinischen Notariatsordnung, wonach schon bei jeder Versetzung eines Notars in einen anderen Amtsgerichtsbezirk eine Abgabe der Akten erfolgt, auf die ganze Monarchie auszudehnen. Wenn der Notar an einen nicht zu weit entfernten Ort versetzt wird, so werden sich nicht selten die Betheiligten, deren Vertrauensperson der Notar bisher gewesen ist, auch in Zukunft an ihn wenden; es erscheint deshalb nicht angezeigt, in einem solchen Falle die Abgabe der Akten vorzuschreiben.

Bei der Aufhebung der Artikel 53 bis 56 der Rheinischen Notariatsordnung wird indessen nicht unberücksichtigt bleiben dürfen, daß nach der im Rheinischen Notariat allgemein bestehenden Uebung die abgehenden Notare oder die Erben der verstorbenen Notare die Notariatsurkunden einem anderen Notar — in der Regel dem Nachfolger in der Stelle — zu verkaufen pflegen. Die jetzt im Amte befindlichen Notare haben ihren Vorgängern für die ihnen von diesen überlassenen Urkunden größere oder geringere Summen bezahlt und in den Notariatsurkunden einen veräußerlichen Bestandtheil ihres Vermögens erblickt. Wenn nun auch auf die erwähnte Uebung ein Rechtsanspruch nicht gegründet werden kann, so läßt sich doch nicht verkennen, daß es als eine gewisse Härte empfunden werden müßte, falls den jetzt im Amte befindlichen Notaren eine bis dahin sichere Anwartschaft gänzlich genommen würde. In den Schlußabschnitt des Entwurfes ist deshalb eine Bestimmung aufgenommen, wonach auf die am 1. Januar 1900 im Amte befindlichen Notare die Vorschrift des Artikel 102 Abs. 1 nur in der Weise Anwendung findet, daß eine einmalige Uebertragung der Urkunden auf einen anderen Notar möglich bleibt (Art. 140).

Die Vorschriften des Artikel 57 der Rheinischen Notariatsordnung über die Auseinandersetzung zwischen dem abgegangenen Notar oder dessen Erben und seinem Nachfolger sind entbehrlich. Auch von einer Vorschrift, wonach die Bestimmung des Nachfolgers durch das Amtsblatt bekannt zu machen ist, kann abgesehen werden.

Siebenter Abschnitt.

Besondere Gerichte. Mitwirkung der Gemeindebeamten in Angelegenheiten der freiwilligen Gerichtsbarkeit.

Neben den ordentlichen Gerichten sind in einzelnen Gebieten Preußens noch besondere Gerichte sowie Gemeindebeamte für gewisse Angelegenheiten der freiwilligen Gerichtsbarkeit zuständig. Hierher gehören insbesondere:

1. die Dorfgerichte im Geltungsbereiche des Allgemeinen Landrechts;[1])
2. die Feldgerichte und die Bürgermeister im Gebiete des vormaligen Herzogthums Nassau;[2])
3. die Ortsgerichte, die Ortsgerichtsvorsteher und die Bürgermeister in den vormals Großherzoglich Hessischen Gebietstheilen;[3])
4. die Feldgerichte und die Bürgermeister in dem vormals Landgräflich Hessischen Amtsbezirke Homburg;[4])

---

[1]) Vergl. A.L.R. I. 5 §§. 172, 173; I. 12 §§. 93 bis 98; II. 1 §. 83; II. 7 §§. 79, 80, 82 bis 86; A.G.O. II. 2 §. 8; II. 5 §§. 19, 43; II. 6 Anh. §. 437; Gesetz über die Abschätzung der Grundstücke von geringerem Werthe vom 15. Juni 1840 (Gesetz-Samml. S. 131); Gesetz, betreffend die Vereinfachung des Taxverfahrens u. s. w., vom 4. Mai 1857 (Gesetz-Samml. S. 445); Revidirte Instruktion für die Dorfgerichte vom 11. Mai 1854 nebst Zusatz vom 19. August 1854 (Just.-Min.-Bl. S. 206, 234), zunächst nur bestimmt für die Bezirke der früheren Appellationsgerichte Halberstadt und Magdeburg und des früheren Kammergerichts, später auch in anderen Appellationsgerichtsbezirken eingeführt und durch die betreffenden Amtsblätter veröffentlicht; Landgemeindeordnung für die sieben östlichen Provinzen vom 3. Juli 1891 (Gesetz-Samml. S. 233) §§. 74 ff., 146.

[2]) Vergl. Gemeindegesetz vom 26. Juli 1854 (Verordnungs-Bl. des Herzogthums Nassau S. 166) §§. 20 ff., 23; Instruktion für die Bürgermeister und Feldgerichte bezüglich deren Mitwirkung bei der Justizverwaltung vom 2. Januar 1863 (Verordnungs-Bl. S. 23); Stockbuchgesetz sowie Gesetz über das Pfandrecht u. s. w. vom 15. Mai 1851 (Verordnungs-Bl. S. 59, 66); Stockbuchinstruktion vom 31. Mai 1854 (Verordnungs-Bl. S. 71).

[3]) Vergl. Edikt, die Organisation der Ortsgerichte in den Provinzen Starkenburg und Oberhessen betreffend, vom 16. Oktober 1852 (Regierungs-Bl. S. 449); Instruktion für die Großherzoglichen Ortsgerichte in den Provinzen Starkenburg und Oberhessen vom 26. Oktober 1852 (Regierungs-Bl. S. 465); Instruktion, betreffend das Hypothekenwesen, vom 1. Dezember 1861 (Regierungs-Bl. S. 517); Gesetz, betreffend das Grundbuchwesen u. s. w. in dem Gebiete der vormals freien Stadt Frankfurt sowie den vormals Großherzoglich Hessischen und Landgräflich Hessischen Gebietstheilen der Provinz Hessen-Nassau, vom 19. August 1895 (Gesetz-Samml. S. 481) §§. 16, 76 nebst Verfügung des Justizministers vom 8. November 1895 (Gesetz-Samml. S. 547).

[4]) Vergl. Instruktion für die Schultheißen vom 9. Februar 1820 nebst Nachtrag vom 25. April 1832; Verordnung vom 25. April 1832 (Archiv der Landgräflich Hessischen Gesetze und Verordnungen S. 99); Gesetz, die Einrichtung des Gemeindewesens betreffend, vom 9. Oktober 1849 (Arch. S. 477); Diäten- und Gebührenregulativ vom 3. Juni 1863 (Arch. S. 875); Gesetz, betreffend das Grundbuchwesen u. s. w., vom 19. August 1895 §. 16.

5. die Feldgerichte und die Schultheißen (jetzt Bürgermeister — Landgemeindeordnung für die Provinz Hessen-Nassau vom 4. August 1897, Gesetz-Samml. S. 301 §§. 59, 122) in den ehemals Frankfurter Dorfschaften;[1])
6. die Ortsvorsteher in den Hohenzollernschen Landen, der Stadtschultheiß in Hechingen und der Bürgermeister und die Gemeinderäthe in Hohenzollern-Sigmaringen;[2])
7. die Bürgermeister und die Ortsvorsteher, die Feldgerichte, die Schultheißen und die Schöffen im Bezirke des vormaligen Justizsenats zu Ehrenbreitstein;[3])
8. die Rathmänner in der Landschaft Eiderstedt.[4])

Wie das Vorstehende zeigt, kommen außer den Dorfgerichten im Gebiete des Allgemeinen Landrechts namentlich die in dem Oberlandesgerichtsbezirke Frankfurt zur Mitwirkung in Angelegenheiten der freiwilligen Gerichtsbarkeit berufenen Ortsbehörden in Betracht. Der Rechtszustand in diesem Bezirk ist ein sehr mannigfaltiger und unübersichtlicher. Nicht nur die Bezeichnung und Organisation der Behörden ist sehr verschiedenartig, sondern auch hinsichtlich der Zuständigkeit weichen die Partikulargesetze von einander ab. Dieser Zustand bereitet der Rechtsanwendung große Schwierigkeiten und hat eine gewisse Rechtsunsicherheit zur nothwendigen Folge. Bis zu den Quellen vorzudringen, ist nicht immer leicht, und die Gültigkeit der Vorschriften bedarf, da die Gesetze und Verordnungen, auf denen die Thätigkeit der Ortsbehörden beruht, durch neuere Bestimmungen vielfach abgeändert worden sind, im Einzelfalle häufig einer sorgsamen Prüfung. Zum Theil bestehen die Vorschriften formell noch zu Recht, haben aber durch veränderte Verhältnisse praktisch ihre Bedeutung eingebüßt. Unter diesen Umständen geht in den Kreisen der Gemeindebeamten, die zur Anwendung des Rechtes zunächst

[1]) Vergl. Verordnung, betreffend die Bildung der Feldgerichte auf den Dorfschaften u. s. w., nebst Taxrolle vom 10. März 1825 (Gesetz- u. Statuten-Samml. Bd. 4 S. 7, 15); Verordnungen über die gerichtlichen Transskriptionen vom 30. März 1820 (a. a. O. Bd. 2 S. 209) und vom 10. März 1825 (a. a. O. Bd. 4 S. 28); Instruktion des Amtsgerichts für die Schultheißen vom 15. Juni 1880; Gesetz, betreffend das Grundbuchwesen u. s. w., vom 19. August 1895 §. 16.

[2]) Vergl. Gesetz über das Grundbuchwesen in den Hohenzollernschen Landen vom 31. Mai 1873 (Gesetz-Samml. S. 301) §. 10; s. ferner für Hechingen Stadtordnung vom 15. Januar 1835 §. 35, Instruktion für das Stadtschultheißenamt vom 1. August 1848 (Verordnungs- u. Anzeigebl. S. 287); für Sigmaringen die Allgemeine Stadtordnung vom 5. Juli 1810 (Gesetz-Samml. Bd. 1 S. 61) §. 18 A, Gesetz über die Verfassung und Verwaltung der Gemeinde vom 6. Juni 1840 (Gesetz-Samml. Bd. 5 S. 241) §. 38 Nr. 9.

[3]) Vergl. Gesetz über das Grundbuchwesen im Bezirke des Justizsenats zu Ehrenbreitstein vom 30. Mai 1873 (Gesetz-Samml. S. 287) §. 10, Ausf.-Ges. z. G. B.O. §. 14; Verf. des Justizministers vom 23. September 1879 (Just.-Min.-Bl. S. 385), vom 4. Oktober 1883 (Just.-Min.-Bl. S. 315) und die weiteren im Jahrbuch der Preuß. Gerichtsverfassung 1898 S. 109 Anm. 1 aufgeführten Verfügungen.

[4]) Allerhöchster Erlaß vom 14. Dezember 1868 (Amtsblatt für Schleswig-Holstein 1869 Nr. 75).

berufen sind und für die bei dem Mangel einer juristischen Bildung klare Vorschriften besonders nöthig wären, die Kenntniß und das Verständniß der Rechsquellen allmählich verloren.

Eine gänzliche Aufhebung der im Oberlandesgerichtsbezirke Frankfurt den Ortsbehörden in Angelegenheiten der freiwilligen Gerichtsbarkeit obliegenden Mitwirkung wird nicht in Frage kommen können, da die Ortsbehörden im Allgemeinen eine ersprießliche Thätigkeit entfaltet haben und das Vertrauen der Bevölkerung in hohem Maße genießen, auch noch neuerdings in dem Grundbuchgesetze vom 19. August 1895 (Gesetz-Samml. S. 481) die Beglaubigungsbefugniß der Gemeindebeamten anerkannt worden ist. Ein erheblicher Theil der Geschäfte der Ortsbehörden, nämlich ihre Mitwirkung bei der Führung der öffentlichen Bücher über die Liegenschaften sowie die hiermit im Zusammenhange stehende Thätigkeit, wird allerdings mit der Anlegung des Grundbuchs aufhören müssen, jedoch können die Ortsbehörden in anderen Beziehungen auch künftig noch zu Geschäften der freiwilligen Gerichtsbarkeit herangezogen werden.

Der vorliegende Entwurf will die nach Anlegung des Grundbuchs den Ortsbehörden im Oberlandesgerichtsbezirke Frankfurt verbleibende Zuständigkeit in Sachen der freiwilligen Gerichtsbarkeit im Wesentlichen einheitlich und erschöpfend regeln (Artikel 111 bis 118); dagegen behält er die einheitliche Organisation dieser Ortsbehörden einer Königlichen Verordnung vor. Eine vollständige Neuregelung der Organisation würde zu umfangreich werden und den Rahmen des vorliegenden Entwurfes überschreiten; auch setzt sie noch mannigfache Vorarbeiten voraus. Bei der Regelung der Zuständigkeit schließt sich der Entwurf soweit möglich an das geltende Recht an. Indessen macht das neue bürgerliche Recht sowie die Ausgleichung der bestehenden Verschiedenheiten manche Abweichungen erforderlich. Im Allgemeinen werden die Grenzen der Zuständigkeit, wenn auch in Zukunft, nach dem Wegfalle der Mitwirkung der Ortsbehörden bei der Führung der öffentlichen Bücher über Grundstücke, auf eine gedeihliche Thätigkeit der Ortsbehörden gerechnet werden soll, nicht zu eng gezogen werden dürfen.

Die vormals Großherzoglich Hessischen Gebietstheile sind theils dem Oberlandesgerichtsbezirke Frankfurt, theils dem Oberlandesgerichtsbezirke Cassel angeschlossen; auch die zu Cassel gehörigen Gebietstheile mußten selbstverständlich in die für den Frankfurter Bezirk in Aussicht genommene neue gesetzliche Regelung der Zuständigkeit der Ortsbehörden einbezogen werden. Dagegen sollen die neuen Zuständigkeitsvorschriften keine Anwendung finden auf den vormaligen Justizsenat zu Ehrenbreitstein, da hier die Zuständigkeit der Ortsbehörden gegenwärtig eine wesentlich geringere ist als die im Entwurfe vorgesehene und die für die Feldgerichte, die Schultheißen und die Schöffen dieses Bezirks erforderlichen neuen Bestimmungen nach §. 14 des Ausführungsgesetzes zum Gerichtsverfassungsgesetze vom Justizminister erlassen werden können. Doch sieht der Artikel 122 des Entwurfes vor, daß auch in dem Bezirke des Justizsenats zu Ehrenbreitstein durch Königliche Verordnung Ortsgerichte errichtet und diesen die Befugnisse, welche den Ortsbehörden in den übrigen Theilen des Oberlandesgerichtsbezirks zustehen, ganz oder zum

Theil übertragen werden können. In den Hohenzollernschen Landen sind die Befugnisse der Ortsbehörden in den Angelegenheiten der freiwilligen Gerichtsbarkeit gleichfalls gegenwärtig wesentlich beschränkter als nach dem Entwurfe; namentlich gilt dies von der Befugniß zur Beglaubigung von Unterschriften. Ueberwiegende Gründe sprechen aber dafür, die Vorschriften des Artikel 115 über die Zuständigkeit zur Beglaubigung von Unterschriften und mit ihnen zugleich die übrigen für Nassau, die Großherzoglich Hessischen Gebietstheile u. s. w. in Aussicht genommenen Zuständigkeitsvorschriften auf die Hohenzollernschen Lande auszudehnen.

Den auf die Ortsbehörden im Oberlandesgerichtsbezirke Frankfurt bezüglichen Vorschriften sind im Entwurf (Art. 104 bis 110) einzelne Bestimmungen über die Dorfgerichte im Gebiete des Allgemeinen Landrechts vorausgeschickt. Diese Vorschriften kommen indessen nicht überall gleichmäßig zur Anwendung, setzen vielmehr voraus, daß Dorfgerichte thatsächlich bestehen. Wo es keine Dorfgerichte giebt, wie in ganz Westfalen und in der Provinz Posen, verbleibt es bei dem gegenwärtigen Zustande. Die Vorschriften des Entwurfes über die Dorfgerichte betreffen hauptsächlich die Zuständigkeit; daneben ist eine Bestimmung über die Besetzung des Dorfgerichts und das Recht der Aufsicht gegeben. Die Zuständigkeit der altpreußischen Dorfgerichte wird, wie sie gegenwärtig beschränkter ist als die der Gemeindebeamten in den meisten Gebietstheilen des Oberlandesgerichtsbezirkes Frankfurt, auch nach dem Entwurf eine engere bleiben; andererseits ist aber bei der Regelung der Zuständigkeit der Dorfgerichte das im Frankfurter Bezirke geltende Recht mitberücksichtigt und so die Möglichkeit geschaffen worden, die von den Dorfgerichten handelnden Artikel 104 bis 109 im Artikel 111 auf die Ortsbehörden des Frankfurter Bezirkes für anwendbar zu erklären. Auch in der Begründung zu den Artikeln 104 bis 109 ist auf das Recht des Frankfurter Bezirkes Bezug zu nehmen; es wird deshalb im Folgenden nicht von den Dorfgerichten, sondern schlechthin von Ortsbehörden gesprochen werden.

Artikel 104 bis 107.

Die Vorschriften des Entwurfes über die Rechte und Pflichten der Ortsbehörden bei der Sicherung des Nachlasses entsprechen im Allgemeinen dem gegenwärtigen Rechte.[1])

Daß an Orten, an denen ein Amtsgericht seinen Sitz hat, die Ortsbehörde nicht befugt ist, auf Grund des §. 1960 des Bürgerlichen Gesetzbuchs Maßregeln zur Sicherung des Nachlasses zu treffen, weicht von dem im Frankfurter Bezirke geltenden Rechte ab, stimmt aber mit dem §. 19 Th. II

---

[1]) A.G.O. II. 5 §§. 19, 37; Nassauisches Gemeindegesetz vom 26. Juli 1854 §. 23 Abs. 3 nebst Instruktion vom 2. Januar 1863 §. 17: Großherzogl. Hess. Edikt vom 16. Oktober 1852 Art. 12 nebst Instruktion vom 26. Oktober 1852 §. 26; Landgräfl. Hess. Dienstinstruktion für die Schultheißen vom 9. Februar 1820 §. 10 nebst Nachtrag vom 25. April 1832, Kontraktenreglement vom 29. November 1769 §. 21; Instruktion für die Schultheißen in den vormals Frankfurter Dorfschaften vom 16. Mai 1809 nebst Taxrolle Nr. 7 und Geschäftsanweisung vom 15. Juni 1880 §§. 9, 10; Allgemeine Stadtordnung für Sigmaringen vom 5. Juli 1810 §. 18 A.

Tit. 5 der Allgemeinen Gerichtsordnung überein. Die Bestimmung, daß die Ortsbehörde eine Verfügung von Todeswegen, die sie bei der Vornahme der Siegelung oder bei der Ausführung sonstiger die Sicherung des Nachlasses bezweckender Maßnahmen vorfindet, unverzüglich an das Amtsgericht abzuliefern hat (Art. 105 Abs. 1), schließt sich gleichfalls einer Bestimmung der Allgemeinen Gerichtsordnung an (II 5 §. 32; vergl. B.G.B. §§. 2259, 2300; s. übrigens auch Nass. Instruktion vom 2. Januar 1863 Anlage G Nr. IV, Großherzogl. Hess. Instruktion vom 26. Oktober 1852 §. 25, wonach dem Gericht Anzeige von dem Vorhandensein des Testaments zu machen ist).

Nach Artikel 105 Abs. 2 soll die Ortsbehörde in zweifelhaften Fällen, wenn sie selbst sich dafür entscheidet, von Sicherungsmaßregeln abzusehen, dem Amtsgerichte den Sachverhalt anzeigen. Durch diese Vorschrift in Verbindung mit dem Artikel 19 des Entwurfes werden die Bestimmungen des Nassauischen und des Hessischen Rechtes ersetzt, welche die Bürgermeister oder Ortsgerichtsvorsteher verpflichten, bei allen Todesfällen dem Amtsgericht einen Sterbebericht einzusenden (Nass. Instruktion §. 17, Großherzogl. Hess. Instruktion §. 25).

Die Ortsbehörde ist nach den §§. 18, 194 des Reichsgesetzes befugt, Anordnungen, die sie nachträglich für ungerechtfertigt erachtet, zu ändern. Der Artikel 106 Abs. 1 ergänzt diesen Grundsatz dahin, daß auch das Amtsgericht Anordnungen der Ortsbehörde, die es für ungerechtfertigt erachtet, von Amtswegen abändern darf. Außerdem ordnet der Artikel 106 Abs. 1 auf Grund des §. 195 des Reichsgesetzes an, daß gegen die Verfügung der Ortsbehörde nicht eine unmittelbare Beschwerde an das Landgericht stattfindet, sondern die Betheiligten zunächst bei dem Amtsgerichte die Aenderung der Verfügung nachzusuchen haben.

Nach Artikel 106 Abs. 2 des Entwurfes darf ebenso wie nach der Allgemeinen Gerichtsordnung (II 5 §. 37) und dem in den meisten Gebietstheilen des Frankfurter Oberlandesgerichtsbezirkes geltenden Rechte die Wiederabnahme der von der Ortsbehörde angelegten Siegel nur auf Anordnung des Amtsgerichts erfolgen; doch sind für besondere Fälle, z. B. wenn unentbehrliche Gegenstände aus dem Verschlusse genommen werden sollen (s. Großherzogl. Hess. Instruktion vom 26. Oktober 1852 §. 26 a. E.) oder wenn es sich um leicht verderbliche Sachen handelt, Ausnahmen zugelassen.

Artikel 107.

Nach den §§. 70, 74 des Ausführungsgesetzes zum Gerichtsverfassungsgesetze können die Gerichtsschreiber und die Gerichtsvollzieher von dem Amtsgerichte mit der Vornahme einer Siegelung oder einer Entsiegelung beauftragt werden. Vielfach wird es jedoch einfacher und angemessener sein, daß die Ortsbehörden die vom Amtsgerichte zur Sicherung eines Nachlasses angeordneten Maßregeln ausführen. Der Artikel 107 ermächtigt deshalb die Amtsgerichte, den Ortsbehörden einen dahin gehenden Auftrag zu ertheilen.

Artikel 108.

Der Artikel 108 betrifft die Aufnahme von Vermögensverzeichnissen.

Der §. 43 Th. II Tit. 5 der Allgemeinen Gerichtsordnung erklärt es für zulässig, daß der Richter die Dorfgerichte mit der Aufnahme von Inventaren über den Nachlaß gemeiner Leute auf dem Lande beauftragt; in den §§. 70, 74 des Ausführungsgesetzes zum Gerichtsverfassungsgesetz ist ferner dem Richter gestattet, Inventuren durch den Gerichtsschreiber oder den Gerichtsvollzieher ausführen zu lassen. Im Anschluß an diese Vorschriften bestimmt der Artikel 108 Abs. 1, daß auch die Ortsbehörden zuständig sind, im Auftrage des Amtsgerichts Vermögensverzeichnisse, insbesondere Nachlaßinventare, aufzunehmen. In den im Artikel 111 bezeichneten Gebietstheilen haben zwar gegenwärtig die Ortsbehörden im Allgemeinen keine Befugniß zur Aufnahme von Vermögensverzeichnissen;[1]) ein Theil der in Betracht kommenden Gesetze kennt vielmehr eine Mitwirkung der Ortsbehörden bei der Aufnahme von Vermögensverzeichnissen überhaupt nicht[2]) und nach anderen sind die Ortsbehörden nur berufen, die Gerichte bei der Inventarisation als Hülfspersonen zu unterstützen.[3]) Eine Ausdehnung der Vorschrift der Allgemeinen Gerichtsordnung erscheint indessen unbedenklich, sofern nur durch die Fassung zum Ausdrucke gebracht wird, daß der Auftrag des Gerichts eine wesentliche Voraussetzung der Befugniß der Ortsbehörde bildet, mithin ein ohne Auftrag aufgenommenes Verzeichniß nicht als durch eine zuständige Behörde aufgenommen anzusehen ist (B.G.B. §§. 1035, 1372, 1528, 1550, 1640, 1667, 1670, 1692, 1740, 1760, 1761, 1802, 2002, 2121).

Im Artikel 108 Abs. 2 ist vorgesehen, daß behufs Einleitung und Durchführung des Einigungsverfahrens nach §. 20 des Gesetzes, betreffend das Anerbenrecht bei Renten- und Ansiedelungsgütern, vom 8. Juni 1896 (Gesetz-Samml. S. 124), auch die Generalkommissionen die Dorfgerichte mit der Aufnahme von Nachlaßinventaren beauftragen können. Die Vorschrift entspricht der Allgemeinen Gerichtsordnung, da die im §. 43 Abs. 2 Th. II Tit. 5 dem „Gerichtshalter" beigelegte Befugniß auch den Generalkommissionen als Sondergerichten zukommt.

Artikel 109.

In verschiedenen der im Oberlandesgerichtsbezirke Frankfurt geltenden Partikularrechte finden sich Bestimmungen, wonach die Ortsbehörden, sei es im Auftrage des Gerichts, sei es ohne Auftrag, zuständig sind, öffentliche Versteigerungen beweglicher Sachen sowie öffentliche Verpachtungen an den Meistbietenden vorzunehmen.[4]) Den altpreußischen Dorfgerichten ist eine solche Befugniß gesetzlich nicht beigelegt, thatsächlich werden aber mitunter auch von ihnen Versteigerungen beweglicher Sachen vorgenommen. Der Entwurf bestimmt im Interesse der Einheitlichkeit des Rechtes, daß sowohl die im Artikel 111 bezeichneten Beamten als die Dorfgerichte Versteigerungen beweg-

[1]) Vergl. jedoch für Hessen-Homburg den Nachtrag zu der Instruktion für die Schultheißen vom 25. April 1832 (zu §. 11); s. ferner für den Bezirk des Justizsenats zu Ehrenbreitstein die Verfügungen vom 23. September 1879 (Just.-Min.-Bl. S. 385) §. 2 und vom 4. Oktober 1883 (Just.-Min.-Bl. S. 315) §. 2.

[2]) So die Gesetze für Hohenzollern-Hechingen und Hohenzollern-Sigmaringen.

[3]) Nassauische Instruktion §. 16, Großherzogl. Hess. Instruktion §. 27.

[4]) Vergl. Nassauische Instruktion §. 15, Großherzogl. Hess. Edikt Art. 12 Abs. 1; Allg. Verfügungen vom 23. September 1879 (Just.-Min.-Bl. S. 385) §. 2 und vom 4. Oktober 1883 (Just.-Min.-Bl. S. 315) §. 2.

licher Sachen und öffentliche Verpachtungen an den Meistbietenden vornehmen und beurkunden dürfen, jedoch nur auf Grund eines allgemeinen oder besonderen Auftrags des Amtsgerichts. Daß der ertheilte Auftrag jederzeit widerruflich ist, bedarf keiner Hervorhebung im Gesetze.

Mit dem Artikel 109 schließen, soweit es sich um die altpreußischen Dorfgerichte handelt, die Zuständigkeitsvorschriften des Entwurfes ab; die Befugnisse, die den Dorfgerichten gegenwärtig auf dem Gebiete der freiwilligen Gerichtsbarkeit zustehen, sollen, soweit sie nicht in die Artikel 104 bis 109 übernommen sind, nach Artikel 118 wegfallen; doch ist in dem letzteren Artikel ein Vorbehalt bezüglich der Taxen hinzugefügt (A.L.R. II 7 §. 86). Was die in den Entwurf nicht übernommenen Vorschriften betrifft, so sind die Dorfgerichte gegenwärtig zuständig, Verträge gemeiner Landleute, die nicht schreiben und lesen können, und Eheverlöbnisse gemeiner Landleute zu beurkunden, ferner bei Gefahr im Verzuge Testamente und Kodizille auf- und anzunehmen sowie unter der gleichen Voraussetzung gerichtliche Verhandlungen, bei welchen es auf keine Rechtskenntnisse, sondern auf bloße Beglaubigung ankommt, vorzunehmen (A.L.R. I 5 §§. 172, 173, I 12 §§. 93 ff., II 1 §. 83, II 7 §§. 82, 83; A.G.O. II 2 §. 8). Die Befugniß zur Beurkundung von Eheverlöbnissen hat indessen thatsächlich kaum eine Bedeutung. Ebenso kommt der Beglaubigungsbefugniß der Dorfgerichte eine erhebliche praktische Bedeutung nicht zu; im Grundbuchverkehre sind überdies dorfgerichtliche Beurkundungen bereits jetzt gesetzlich ausgeschlossen. Die Zuständigkeit zur Beurkundung von Verträgen gemeiner Landleute, die nicht schreiben und lesen können, kann den Dorfgerichten schon deshalb nicht belassen werden, weil der §. 129 des Bürgerlichen Gesetzbuchs die öffentliche Beglaubigung von Handzeichen ausschließlich den ordentlichen Gerichten und den Notaren zuweist. An die Stelle der bisherigen Vorschriften über Nothtestamente treten die §§. 2249, 2250 des Bürgerlichen Gesetzbuchs und der Artikel 78 des Ausführungsgesetzes zum Bürgerlichen Gesetzbuche.

Artikel 110.

Das Preußische Dorfgericht besteht aus dem Schulzen und zwei Schöffen, für bestimmte Geschäfte ist außerdem ein Dorfgerichtsschreiber zuzuziehen. Die Besetzung des Dorfgerichts mit vier Personen führt indessen in der Praxis vielfach zu Schwierigkeiten; der Entwurf erklärt es deshalb für genügend, wenn außer dem Schulzen zwei Schöffen oder ein Schöffe und ein Dorfgerichtsschreiber mitwirken. Für die Aufnahme von Taxen soll es jedoch mit Rücksicht darauf, daß die Neuordnung des Taxwesens über den Rahmen des Entwurfes hinausgeht, bei dem gegenwärtigen Rechte bewenden, wonach außer dem Schulzen zwei Schöffen zuzuziehen sind, die Mitwirkung eines Gerichtsschreibers aber entbehrlich ist.

Nach §. 78 Abs. 3 Nr. 3 des Ausführungsgesetzes zum Gerichtsverfassungsgesetze steht das Recht der Aufsicht über die Dorfgerichte in den Angelegenheiten der freiwilligen Gerichtsbarkeit gegenwärtig in unterster Instanz nicht den Amtsgerichten, sondern den Landgerichtspräsidenten zu (vergl. die Allg. Verfügung des Justizministers vom 12. November 1881 — Just.-Min.-Bl. S. 266). Durch diese Regelung wird die Handhabung des

Aufsichtsrechts in unnöthiger Weise erschwert; der Artikel 110 Abs. 2 des Entwurfes legt deshalb auch den Amtsgerichten Aufsichtsbefugnisse bei.

Artikel 111.

Durch den Artikel 111 werden die Bestimmungen der Artikel 104 bis 109 auf den Oberlandesgerichtsbezirk Frankfurt mit Ausnahme des Bezirkes des Justizsenats zu Ehrenbreitstein, der vormals Kurhessischen Gebietstheile und des jetzigen Stadtbezirks Frankfurt ausgedehnt. Wegen des Bezirkes des Justizsenats zu Ehrenbreitstein ist auf das oben und weiter unten Bemerkte zu verweisen. In den vormals Kurhessischen Gebietstheilen findet auch gegenwärtig eine Mitwirkung der Ortsbehörden in den Angelegenheiten der freiwilligen Gerichtsbarkeit nicht statt und das Gleiche gilt für den früheren Stadtbezirk von Frankfurt. Zum jetzigen Stadtbezirke von Frankfurt gehört allerdings auch die früher zu den Frankfurter Dorfschaften gehörige Vorstadt Bornheim, es besteht aber kein Bedürfniß, für diesen Stadttheil Frankfurts die Mitwirkung der Ortsbehörden aufrecht zu erhalten; für die Zeit bis zur Anlegung des Grundbuchs enthält der Artikel 137 die erforderlichen Uebergangsbestimmungen.

Artikel 112.

Der Artikel 112, welcher die Ortsbehörden für zuständig erklärt, im Auftrage des Gerichts freiwillige öffentliche Versteigerungen von Grundstücken vorzunehmen und zu beurkunden, enthält eine Abweichung vom §. 313 des Bürgerlichen Gesetzbuchs. Die Vorschrift stützt sich auf den Vorbehalt des Artikel 142 des Einführungsgesetzes zum Bürgerlichen Gesetzbuch und entspricht dem in einem großen Theile des Frankfurter Oberlandesgerichtsbezirkes gegenwärtig geltenden Rechte[1]); sie rechtfertigt sich namentlich durch die Rücksicht auf den kleinen und zersplitterten Grundbesitz. Dadurch, daß die Ortsbehörden die Versteigerung nur im Auftrage des Gerichts vornehmen dürfen und das Gericht den Auftrag nur auf Antrag des Betheiligten oder, wenn mehrere Betheiligte vorhanden sind, auf Antrag aller Betheiligten ertheilen darf, ist Vorsorge dafür getroffen, daß die Versteigerungen nur in den dazu geeigneten Fällen von den Ortsbehörden vorgenommen werden.

Artikel 113.

Im Artikel 113 und im Artikel 116 Satz 1 sieht der Entwurf im Anschluß an Vorschriften des geltenden Rechtes eine Mitwirkung der Ortsbehörden bei Theilungen vor.[2]) Daß neben den Theilungen auch die Uebergabever-

---

[1]) Vergl. insbesondere Nassauische Instruktion vom 2. Januar 1863 §. 15; Großherzogl. Hess. Edikt vom 16. Oktober 1852 Art. 12 nebst Instruktion vom 26. Oktober 1852 §. 24.

[2]) Nassauisches Gemeindegesetz vom 26. Juli 1854 §. 23 Abs. 3 nebst Instruktion vom 2. Januar 1863 §. 16 Abs. 1; Großherzogl. Hess. Edikt vom 16. Oktober 1852 Art. 12 Abs. 2 nebst Instruktion vom 26. Oktober 1852 §. 20 Abs. 1; Landgräfl. Hess. Diäten- und Gebührenregulativ vom 3. Juni 1863 §. 2 Nr. III; Frankfurter Verordnung, betreffend die Bildung der Feldgerichte, vom 10. März 1825 §. 6 Abs. 1 Nr. 4 §. 7 Abs. 1 Nr. 3; Hechinger Stadtordnung vom 15. Januar 1835 §. 35; Sigmaringer Stadtordnung vom 5. Juli 1810 §. 18 A nebst Gemeindeordnung vom 6. Juni 1840 §. 38 Nr. 9.

träge genannt sind, stimmt mit dem §. 35 der Großherzoglich Hessischen Instruktion vom 26. Oktober 1852 überein.

Artikel 114.

Nach §. 24 des Nassauischen Edikts, betreffend die Dienstverhältnisse des Gesindes, vom 15. Mai 1819 und §. 9 der Nassauischen Instruktion für die Bürgermeister und Feldgerichte vom 2. Januar 1863 ist der Bürgermeister zuständig, Gesindedienstverträge zu beurkunden, wenn der Miether in der Gemeinde wohnt. Für die Städte ist diese Bestimmung zwar nicht von großem praktischen Werthe, da dort das Gesinde regelmäßig ohne schriftlichen Vertrag angenommen wird. Dagegen kommt auf dem Lande die Beurkundung von Dienstverträgen nicht selten vor. Mit Rücksicht hierauf erscheint es gerechtfertigt, die Vorschrift des Nassauischen Rechtes beizubehalten und sie auf die im Artikel 111 bezeichneten Gebietstheile auszudehnen. Regelmäßig werden sich die Betheiligten an den Beamten des Ortes wenden, wo die Dienstherrschaft wohnt; es ist aber nicht erforderlich, gesetzlich nur diesen Beamten für zuständig zu erklären.

Nach dem Nassauischen Gemeindegesetze vom 26. Juli 1854 §. 23 Abs. 3 und der Instruktion vom 2. Januar 1863 §§. 6, 7 sind die Bürgermeister ferner zuständig, auf Antrag der Betheiligten einseitige Willenserklärungen über Privatrechtsverhältnisse, wie Kündigungen, Mahnungen, Zahlungsanerbieten, Angehörigen oder Einwohnern der Gemeinde bekannt zu machen und die Bekanntmachung zu beurkunden. Es empfiehlt sich, auch diese Vorschrift auf die im Artikel 111 bezeichneten Gebietstheile zu erstrecken. Die Vorschriften der Civilprozeßordnung über die Ersatzzustellung finden auf diese Bekanntmachung durch die Ortsbehörden keine Anwendung, vielmehr hat die Mitwirkung der Ortsbehörde nur den Zweck, den Beweis zu liefern, daß die Willenserklärung dem Gegner zugegangen ist (B.G.B. §. 130). Soweit durch besondere gesetzliche Vorschriften, wie für Wechselproteste, die Mitwirkung eines Gerichtsbeamten oder eines Notars vorgeschrieben ist, behält es dabei sein Bewenden. Auf Zustellungen, die im Auftrage des Gerichts erfolgen, beziehen sich die Vorschriften des Artikel 114 überhaupt nicht, vielmehr sind für solche Zustellungen der §. 16 des Reichsgesetzes vom 17. Mai 1898 und der Artikel 1 des Entwurfes maßgebend (vergl. hinsichtlich des geltenden Rechtes Ausf.-Gesetz z. C.P.O. §. 1 Abs. 1).

Artikel 115.

Die Ortsbehörden der im Artikel 111 bezeichneten Gebiete sind gegenwärtig in mehr oder weniger weitem Umfange zur Beglaubigung von Unterschriften befugt.

In dem vormaligen Herzogthume Nassau kann der Bürgermeister nach §. 23 Abs. 3 des Gemeindegesetzes vom 26. Juli 1854 und §. 2 der Instruktion vom 2. Januar 1863 Namensunterschriften von Mitgliedern der Gemeinde und von solchen Personen beglaubigen, welche die Konzession zum zeitweiligen Aufenthalt in der Gemeinde erwirkt haben, das Großherzoglich Hessische Edikt vom 16. Oktober 1852 ermächtigt im Artikel 12 den Ortsgerichtsvorsteher allgemein, Unterschriften Dritter zu beglaubigen, und für die Frankfurter

Dorfschaften hat die Praxis ein Beglaubigungsrecht der ersten Feldgeschworenen und der Schultheißen anerkannt. Nach §. 10 Abs. 1 des Gesetzes über das Grundbuchwesen in den Hohenzollernschen Landen vom 31. Mai 1873 (Gesetz-Samml. S. 301) genügt ferner bei schriftlichen, zu einer Löschung erforderlichen Anträgen oder Willenserklärungen die Beglaubigung der Unterschriften durch einen Ortsvorsteher. Weiterhin bestimmt der §. 16 des Gesetzes über das Grundbuchwesen in dem Gebiete der vormals freien Stadt Frankfurt sowie in den vormals Großherzoglich Hessischen und Landgräflich Hessischen Gebietstheilen der Provinz Hessen-Nassau vom 19. August 1895 (Gesetz-Samml. S. 481), daß zur Beglaubigung der Unterschriften von Anträgen und Urkunden oder Vollmachten, falls der Aussteller im Geltungsbereiche dieses Gesetzes an einem Orte wohnt, an welchem sich kein Amtsgericht befindet, der Bürgermeister (Schultheiß) des Wohnortes befugt ist. Inwieweit, abgesehen von der letzteren Vorschrift, in Hessen-Homburg die Bürgermeister oder Schultheißen das Recht haben, Unterschriften zu beglaubigen, mag hier dahingestellt bleiben.

Der Entwurf schließt sich im Artikel 115 dem §. 16 des Gesetzes vom 19. August 1895 an, indem er dessen Vorschriften mit einigen Aenderungen auf Beglaubigungen, die nicht für den Grundbuchverkehr bestimmt sind, insbesondere auch auf die Beglaubigung einer Anmeldung zum Handelsregister, ausdehnt. Eine Abweichung von dem §. 16 liegt namentlich darin, daß nach dem Entwurfe die Beschränkungen, denen die Beglaubigungsbefugniß der Ortsbehörden unterliegt, nur instruktioneller Natur sind, ferner darin, daß der Entwurf in den vormals Großherzoglich Hessischen Gebietstheilen die Beglaubigungsbefugnisse nicht den Bürgermeistern, sondern den Ortsgerichtsvorstehern beilegt. Das Amt des Ortsgerichtsvorstehers wird zwar regelmäßig von dem Bürgermeister bekleidet, doch kann die Staatsregierung für dasselbe nach Artikel 3 des Edikts vom 16. Oktober 1852 in einzelnen Gemeinden einen besonderen Beamten auf Widerruf ernennen; geschieht dies, so wird es für angemessen zu erachten sein, daß auf ihn auch die Beglaubigungsbefugniß übergeht.

Für die Hohenzollernschen Lande stellt die Vorschrift des Artikel 115, wie schon an anderer Stelle hervorgehoben worden ist, eine erhebliche Erweiterung der Beglaubigungsbefugniß der Ortsbehörden dar. Der Hohenzollernsche Kommunallandtag hat jedoch in seinen Sitzungen vom 9. und 10. Februar 1898 einen Beschluß gefaßt, durch welchen die Staatsregierung ersucht wird, eine Ausdehnung der den Hohenzollernschen Ortsvorstehern in Grundbuchsachen zustehenden Beglaubigungsbefugnisse nach dem Vorbilde des §. 16 des Gesetzes vom 19. August 1895 herbeizuführen. Wenn der Entwurf diesem Wunsche stattgiebt, so ist dafür namentlich auch die Rücksicht auf das Recht der Nachbaarstaaten der Hohenzollernschen Lande maßgebend gewesen. Nach dem Artikel 117 des Württembergischen Entwurfes eines Ausführungsgesetzes zum Bürgerlichen Gesetzbuche sollen nämlich für die öffentliche Beglaubigung von Unterschriften in Uebereinstimmung mit dem geltenden Württembergischen Rechte die Ortsvorsteher und die Rathsschreiber zuständig sein. Ebenso ist nach §. 22 des Badischen Gesetzentwurfes über das Grundbuchwesen und nach §. 43 des Badischen Gesetzentwurfes über die freiwillige Gerichtsbarkeit und das Notariat der Bürgermeister am Wohnsitz oder gewöhnlichen Aufenthalte des Betheiligten befugt, die Unterschrift zu beglaubigen. Ausgenommen hiervon sind allerdings nach den Badischen Entwürfen Urkunden, die zum Gebrauch außerhalb des Großherzogthums bestimmt sind. Auch entzieht der angeführte §. 43 den Ortsvorstehern die Befugniß zur Beglaubigung von Urkunden, die unmittelbar zum Gebrauche vor den ordentlichen Gerichten bestimmt sind; für Grundbuchsachen gilt indessen diese Beschränkung nach §. 23 a. a. O. selbst dann nicht, wenn das Grundbuch von dem Amtsgerichte geführt wird.

Die auf die Form der Unterschriftsbeglaubigung bezüglichen Bestimmungen des Artikel 115 schließen sich dem §. 183 des Reichsgesetzes vom 17. Mai 1898 an. Jedoch ist, abweichend von den reichsgesetzlichen Vorschriften, aber in Uebereinstimmung mit dem §. 16 des Gesetzes vom 19. August 1895, vorgeschrieben, daß der Beglaubigungsvermerk die Angabe enthalten soll, daß die Vollziehung oder Anerkennung der Unterschrift in Gegenwart des beglaubigenden Beamten erfolgt ist. Von dieser Bestimmung bei den Ortsbehörden abzusehen, wäre nicht zweckmäßig.

Artikel 116.

Die Artikel 104 bis 109, 112, 113 und der schon zu Artikel 113 erwähnte Satz 1 des Artikel 116 geben zu erkennen, daß die im Artikel 111 bezeichneten Beamten Hülfsbeamte der Gerichte sind. Die genannten Artikel enthalten in dieser Hinsicht Vorschriften für bestimmte Arten von Geschäften. Es empfiehlt sich aber, noch eine allgemeine Klausel hinzuzufügen, nach welcher sich die Gerichte der Beihülfe der Ortsbehörden auch in den nicht besonders aufgeführten Angelegenheiten der freiwilligen Gerichtsbarkeit bedienen können (vergl. Nassauische Instruktion vom 2. Januar 1863 §. 16 Abs. 1; Großh. Hess. Edikt vom 16. Oktober 1852 Art. 15, Instruktion vom 26. Oktober 1852 §. 34). Namentlich wird es zur sachgemäßen Förderung der Geschäfte beitragen, wenn das Gericht bei den ihm nach §. 12 des Reichsgesetzes obliegenden Ermittelungen ein besonderes Organ hat, an welches es sich zu seiner Unterstützung wenden kann. Auch eine Mitwirkung der Ortsbehörden bei den gerichtlichen Zustellungen kann in Frage kommen (R.Ges. §. 16 Abs. 2 Satz 2; vergl. Nassauische Instr. §. 1, Großh. Hess. Edikt Art. 9).

Artikel 117.

Der Artikel 117 dehnt die in den Artikeln 104 bis 106 den Dorfgerichten beigelegten Befugnisse auf die Gemeindevorstände in Schleswig-Holstein aus. Gegenwärtig sind nach dem Allerhöchsten Erlasse vom 14. Dezember 1868 (Amtsblatt der Regierung zu Schleswig 1869 S. 30) in der Landschaft Eiderstedt neben den Gerichten die Rathmänner zur Nachlaßsiegelung befugt. Auch in den meisten übrigen Theilen Schleswig-Holsteins gab es bis zum Jahre 1882 außer dem ordentlichen Richter noch besondere Beamte, welche berufen waren, Maßregeln zur Sicherung eines Nachlasses zu ergreifen. Diese besonderen Beamten, die Gerichtsvögte, sind indessen seit dem

Jahre 1882 abgeschafft. Thatsächlich haben sich aber außerhalb der Landschaft Eiderstedt in den entfernten Orten Schleswig-Holsteins die Gemeindevorstände in dringenden Fällen vielfach mit Maßregeln zur Nachlaßsicherung befaßt, indem sie die Schlüssel zu den Räumen und Behältnissen sowie die frei umher liegenden Werthsachen an sich genommen und dem Amtsgericht eingesendet oder Siegelungen vorgenommen und davon dem Amtsgericht Anzeige erstattet haben. Es erscheint wünschenswerth, dieses Verfahren, welches gegenwärtig eine rechtliche Grundlage nur in der den Ortsvorständen zustehenden Polizeigewalt findet, dadurch näher zu regeln, daß den Ortsbehörden bezüglich der Nachlaßsicherung Funktionen der freiwilligen Gerichtsbarkeit übertragen werden. Die besonderen Bestimmungen über die Zuständigkeit der Rathmänner zur Nachlaßsiegelung können alsdann aufgehoben werden.

Durch den Allerhöchsten Erlaß vom 14. Dezember 1868 sind den Rathmännern in der Landschaft Eiderstedt noch weitere Geschäfte der freiwilligen Gerichtsbarkeit übertragen, nämlich: der Antrag auf Bestellung von Vormündern und Kuratoren und der Vorschlag dazu geeigneter Personen; die vorläufige Fürsorge für das Vermögen Unmündiger, Abwesender und Geisteskranker, die vorläufige Prüfung der Vormundschaftsrechnungen und die Ueberwachung der Vormünder sowie die Abgabe eines Gutachtens über die Entlassung eines Vormundes; die Inventur und Taxation der gerichtlich zu regulirenden Massen, letztere unter Zuziehung der von den Amtsgerichten etwa besonders bestellten Taxatoren; die Vornahme gerichtlicher Versteigerungen von beweglichen Sachen und gerichtlicher öffentlicher Verpachtungen sowie die Theilnahme an Terminen zu gerichtlichen Grundstücksversteigerungen; die Abgabe von Gutachten über die Ausführung einer gerichtlichen Erbtheilung, über die Bedingungen für die von den Gerichten vorzunehmenden Verpachtungen und Veräußerungen von Grundstücken sowie über die Zweckmäßigkeit solcher Verpachtungen und Veräußerungen. Ein Theil der den Rathmännern hiernach obliegenden Geschäfte ist ihnen jedoch schon durch die Vormundschaftsordnung (§. 102) entzogen und, was die ihnen verbliebenen Geschäfte betrifft, so liegen keine ausreichenden Gründe vor, der Landschaft Eiderstedt auch für die Zukunft in Bezug auf die Angelegenheiten der freiwilligen Gerichtsbarkeit eine Ausnahmestellung einzuräumen. Der Entwurf (Art. 118) hebt deshalb die Vorschriften des Allerhöchsten Erlasses vom 14. Dezember 1868 über die Zuständigkeit der Rathmänner auf; doch soll die Zuständigkeit zur Aufnahme von Taxen bis zu der in Aussicht genommenen neuen Regelung des Taxwesens den Rathmännern verbleiben.

Artikel 118.

Der Artikel 118 hebt zunächst — mit einem Vorbehalte für die Taxen — die Bestimmungen auf, nach welchen die Dorfgerichte im Gebiete des Allgemeinen Landrechts zu anderen als den in den Artikeln 104 bis 109 bezeichneten Angelegenheiten der freiwilligen Gerichtsbarkeit zuständig sind; in dieser Beziehung kann auf das oben Bemerkte verwiesen werden. Sodann ist in den Artikel 118 die in den Bemerkungen zu dem vorigen Artikel begründete Bestimmung über die Rathmänner in der Landschaft Eiderstedt aufgenommen.

Des Weiteren setzt der Artikel 118 die Vorschriften außer Kraft, die gegenwärtig in den im Artikel 111 bezeichneten Gebietstheilen über die Zuständigkeit der Ortsbehörden in Angelegenheiten der freiwilligen Gerichtsbarkeit gelten. Aufrecht erhalten bleiben jedoch auch hier die Bestimmungen über die Aufnahme von Taxen. Außerdem stellt der Entwurf klar, daß die Befugnisse unberührt bleiben, welche den Ortsbehörden in solchen Gesetzen beigelegt sind, welche nicht nur in einem der hier in Frage stehenden Gebietstheile, sondern auch außerhalb dieser Gebietstheile gelten. Dieser Vorbehalt ist von Bedeutung für die Landgüterordnung des Regierungsbezirks Cassel vom 1. Juli 1887 (Gesetz-Samml. S. 315), die auch in dem zum Regierungsbezirke Cassel gehörigen vormals Großherzoglich Hessischen Gebiete von Vöhl gilt, sowie für das Gesetz, betreffend das Anerbenrecht bei Renten- und Ansiedelungsgütern, vom 8. Juni 1896 (Gesetz-Samml. S. 124), welches auch für die Hohenzollernschen Lande, das Gebiet der vormals freien Stadt Frankfurt und die vormals Großherzoglich Hessischen und Landgräflich Hessischen Gebietstheile erlassen ist, wenngleich es in dem Frankfurter und Hessischen Gebiet erst an einem durch Königliche Verordnung zu bestimmenden Tage in Kraft tritt (§. 41). Die Landgüterordnung für den Regierungsbezirk Cassel bestimmt im §. 28, daß diejenigen, welche über das Landgut letztwillig verfügen können, in einem Testament oder in einer gerichtlich oder notariell oder vom Ortsvorstande beglaubigten Urkunde gewisse Anordnungen von Todeswegen treffen können, und eine ähnliche Vorschrift enthält der §. 32 des Gesetzes vom 8. Juni 1896, der eine Beglaubigung durch den Amts-, Gemeinde- oder Gutsvorsteher für genügend erklärt.

Ein Vorbehalt zu Gunsten der den Ortsbehörden nach verschiedenen Gesetzen[1]) obliegenden Aufsicht im Felde (Setzen von Grenzsteinen und dergl.) ist nicht erforderlich, da diese Thätigkeit der Ortsbehörden im Sinne des Entwurfes nicht als zum Gebiete der freiwilligen Gerichtsbarkeit gehörig anzusehen ist; denn wenngleich nach Artikel 31 des Entwurfes die Mitwirkung bei Abmarkungen in den Kreis der gerichtlichen oder notariellen Beurkundungsthätigkeit fällt und die geltenden Partikularrechte diese Thätigkeit der Ortsbehörden nicht von den Geschäften der freiwilligen Gerichtsbarkeit trennen, so ist doch die in Frage stehende Thätigkeit ihrem Wesen nach als eine feldpolizeiliche anzusehen. Durch den Artikel 118 des Entwurfes wird auch nicht ausgeschlossen, daß die Ortsbehörden bei der Ausübung dieser feldpolizeilichen Thätigkeit Grenzstreitigkeiten schlichten (vergl. Landgräflich Hess. Instruktion für die Feldgerichtsschöffen vom 25. April 1832 §. 13).

Der Zeitpunkt, in welchem die bisherige Zuständigkeit der Ortsbehörden für Angelegenheiten der freiwilligen Gerichtsbarkeit aufgehoben wird, ist der 1. Januar 1900. Die den Verkehr mit Grundstücken betreffenden Befugnisse der Ortsbehörden dauern zwar nach Maßgabe des Artikel 189 des Einführungs-

[1]) Vergl. Nassauisches Gemeindegesetz vom 26. Juli 1854 §. 22 nebst Instruktion vom 2. Januar 1863 §§. 27 ff.; Landgräflich Hessische Instruktion für die Feldgerichtsschöffen vom 25. April 1832 §§. 12 ff.; Frankf. Verordnung vom 10. März 1825 §. 6 Nr. 1.

gesetzes zum Bürgerlichen Gesetzbuch und des Artikel 137 Abs. 1, 2 des vorliegenden Entwurfes bis zur vollendeten Anlegung des Grundbuchs fort, der Abs. 4 des Artikel 137 giebt aber dem Justizminister die Befugniß, diese Geschäfte auf andere Behörden oder Beamte zu übertragen (vergl. §. 76 des Gesetzes über das Grundbuchwesen u. s. w. vom 19. August 1895).

Bezüglich der Befugnisse der Ortsbehörden, welche nach dem Entwurfe wegfallen werden, ist, abgesehen von den mit dem gegenwärtigen Liegenschaftsrecht in Zusammenhang stehenden Vorschriften, Folgendes hervorzuheben.

Nach §. 24 des Nassauischen Edikts vom 15. Mai 1819 über die Dienstverhältnisse des Gesindes und der Handwerksgehülfen und §. 9 der Instruktion für die Bürgermeister und Feldgerichte vom 2. Januar 1863 ist der Bürgermeister zur Vornahme und Beurkundung eines Güteversuchs in Streitigkeiten zwischen Dienstherrschaft und Gesinde zuständig. Diese Bestimmungen sind mit Rücksicht auf die Vorschriften der Schiedsmannsordnung vom 29. März 1879 entbehrlich.

Den Bürgermeistern die Zuständigkeit zur Protokollirung von Viehhandelsgeschäften zu belassen, liegt angesichts der Vorschriften des Bürgerlichen Gesetzbuchs, nach welchen ein schriftlicher Vertrag nicht erforderlich ist, kein Grund vor (s. Nassauische Instruktion §§. 10 ff.; vergl. auch Großherzogl. Hess. Edikt vom 16. Oktober 1852 Art. 12 Abs. 1, Landgräflich Hess. Instruktion für die Schultheißen vom 9. Februar 1820 §. 15). Auch besteht kein Bedürfniß, die Bestimmung beizubehalten, daß der Bürgermeister befugt ist, auf Antrag von Privatpersonen Atteste zu ertheilen (Nass. Instruktion §. 2 Nr. 2).

Ebenso brauchen die in den Großherzoglich Hessischen Gebietstheilen geltenden Vorschriften über Bescheinigungen und Attestationen nicht aufrecht erhalten zu werden (Instruktion vom 26. Oktober 1852 §§. 2, 48). Die Zuständigkeit der Ortsgerichtsvorsteher zur Beurkundung von Eheverträgen (Edikt Art. 11) wird schon durch §. 1434 des Bürgerlichen Gesetzbuchs beseitigt (vergl. übrigens Entw. Art. 116). Auch die Befugniß des Ortsgerichts und des Ortsgerichtsvorstehers zur Beglaubigung von Abschriften (Instruktion §. 48 Nr. 1) kommt zweckmäßig in Wegfall. Ingleichen hat es keine Berechtigung, für die vormals Landgräflich Hessischen Gebietstheile die Bestimmung des Diäten- und Gebührenregulativs vom 3. Juni 1862 §. 1 Nr. 6 fortbestehen zu lassen, wonach die Bürgermeister „zur Beglaubigung von Abschriften, Auszügen und anderen Urkunden“ befugt sind; daß die Ortsbehörden von den Urkunden, die sie innerhalb ihrer Zuständigkeit aufgenommen haben (vergl. Art. 114), beglaubigte Abschriften ertheilen können, bedarf keiner Hervorhebung im Gesetze.

Vereinzelt ist für Geschäfte, die der Entwurf den im Artikel 111 bezeichneten Beamten zuweist, in dem geltenden Rechte eine Mitwirkung kollegialer Behörden vorgesehen. Insbesondere kommt nach dem Großherzoglich Hessischen Edikt vom 16. Oktober 1852 und der Instruktion vom 26. Oktober 1852 für Theilungen neben der Mitwirkung des Ortsgerichtsvorstehers auch eine Mitwirkung des Ortsgerichts in Frage. Ferner bestimmt der §. 38 Nr. 9 des Sigmaringer Gesetzes über die Verwaltung und Verfassung der Gemeinden vom 6. Juni 1840, daß der Bürgermeister mit zwei Gemeinderäthen die freiwillige Gerichtsbarkeit versieht, soweit sie früher dem Bürgermeister und Gemeinderathe zustand. Der Entwurf beseitigt die bestehenden Verschiedenheiten, indem er die in den Artikeln 104 bis 109, 112 bis 116 aufgeführten Geschäfte Einzelbeamten überträgt. Da die Thätigkeit der Ortsbehörden, abgesehen von der Nachlaßsicherung, der Vorbereitung der Theilung und der Unterschriftsbeglaubigung, einen Auftrag des Gerichts voraussetzt, so wird im Anschluß an das Nassauische Recht bis zur neuen Organisation der Ortsgerichte von einer Zuziehung mehrerer Personen abgesehen werden können. Inwieweit demnächst bei den Ortsgerichten eine kollegialische Behandlung der Geschäfte stattfinden soll, wird bei Erlaß der Königlichen Verordnung zu prüfen sein.

Artikel 119.

Der Artikel 119 bezieht sich auf die Aufsicht, der die Ortsbehörden in dem Oberlandesgerichtsbezirke Frankfurt sowie in den vormals Großherzoglich Hessischen Gebietstheilen des Oberlandesgerichtsbezirkes Cassel hinsichtlich der Angelegenheiten der freiwilligen Gerichtsbarkeit unterliegen.

Das Recht der Aufsicht über die kollegialen Ortsbehörden der bezeichneten Gebiete wird gegenwärtig insoweit, als bis zum 1. Januar 1879 der Justizverwaltung ein Aufsichtsrecht zustand, nach §. 78 Nr. 3 des Ausführungsgesetzes zum Gerichtsverfassungsgesetz in unterster Instanz von dem Präsidenten des Landgerichts ausgeübt. Das Gleiche gilt für die mit Angelegenheiten der freiwilligen Gerichtsbarkeiten befaßten Einzelbeamten; denn wenngleich der §. 78 Nr. 3 des Ausführungsgesetzes zum Gerichtsverfassungsgesetz auf sie vielleicht keine unmittelbare Anwendung findet, so ist er doch zur entsprechenden Anwendung zu bringen. Uebrigens wird in den zum Oberlandesgerichtsbezirke Cassel gehörigen vormals Großherzoglich Hessischen Gebietstheilen thatsächlich auch von den Amtsgerichten ein Aufsichtsrecht ausgeübt. Wo dagegen bis zum 1. Januar 1879 die Justizverwaltung ein Aufsichtsrecht über die Ortsbehörden oder die Ortsbeamten nicht hatte (wie in den Dorfschaften der vormals freien Stadt Frankfurt) stehen ihr auch gegenwärtig keine Aufsichtsrechte zu.

Der jetzige Rechtszustand hat sich in der Praxis als verbesserungsbedürftig erwiesen; es wird als ein Mangel empfunden, daß die Amtsgerichte, die den Verhältnissen am nächsten stehen und deren Weisungen die Ortsbehörden bei der Erledigung der Geschäfte der freiwilligen Gerichtsbarkeit unterstellt sind, keine Mittel haben, um die Befolgung ihrer Weisungen mit Nachdruck durchzusetzen. Das Recht der Aufsicht über die neu zu errichtenden Ortsbehörden wird nach Artikel 121 Abs. 2 durch Königliche Verordnung zu regeln sein. Damit aber schon vor Erlaß der Königlichen Verordnung den bestehenden Mängeln abgeholfen werden kann, ertheilt der Artikel 119 dem Justizminister die Befugniß, die Aufsicht über die Ortsbehörden in Bezug auf die Geschäfte der freiwilligen Gerichtsbarkeit neu zu regeln. Von einer gesetzlichen Uebertragung der Dienstaufsicht auf die Amtsgerichte sieht der Entwurf ab, um die Möglichkeit zu wahren, die Ortsbehörden größerer Orte von der Dienstaufsicht der Amtsgerichte auszunehmen.

Artikel 120.

Der Artikel 120, demzufolge in dem Gebiete des vormaligen Kurfürstenthums Hessen nur die Amtsgerichte zuständig sind, auf Grund des §. 1960 des Bürgerlichen Gesetzbuchs für die Sicherung des Nachlasses zu sorgen, bezweckt lediglich eine Klarstellung des Rechtszustandes. Schon gegenwärtig wird angenommen, daß die Vorschriften der Kurhessischen Partikulargesetze, wonach die Greben und Bürgermeister zu Maßnahmen behufs Sicherung des Nachlasses verpflichtet waren,[1]) durch den §. 102 der Vormundschaftsordnung vom 5. Juli 1875 aufgehoben sind. Die Befugnisse, die den Ortsbehörden als Organen der Polizeigewalt zustehen, werden durch den Artikel 120 nicht berührt.

Artikel 121, 122.

Die Artikel 121 und 122 enthalten Vorschriften über die durch Königliche Verordnung zu errichtenden Ortsgerichte. Dabei unterscheidet der Entwurf zwischen den Ortsgerichten im Bezirke des vormaligen Justizsenats zu Ehrenbreitstein und den Ortsgerichten in dem übrigen Theile des Oberlandesgerichtsbezirkes Frankfurt. Auch die zum Bezirke des Amtsgerichts Frankfurt gehörigen vormals Kurhessischen Theile, in welchen gegenwärtig eine Mitwirkung der Ortsbehörden in Angelegenheiten der freiwilligen Gerichtsbarkeit nicht stattfindet, sind den Vorschriften über die Ortsgerichte mitunterstellt, auf der anderen Seite ist jedoch für den ganzen Oberlandesgerichtsbezirk bestimmt, daß für Orte, an denen oder in deren Nähe sich ein Amtsgericht befindet, die Zuständigkeit der bisherigen Ortsbehörden durch Königliche Verordnung aufgehoben werden kann, ohne daß diese Orte in die Bezirke der neuen Ortsgerichte einbezogen werden. Der Königlichen Verordnung bleibt auch die Entscheidung darüber vorbehalten, ob und inwieweit mehrere Gemeinden zu einem Ortsgerichtsbezirke zusammenzufassen sind.

Was den Bezirk des vormaligen Justizsenats zu Ehrenbreitstein betrifft, so ist, wie schon in den einleitenden Bemerkungen zum siebenten Abschnitte hervorgehoben ist, die Zuständigkeit der Ortsbehörden hier gegenwärtig eine engere als im vormaligen Herzogthume Nassau, den vormals Großherzoglich Hessischen Gebietstheilen u. s. w. Im Einzelnen ist Folgendes zu bemerken. Nach §. 10 des Gesetzes über das Grundbuchwesen in dem Bezirke des Justizsenats zu Ehrenbreitstein vom 30. Mai 1873 (Gesetz-Samml. S. 287) können Löschungen im Grundbuche, falls der Schuldner im Besitze der Schuldurkunde ist, auch auf Grund einer vom Bürgermeister oder Ortsvorsteher beglaubigten Quittung oder Löschungsbewilligung des Gläubigers erfolgen; die hiernach den Bürgermeistern oder Ortsvorstehern zustehende Beglaubigungsbefugniß bleibt nach dem Entwurf eines Ausführungsgesetzes zur Reichs-Grundbuchordnung bis zum Inkrafttreten der Königlichen Verordnung über die Errichtung der Ortsgerichte bestehen. In einem Theile des Justizsenats zu Ehrenbreitstein sind ferner für die Angelegenheiten der freiwilligen Gerichtsbarkeit

---

[1]) Vergl. Grebenordnung vom 6. November 1739 Artikel IX §. 1; Verordnung, betreffend die Gerichtsbarkeit in dem Großherzogthum Fulda, vom 28. Dezember 1816 (Gesetz-Samml. S. 148) §. 69.

noch besondere Behörden oder Beamte vorhanden; in den Kreisen Altenkirchen und Wetzlar bestehen kollegialische Feldgerichte, in den Bürgermeistereien Daaden, Gebhardshain und Kirchen sind Schöffen und in einzelnen anderen Orten des Landgerichtsbezirkes Neuwied Schultheißen und Schöffen zu Hülfsbeamten des Amtsgerichts bestellt. Alle diese Behörden oder Beamten sind — mit Abweichungen im Einzelnen — zuständig, im Auftrage des Gerichts Taxen und Inventuren vorzunehmen, Loos- und Theilzettel anzufertigen sowie Siegelungen und Versteigerungen auszuführen; auf den öffentlichen Verkauf von Grundstücken an den Meistbietenden erstreckt sich aber ihre Zuständigkeit nicht.[1]) Angesichts der Befugnisse, die der §. 14 des Ausführungsgesetzes zum Gerichtsverfassungsgesetze dem Justizminister einräumt, bedarf es an sich keiner neuen gesetzlichen Vorschriften über diese gerichtlichen Hülfsbeamten. Dennoch empfiehlt es sich, im Interesse der Rechtseinheit, auch für den Bezirk des Justizsenats zu Ehrenbreitstein die Möglichkeit zur Errichtung von Ortsgerichten zu geben; nur wird es mit Rücksicht auf die beschränktere Zuständigkeit der jetzigen Ortsbehörden zulässig bleiben müssen, im Bezirke des Justizsenats zu Ehrenbreitstein oder in Theilen dieses Bezirkes den Ortsgerichten eine beschränktere Zuständigkeit beizulegen als in den sonstigen Theilen des Oberlandesgerichtsbezirkes Frankfurt.

Artikel 123.

Nach Artikel 118 Abs. 2 sollen die Vorschriften über die Zuständigkeit der Ortsbehörden zur Aufnahme von Taxen einstweilen unberührt bleiben. Wenn indessen durch die Königliche Verordnung neue Ortsgerichte errichtet werden, so muß die Möglichkeit gegeben sein, diesen auch die Zuständigkeit zur Aufnahme von Taxen zu übertragen, da anderenfalls auch nach Einrichtung der neuen Ortsgerichte die bestehenden Ortsbehörden beibehalten werden müßten. Im Artikel 123 Abs. 1 Satz 1 ist deshalb bestimmt, daß den Ortsbehörden durch Königliche Verordnung die Zuständigkeit für die Aufnahme von Taxen beigelegt werden kann. Uebrigens bezieht sich diese Bestimmung nicht nur auf diejenigen Gebietstheile, in welchen gegenwärtig die Ortsbehörden mit der Aufnahme von Taxen befaßt sind, vielmehr ist die Ermächtigung auf diejenigen Gebietstheile ausgedehnt, in welchen (wie in den Hohenzollernschen Landen) bisher eine Mitwirkung der Ortsbehörden bei Schätzungen nicht stattfindet.

Auch abgesehen von den Taxen, liegen den jetzt zur Mitwirkung in den Angelegenheiten der freiwilligen Gerichtsbarkeit berufenen kollegialen Ortsbehörden zum Theil Geschäfte ob, die von den Bestimmungen des Entwurfes nicht berührt werden, insbesondere deshalb, weil sie im Sinne des Entwurfes nicht zu den Geschäften der freiwilligen Gerichtsbarkeit zu rechnen sind, nicht unter den Artikel 118 Abs. 1 fallen. Hierhin gehört beispielsweise die Pflicht der Feldgerichte zur Beaufsichtigung der Grenzen der Gemarkungen und Grund-

---

[1]) Vergl. die Verfügung des Justizministers vom 23. September 1879 (Just.-Min.-Bl. S. 385), vom 4. Oktober 1883 (Just.-Min.-Bl. S. 315) und die weiteren im Jahrbuche der Preußischen Gerichtsverfassung 1898 S. 109 Anm. 1 angeführten Verfügungen.

stücke, insbesondere die Sorge für das ordnungsmäßige Setzen von Grenzsteinen; weiterhin kommen in Betracht die Vorschriften der Nassauischen Feldfrevelordnung vom 19. Februar 1863 (Verordnungsblatt S. 103), nach welchen der Bürgermeister und das Feldgericht zu bestimmen haben, wann die Weinberge geschlossen werden sollen, u. dergl. m. (§§. 17, 19 a. a. O.). Da auch diese Geschäfte bei der neuen Organisation der Ortsbehörden Berücksichtigung finden müssen, so sieht der Entwurf im Artikel 123 Abs. 1 Satz 2 vor, daß den Amtsgerichten durch Königliche Verordnung solche von den Bestimmungen des Entwurfes nicht betroffene Angelegenheiten übertragen werden können, welche in dem einzelnen Rechtsgebiete den jetzt bestehenden Ortsbehörden obliegen.

Der Abs. 2 des Artikel 123 enthält eine besondere Vorschrift für solche Orte, die nach Artikel 121 Abs. 2 Satz 2 und nach Artikel 122 Abs. 2 Satz 3 in die Bezirke der neuen Ortsgerichte nicht einbezogen werden; hier sollen die den Ortsbehörden obliegenden, von dem Entwurfe nicht berührten Geschäfte durch Königliche Verordnung in anderer Weise als im Wege der Uebertragung auf Ortsgerichte neu geregelt werden können.

Der Artikel 123 Abs. 3 des Entwurfes erklärt es für zulässig, daß mit den Ortsgerichten unter Zustimmung des Kommunallandtags, im Bezirke des Justizsenats zu Ehrenbreitstein unter Zustimmung des Provinziallandtags, durch Königliche Verordnung das Amt des Gemeindewaisenraths und des Schiedsmanns verbunden wird. Der Wirkungskreis, den die Ortsgerichte nach den Vorschriften des Entwurfes erhalten werden, macht sie besonders geeignet, die Interessen der Mündel auf dem Lande wahrzunehmen; ebenso werden die Mitglieder des Ortsgerichts bei der Vertrauensstellung, die sie genießen, das Amt eines Schiedsmanns mit gutem Erfolge versehen können. Dazu kommt, daß die Ortsgerichte durch die Zuweisung der Geschäfte des Gemeindewaisenraths und des Schiedsmanns in erhöhtem Maße lebensfähig gemacht werden.

Artikel 124.

Der Artikel 124 handelt von den beeidigten Auktionatoren in Ostfriesland und Harlingerland sowie im Regierungsbezirk Osnabrück.

In Ostfriesland ist das Versteigerungswesen in hohem Maße ausgebildet, und schon seit langer Zeit haben dort für die Ausmiener oder Auktionatoren besondere gesetzliche Vorschriften bestanden. Gegenwärtig ist maßgebend die Versteigerungsordnung für Ostfriesland und Harlingerland vom 16. Dezember 1834 (Hann. Gesetz-Samml. Abth. III S. 245), die jedoch durch spätere Gesetze, insbesondere durch die Hannoverschen Gesetze vom 10. Januar 1840, 26. Juli 1841 und 27. September 1842 (Gesetz-Samml. 1840 Abth. III S. 51, 1841 Abth. III S. 79, 1842 Abth. III S. 115), durch das Preußische Gesetz vom 24. März 1897 (Gesetz-Samml. S. 103) sowie durch die Gewerbeordnung und die Civilprozeßordnung in manchen Beziehungen abgeändert worden ist. Die auf Grund der Versteigerungsordnung angestellten Auktionatoren sind befugt, bewegliche und unbewegliche Sachen öffentlich zu versteigern, d. h., wie die Versteigerungsordnung ausdrücklich hervorhebt, sie an den Meistbietenden zu verkaufen, zu verpachten oder zu vermiethen. Sie werden auf „gesetzmäßige Wahrnehmung ihres Amtes und auf getreue Führung ihrer Versteigerungsprotokolle und Bücher beeidigt", haben eine Kaution zu leisten und müssen sich, wenn sie sich mit der Versteigerung unbeweglichen Eigenthums befassen wollen, einer Prüfung in Bezug auf die erforderlichen Rechtskenntnisse unterziehen. Sie standen bis zu dem Gesetze vom 24. März 1897 unter der Aufsicht der Gerichte, während jetzt die Ortspolizeibehörde die Aufsicht führt. Früher waren die auf Grund der Versteigerungsordnung angestellten Auktionatoren neben den Gerichten und den Notaren grundsätzlich ausschließlich berechtigt, Versteigerungen für andere vorzunehmen; diese ausschließliche Befugniß steht ihnen gegenwärtig nicht mehr zu, doch ist sie ihnen thatsächlich in Ansehung des Verkaufes von Grundstücken auf Grund der Vorschrift des §. 35 der Gewerbeordnung, wonach zur gewerbsmäßigen Versteigerung von Grundstücken eine Autorisation erforderlich ist, erhalten geblieben. Da die Ostfriesischen Auktionatoren, wenngleich sie einen beamtenähnlichen Karakter haben, gegenwärtig nicht als Beamte anzusehen sind, so würden sie, falls ihre Stellung keine neue Regelung erführe, den Voraussetzungen des Artikel 142 des Einführungsgesetzes zum Bürgerlichen Gesetzbuche nicht genügen, die von ihnen über den Verkauf von unbeweglichen Sachen den Meistbietenden aufgenommenen Protokolle mithin keine für die Parteien irgendwie verbindliche Kraft haben (B.G.B. §. 313). Demgegenüber ist, damit der im Artikel 142 des Einführungsgesetzes gegenüber dem §. 313 des Bürgerlichen Gesetzbuchs gemachte Vorbehalt zur Anwendung kommen kann, im Artikel 124 des Entwurfes bestimmt, daß in Ostfriesland und Harlingerland zur Vornahme und Beurkundung öffentlicher Versteigerungen Auktionatoren mit Beamteneigenschaft angestellt werden können. Nach dem Wegfalle der Befugniß zur Vornahme und Beurkundung von Grundstücksverkäufen an den Meistbietenden würde das Institut der Ostfriesischen Auktionatoren kaum noch lebensfähig sein, die Beseitigung dieser alten Einrichtung aber bei der Bedeutung, die dem Auktionswesen in Ostfriesland zukommt, von der dortigen Bevölkerung als eine große Härte empfunden werden. Die beeidigten Auktionatoren erfreuen sich bei der Ostfriesischen Bevölkerung eines hohen Vertrauens und haben sich bisher im Allgemeinen durchaus bewährt. Sie besitzen meist große Geschäftsgewandtheit und Erfahrung, auch ist durch die vorgeschriebene Prüfung dafür gesorgt, daß es ihnen an der erforderlichen Rechtskenntniß nicht fehlt. Da ihnen die thatsächlichen Verhältnisse in der Regel genau bekannt sind und sie, falls sie nicht von dem Auftraggeber ausdrücklich davon entbunden werden, persönlich für den Eingang der Versteigerungsgelder haften, so kann durch ihre Mitwirkung die Gewährung eines Personalkredits in Fällen ermöglicht werden, in denen ohne ihre Mitwirkung eine dingliche Sicherheit erforderlich sein würde. Dazu kommt, daß der Entwurf für den Oberlandesgerichtsbezirk Frankfurt und für die vormals Großherzoglich Hessischen Gebietstheile des Oberlandesgerichtsbezirkes Cassel im Artikel 112 gleichfalls eine Ausnahme von dem §. 313 des Bürgerlichen Gesetzbuchs zugelassen hat und daß noch im Jahre 1897 die Aufsicht über die Ostfriesischen Auktionatoren durch ein neues Gesetz geregelt worden ist.

Daß die Ostfriesischen Auktionatoren in allen einzelnen Beziehungen den für die sonstigen Beamten geltenden Bestimmungen unterworfen werden, ist zur Erfüllung der Voraussetzungen des mehrgenannten Artikel 142 nicht erforderlich. Die nähere Regelung ihrer Stellung wird indessen nicht in dem vorliegendem Gesetze zu erfolgen haben, sondern, da die in dieser Beziehung zu erlassenden Bestimmungen kein allgemeines Interesse haben, einer Anordnung der zuständigen Minister vorzubehalten sein. In derselben Weise sind dann weiterhin die den Auktionatoren zustehenden Gebühren und das von ihnen zu beobachtende Verfahren zu regeln. Der Artikel 125 Abs. 2 enthält eine dahingehende Ermächtigung. Da die Bestimmungen der Versteigerungsordnung vom 16. Dezember 1834 zum Theil schon jetzt außer Geltung sind und mit dem Inkrafttreten des Bürgerlichen Gesetzbuchs ihren Zusammenhang noch mehr verlieren werden, so erscheint es wünschenswerth, daß die Versteigerungsordnung mit den ergänzenden und abändernden Gesetzen gänzlich aufgehoben wird (Entw. Art. 141 Nr. 9) und an ihrer Stelle auf Grund des Artikel 125 Abs. 2 neue Vorschriften erlassen werden. Dabei wird namentlich auch zu prüfen sein, ob es nicht mit Rücksicht auf den Artikel 55 des Einführungsgesetzes zum Bürgerlichen Gesetzbuch erforderlich ist, die Bestimmungen über die gesetzliche Haftung der Auktionatoren für die Versteigerungsgelder durch eine Anordnung zu ersetzen, welche ihnen die Verpflichtung auferlegt, diese Haftung zu übernehmen.

Eine mit der Ostfriesischen Versteigerungsordnung im Allgemeinen übereinstimmende Regelung des Auktionatorenwesens besteht in dem Regierungsbezirk Osnabrück (Versteigerungsordnung für den Landdrosteibezirk Osnabrück vom 14. Juli 1838, Hannov. Gesetz-Samml. Abth. III S. 149). Eine wichtigere Abweichung von der Ostfriesischen Versteigerungsordnung liegt darin, daß die gesetzliche Haftung des Auktionators für die Versteigerungsgelder nur bei der Versteigerung beweglicher Sachen Platz greift. Auch hat das Institut der beeidigten Auktionatoren im Regierungsbezirk Osnabrück nicht dieselbe Bedeutung wie in Ostfriesland. Wenn indessen für Ostfriesland neue Bestimmungen getroffen werden, wird das Gleiche auch für den Landdrosteibezirk Osnabrück geschehen müssen (Entw. Art. 124, Art. 125 Abs. 2, Art. 141 Nr. 10).

Artikel 125.

Aus Artikel 123 ergiebt sich, daß bei der neuen Regelung der Zuständigkeit für die dort bezeichneten Angelegenheiten durch Königliche Verordnung auch neue Vorschriften über das Verfahren getroffen werden können. In Bezug auf die Angelegenheiten der freiwilligen Gerichtsbarkeit wird aber weiterhin dem Justizminister die Befugniß einzuräumen sein, über das von den Ortsbehörden zu beobachtende Verfahren allgemeine Bestimmungen zu treffen. Der Artikel 125 Abs. 1 enthält eine dahingehende Ermächtigung (vergl. auch Preuß. Gerichtskostengesetz vom 25. Juni 1895, Gesetz-Samml. S. 203, §. 125). Eine ausdrückliche Vorschrift empfiehlt sich deshalb, weil das geltende Partikularrecht einzelne gesetzliche Vorschriften über das Verfahren enthält und die Möglichkeit gegeben sein muß, diese älteren gesetzlichen Vorschriften bei der neuen Regelung des Verfahrens aufzuheben.

Wegen des Artikel 125 Abs. 2 ist auf die Bemerkungen zum Artikel 124 zu verweisen.

Achter Abschnitt.

Schlußbestimmungen.

Artikel 126.

Die Allgemeine Gerichtsordnung und der code de procédure schreiben in ausführlicher Weise vor, wie bei der Siegelung und Entsiegelung eines Nachlasses und bei der Aufnahme eines Nachlaßinventars zu verfahren ist (A.G.O. II 5 §§. 22, 24 bis 42, 45 bis 56; code de procédure Art. 907 bis 944). Von gesetzlichen Vorschriften hierüber kann indessen, entsprechend dem Rechtszustand in den gemeinrechtlichen Gebietstheilen, abgesehen werden. Denn soweit es überhaupt möglich und zweckmäßig ist, allgemeine Grundsätze über das Verfahren bei der amtlichen Nachlaßsicherung und bei der Aufnahme eines Inventars aufzustellen, werden die betreffenden Vorschriften am besten im Verwaltungswege, insbesondere im Wege einer Dienstanweisung für die Gerichtsvollzieher und die Gerichtsschreiber, erlassen. Der Entwurf ertheilt deshalb, indem er die Vorschriften der Allgemeinen Gerichtsordnung und des code de procédure aufhebt (Art. 141 Nr. 1, 2), dem Justizminister ausdrücklich die Ermächtigung, über das Verfahren bei der Sicherung eines Nachlasses und bei der Aufnahme eines Nachlaßinventars Bestimmungen zu treffen. Eine gleiche Ermächtigung giebt der Entwurf dem Justizminister für das Verfahren bei der Aufnahme sonstiger Vermögensverzeichnisse (vergl. A.G.O. II 5 §. 53) sowie für das Verfahren bei einer Siegelung, die nicht behufs der Sicherung eines Nachlasses, sondern aus einem anderen Anlaß, insbesondere im Falle der Konkurseröffnung (K.O. §. 122), erfolgt.

Artikel 127.

Nach §. 3 Abs. 1 des Gesetzes, betreffend die Befugniß der Auditeure zur Aufnahme von Akten der freiwilligen Gerichtsbarkeit u. s. w., vom 8. Juni 1860 (Gesetz-Samml. S. 240) in der Fassung des §. 111 des Ausführungsgesetzes zum Gerichtsverfassungsgesetze haben die Auditeure von Truppentheilen, die sich im Auslande befinden oder nach der Mobilmachung ihr Standquartier verlassen haben, die von ihnen aufgenommenen Urkunden dem Amtsgerichte zu übersenden, in dessen Bezirke der Truppentheil sein Standquartier hat; nach §. 11 Satz 1 desselben Gesetzes sollen ferner privilegirte militärische Testamente bei dem ordentlichen persönlichen Gerichte des Testators zur Aufbewahrung und weiteren Veranlassung eingereicht werden. Beide Bestimmungen erleiden gegenwärtig eine Ausnahme mit Rücksicht auf die beschränkte Zuständigkeit, welche den Rheinischen Gerichten auf dem Gebiete der nicht streitigen Rechtspflege zukommt. Liegt das Standquartier des Truppentheils im Bezirke des Oberlandesgerichts zu Cöln, so wird die von dem Auditeur aufgenommene Verhandlung nicht dem im §. 3 Abs. 1 bezeichneten Gerichte, sondern dem Amtsgericht in Wesel übersandt (§. 3 Abs. 2 a. a. O., §. 111 des Ausf.Ges. z. G.V.G.); andererseits werden die privilegirten Testamente von Militärpersonen, die ihren allgemeinen Gerichtsstand im Gebiete des Rheinischen Rechtes haben, nicht bei Gericht, sondern nach Maßgabe der für holographische Testamente geltenden Vorschriften bei einem Notar hinterlegt (§. 11 Satz 2 a. a. O.; vergl. code civil Art. 1007, Ausf.Ges. z. G.V.G. in der Fassung des Gesetzes vom 16. Mai 1887, Gesetz-Samml. S. 135, §. 28 Nr. 2). Da künftig die Rheinischen Amtsgerichte in Bezug auf die Zuständigkeit zur Aufnahme und Aufbewahrung von Urkunden den Amtsgerichten der übrigen Landestheile gleichstehen sollen (Entw. Art. 31; Ausf. Ges. z. B.G.B. Art. 79), so können die bezeichneten Ausnahmevorschriften nicht weiter aufrecht erhalten werden. Im Artikel 127 ist deshalb ihre Aufhebung ausgesprochen.

Artikel 128.

Der Artikel 128 des Entwurfes enthält die Abänderungen, welche das Ausführungsgesetz zum Gerichtsverfassungsgesetze vom 24. April 1878 (Gesetz-Samml. S. 230) erleidet. Unter Nr. I sind zunächst einige Vorschriften zusammengefaßt, die gestrichen werden können; hieran schließen sich unter Nr. II bis XI die sonstigen Aenderungen an.

Nach §. 25 des Ausführungsgesetzes sind die Amtsgerichte zuständig für die auf die Führung der Handelsregister, der Genossenschaftsregister, der Musterregister und der Schiffsregister bezüglichen Geschäfte, ferner für diejenigen von den Deutschen Prozeßordnungen nicht betroffenen Angelegenheiten, welche in dem Handelsgesetzbuch und in den dazu gehörigen Einführungsgesetzen, sowie in dem Genossenschaftsgesetze den Gerichten zugewiesen sind. Dieser Paragraph wird künftig entbehrlich (vergl. R.Ges. §§. 125, 145; Genossenschaftsgesetz §. 10, Abs. 2; Gesetz, betreffend das Urheberrecht an Mustern und Modellen, vom 11. Januar 1876, Reichs-Gesetzbl. S. 11, §. 9 Abs. 1; Binnenschiffahrtsgesetz §. 120 Abs. 1 und bezüglich des Registers für Seeschiffe s. oben). Die in Betracht kommenden Vorschriften der Einführungsgesetze zum Handelsgesetzbuche beziehen sich theils auf die Beeidigung und Bestrafung der amtlichen Handelsmäkler, sowie auf die Beglaubigung und Aufbewahrung ihrer Tagebücher, theils auf die Veröffentlichung der von Kaufleuten abgeschlossenen Eheverträge, theils auf das Dispacheverfahren (s. Einführungsgesetz für Preußen vom 24. Juni 1861 Art. 9, 40 ff., 57, für Nassau vom 2. Oktober 1861 §§. 5, 6, für Kurhessen vom 3. Mai 1865 §. 11, für Schleswig-Holstein vom 5. Juli 1867 Art. 28, 71). Das Institut der amtlichen Handelsmäkler ist aber durch das neue Handelsgesetzbuch beseitigt und für die Kursmäkler und die zu öffentlichen Verkäufen und Käufen ermächtigten Handelsmäkler, die in gewissem Umfange die amtlichen Handelsmäkler ersetzen, sind die erforderlichen Bestimmungen schon anderweit getroffen (vergl. Börsengesetz vom 22. Juni 1896, Reichs-Gesetzbl. S. 157, §§. 30, 32; Bestimmungen des Ministers für Handel und Gewerbe über die Bestellung und Entlassung der Kursmäkler, vom 14. November 1896, Deutscher Reichsanzeiger Nr. 275; Ausf. Ges. zum B.G.B. Art. 13). Die Veröffentlichung der Eheverträge richtet sich künftig nach den §§. 1558 ff. des Bürgerlichen Gesetzbuchs und dem Artikel 4 des Einführungsgesetzes zum Handelsgesetzbuche vom 10. Mai 1897. Ebenso ist die Zuständigkeit für das Dispacheverfahren durch den §. 149 des Reichsgesetzes über die Angelegenheiten der freiwilligen Gerichtsbarkeit geregelt.

Der §. 28 des Ausführungsgesetzes wahrt die Beschränkungen, denen die sachliche Zuständigkeit der Rheinischen Amtsgerichte auf dem Gebiete der freiwilligen Gerichtsbarkeit unterliegt, und enthält daneben Zuständigkeitsnormen für einzelne den Gerichten durch das Rheinische Recht zugewiesene Geschäfte. Der Entwurf sieht die Streichung dieses Paragraphen vor, weil die Gerichte im Bezirke des Oberlandesgerichts zu Cöln künftig keine Ausnahmestellung mehr einnehmen sollen und die im §. 28 angeführten rheinisch-rechtlichen Vorschriften mit der Einführung des neuen Rechtes außer Kraft treten. Einer besonderen Regelung bedarf im Geltungsbereiche des Rheinischen Rechtes nur die Zuständigkeit für die Geschäfte, die den Gerichten in Ansehung der bis zum 1. Januar 1876 geführten Standesregister obliegen; hierüber ist im Artikel 131 des Entwurfes das Erforderliche bestimmt.

Der im §. 28 in Bezug genommene §. 26 des Ausführungsgesetzes muß aufrecht erhalten bleiben, da er durch die reichsgesetzlichen Vorschriften über die freiwillige Gerichtsbarkeit und durch die Bestimmungen des Entwurfes nicht entbehrlich wird. Aus ihm ergiebt sich insbesondere die Zuständigkeit der Amtsgerichte für die Aufnahme von Taxen (A.G.O. II 6); ebenso ergiebt sich aus §. 26, daß die Amtsgerichte für die Entgegennahme von Erklärungen über den Austritt aus der Kirche oder aus einer Synagogengemeinde zuständig sind und daß nicht den Landgerichten, sondern den Amtsgerichten die Aufbewahrung der alten Kirchenbücher und Civilstandsregister sowie die Ertheilung von Attesten aus denselben obliegt (vergl. Gesetz vom 14. Mai 1873, Gesetz-Samml. S. 207, §. 1; Gesetz vom 28. Juli 1876, Gesetz-Samml. S. 353, §. 1; A.L.R. II 11 §§. 501, 503, 504; Verordnung, betreffend die Geburten, Heirathen und Sterbefälle, deren bürgerliche Beglaubigung durch die Amtsgerichte erfolgen muß, vom 30. März 1847, Gesetz.-Samml. S. 125; Gesetz über die Verhältnisse der Juden vom 23. Juli 1847, Gesetz-Samml. S. 263, §§. 8 ff.; Allgemeine Verfügung des Justizministers, die Aufbewahrung der Duplikate der Kirchenbücher betreffend, vom 25. März 1850, Just.-Min.-Bl. S. 103; Personenstandsgesetz vom 9. März 1874, Gesetz-Samml. S. 95; Reichs.-Ges. vom 6. Februar 1875, Reichs-Gesetzbl. S. 23, §. 73).

Der §. 30 des Ausführungsgesetzes, der den Justizminister ermächtigt, die Führung der Schiffsregister sowie der Handels-, Genossenschafts- und Musterregister für die Bezirke mehrerer Amtsgerichte einem von ihnen zu übertragen, wird durch reichsgesetzliche Bestimmungen ersetzt (vergl. R.Ges. §. 125 Abs. 2, Genossenschaftsgesetz §. 10 Abs. 2, Musterschutzgesetz §. 9 Abs. 1, Binnenschiffahrtsgesetz §. 120 Abs. 2 und bezüglich des Registers für Seeschiffe oben S. 7).

Zum Ersatze der auf die Grundbuchführung bezüglichen Vorschriften des §. 31 des Ausführungsgesetzes zum Gerichtsverfassungsgesetz ist in dem Entwurf eines Ausführungsgesetzes zur Grundbuchordnung das Erforderliche bestimmt. Der §. 31 kann daher wegfallen. Ebenso können, wie sich aus der Begründung des Entwurfes eines Ausführungsgesetzes zur Grundbuchordnung ergiebt, die Bestimmungen des §. 32 über das Liegenschaftsrecht in der Provinz Schleswig-Holstein gestrichen werden.

Der §. 40 und die §§. 51 bis 56 des Ausführungsgesetzes zum Gerichtsverfassungsgesetze werden durch die Rechtsmittelvorschriften der Reichs-Grundbuchordnung (§§. 71 ff.), des Reichsgesetzes über die Angelegenheiten der freiwilligen Gerichtsbarkeit (§§. 19 ff.) und des vorliegenden Entwurfes (Art. 3 ff.) entbehrlich.

Durch reichsgesetzliche Vorschriften ist auch der Grundsatz des §. 69 Abs. 1 des Ausführungsgesetzes ersetzt, wonach die zur Eintragung in das Handelsregister, das Genossenschaftsregister oder das Musterregister vor dem Amtsgerichte zu erklärenden Anmeldungen vor dem Gerichtsschreiber erfolgen können (s. R. Ges. vom 17. Mai 1898 §§. 127, 147; Musterschutzgesetz vom 11. Januar 1876 §. 9 Abs. 1, Abs. 3 Satz 3; Bekanntmachung des Reichskanzlers über die Führung des Musterregisters vom 29. Februar 1876, Reichs-Centralblatt S. 123, §§. 1, 5). Der Abs. 2 des §. 69 ist gleichfalls zu streichen, da er Vorschriften des Rheinischen ehelichen Güterrechts und Erbrechts zum Gegenstande hat, die mit dem Inkrafttreten des Bürgerlichen Gesetzbuchs ihre Geltung verlieren. Ebenso müssen die Bestimmungen des §. 70 Abs. 2 und des §. 74 Abs. 2, die sich auf Siegelungen und Entsiegelungen sowie auf die Aufnahme von Vermögensverzeichnissen im Geltungsbereiche des Rheinischen Rechtes beziehen, in Wegfall kommen (vergl. code civil Art. 914 Nr. 9, Art. 935, 943, 944, B.G.B. §§. 2001 ff., Entw. Art. 31, 38).

Auch der §. 75, der für den Bezirk des Oberlandesgerichts zu Cöln die den Gerichtsvollziehern in anderen Gesetzen beigelegte Zuständigkeit zur Vermeidung von Zweifeln ausdrücklich aufrecht erhält, kann gestrichen werden, da die Vorschriften des code civil über das Zahlungsanerbieten, über den Einspruch gegen eine Ehe und über die gegen einen Hypothekenbewahrer im Falle der Verweigerung oder Verzögerung seiner Dienste aufzunehmende Urkunde außer Kraft treten (vergl. code civil Art. 66, 172, 176, 1258, 2199). Daß für die Mitwirkung des Gerichtsvollziehers in den nach dem Gesetze vom 19. Mai 1851 (Gesetz-Samml. S. 383) zu behandelnden Gemeinheitstheilungen die bisherigen Vorschriften maßgebend bleiben (vergl. §. 47 des angeführten Gesetzes), ergiebt sich aus dem §. 30 des Ausführungsgesetzes zur Civilprozeßordnung vom 24. März 1879 (Gesetz-Samml. S. 281), welcher in dem Entwurf eines Gesetzes zur Ausführung des Reichsgesetzes, betreffend Aenderungen der Civilprozeßordnung, vom 17. Mai 1898 in veränderter Fassung aufrecht erhalten bleibt.

Der §. 106 des Ausführungsgesetzes zum Gerichtsverfassungsgesetze fällt schon unter die allgemeine Klausel des §. 35 des Stempelsteuergesetzes vom 31. Juli 1895 (Gesetz-Samml. S. 413), wonach vom 1. April 1896 an alle auf die Stempelsteuer bezüglichen Gesetzesvorschriften aufgehoben sind, soweit sie nicht in dem Stempelsteuergesetze selbst oder in dem dazu gehörigen Tarif aufrecht erhalten werden. Der besseren Uebersichtlichkeit wegen erscheint es indessen angezeigt, in dem vorliegenden Entwurfe den §. 106 zugleich mit den §§. 107 bis 109 ausdrücklich als wegfallend zu bezeichnen. Seinem positiven

Inhalte nach ist der Abs. 1 des §. 106 durch den §. 30, der Abs. 2 durch den §. 19 des Stempelsteuergesetzes ersetzt.

Der §. 84 des Personenstandsgesetzes vom 6. Februar 1875 bestimmt, daß von der Zentralbehörde des Bundesstaats bekannt gemacht wird, welche Behörden in jedem Bundesstaat unter der Bezeichnung „höhere Verwaltungsbehörde, untere Verwaltungsbehörde, Gemeindebehörde, Gemeindevorstand, Gericht erster Instanz“ zu verstehen sind. Die hiernach der Landeszentralbehörde zustehenden Befugnisse hält der §. 107 Abs. 1 des Ausführungsgesetzes zum Gerichtsverfassungsgesetz ausdrücklich aufrecht. Nach dem Entwurfe soll dieser Vorbehalt des Ausführungsgesetzes gestrichen werden, weil er durch das Reichsgesetz über die Angelegenheiten der freiwilligen Gerichtsbarkeit gegenstandslos geworden ist. Der §. 107 Abs. 1 hat schon gegenwärtig eine Bedeutung nur insofern, als es sich um die Bestimmung des Gerichts erster Instanz handelt; denn weil das Ausführungsgesetz zum Gerichtsverfassungsgesetze nur die Organisation der Gerichte regelt, so kann durch seine Vorschriften die Befugniß, die der §. 84 des Personenstandsgesetzes den Landeszentralbehörden hinsichtlich der Bestimmung der zuständigen Verwaltungsbehörden einräumt, selbstverständlich nicht eingeschränkt sein. Ueber die Zuständigkeit für die den Gerichten im Personenstandsgesetze zugewiesenen Geschäfte ist jedoch nunmehr eine neue reichsgesetzliche Vorschrift getroffen (Ges. vom 17. Mai 1898 §. 69) und in Folge dieser Vorschrift kommt dem §. 84 des Personenstandsgesetzes in Ansehung der Zuständigkeit der Gerichte nur noch insofern eine Bedeutung zu, als es sich um die örtliche Zuständigkeit für die Aufbewahrung der Nebenregister handelt (§. 14 des Personenstandsgesetzes und Bekanntmachung der Minister des Innern und der Justiz vom 1. Juli 1879, Just.-Min.-Bl. S. 154, lit. b). Das Ausführungsgesetz zum Gerichtsverfassungsgesetz enthält aber keine Bestimmungen über die örtliche Zuständigkeit, durch welche die nach §. 84 der Landeszentralbehörde zustehende Befugniß ausgeschlossen würde; insbesondere bezieht sich der §. 20 des Ausführungsgesetzes, welcher über die Bestellung eines gemeinschaftlichen Gerichtsstandes eine andere Regel aufstellt als die Bekanntmachung vom 1. Juli 1879, weder in seiner bisherigen noch in seiner neuen Fassung auf die Standesregistersachen, da die Geschäfte, welche den Gerichten in diesen Angelegenheiten obliegen, ihnen weder durch das Ausführungsgesetz zum Gerichtsverfassungsgesetz noch durch ein sonstiges Landesgesetz, sondern durch das Reichsgesetz vom 6. Februar 1875 übertragen sind. Daß die Ermächtigung, welche der §. 197 des Gesetzes vom 17. Mai 1898 hinsichtlich der sachlichen Zuständigkeit für die Aufbewahrung der Nebenregister der Landesjustizverwaltung ertheilt, durch die gesetzlichen Zuständigkeitsnormen des Ausführungsgesetzes zum Gerichtsverfassungsgesetze nicht beschränkt wird, kann schon deshalb keinem Zweifel unterliegen, weil sie jünger ist als jene Zuständigkeitsnormen.

Der Abs. 2 des §. 107, der für den Bezirk des Appellationsgerichts zu Frankfurt a. M. den Gerichten die Aufsicht über die Amtsführung des Standesbeamten entzieht, ist neben der allgemeinen Vorschrift im §. 154 Abs. 1 des Zuständigkeitsgesetzes vom 1. August 1883 (Gesetz-Samml. S. 237) entbehrlich.

Wegen der Streichung des §. 108 des Ausführungsgesetzes ist auf den Artikel 87 des Entwurfes und das oben Bemerkte zu verweisen.

Der §. 109, der für den Bezirk des Appellationsgerichts zu Frankfurt a. M. die Mitwirkung der Wechselnotare bei der Führung des Handelsregisters, des Genossenschaftsregisters und des Musterregisters aufhebt, hat neben den reichsgesetzlichen Vorschriften über die Registerführung keine Bedeutung mehr. Da die in Frage stehende Zuständigkeit der Wechselnotare auf dem Frankfurter Einführungsgesetze zum Handelsgesetze vom 17. Oktober 1862 beruht, so wird der §. 109 auch formell gegenstandslos, wenn, wie beabsichtigt ist, durch das Ausführungsgesetz zum neuen Handelsgesetzbuch alle in Preußen gegenwärtig geltenden Einführungsgesetze zum Allgemeinen Deutschen Handelsgesetzbuch ausdrücklich aufgehoben werden. Unter diesen Umständen erscheint es angezeigt, mit den §§. 106 bis 108 zugleich den §. 109 zu streichen.

Nach §. 2 des Ausführungsgesetzes zum Gerichtsverfassungsgesetze können Referendare, die im Vorbereitungsdienste seit mindestens zwei Jahren beschäftigt sind, im Falle des Bedürfnisses durch die Justizverwaltung mit der zeitweiligen Wahrnehmung richterlicher Geschäfte bei den Amtsgerichten beauftragt werden; auch kann ihnen der Amtsrichter, dem sie zur Ausbildung überwiesen sind, die Erledigung einzelner richterlicher Geschäfte übertragen. Zur Urtheilsfällung, zur Aufnahme letztwilliger Verfügungen sowie zu gewissen anderen Geschäften sind aber die Referendare nach dem Abs. 3 des §. 2 nicht befähigt. Ob im Sinne dieser Vorschrift zu den letztwilligen Verfügungen auf die Erbverträge zu rechnen sind, kann nach dem bisherigen Sprachgebrauche zweifelhaft erscheinen. Das Bürgerliche Gesetzbuch versteht unter einer letztwilligen Verfügung immer nur die einseitige Verfügung von Todeswegen, das Testament (vergl. §§. 1937, 2278). Mit Rücksicht hierauf sieht der Entwurf, da es sachlich für angemessen zu erachten ist, daß Testamente und Erbverträge, für deren öffentliche Beurkundung nach dem Bürgerlichen Gesetzbuche (§. 2276 Abs. 1 Satz 2) dieselben Formen gelten, auch in der hier fraglichen Beziehung einander gleichstehen, eine Aenderung der Fassung des §. 2 Abs. 3 vor; es soll statt „letztwillige Verfügungen" künftig „Verfügungen von Todeswegen" heißen (Art. 128 Nr. II). Des Weiteren entzieht der Entwurf, weil in Eheverträgen häufig vertragsmäßige Bestimmungen von Todeswegen enthalten sind und die Beurkundung von Eheverträgen eine größere Erfahrung voraussetzt, den Referendaren auch die Befugniß zur Aufnahme solcher Verträge.

Der §. 20 des Ausführungsgesetzes lautet in seiner bisherigen Fassung:

In den durch dieses Gesetz den ordentlichen Gerichten übertragenen Angelegenheiten erfolgt die Bestimmung des örtlich zuständigen Gerichts durch das Oberlandesgericht:

1. wenn das an sich zuständige Gericht in einem einzelnen Falle an der Ausübung des Richteramts rechtlich oder thatsächlich verhindert ist;
2. wenn Streit oder Ungewißheit über die örtliche Zuständigkeit mehrerer Gerichte obwaltet;
3. wenn nach den bestehenden Vorschriften ein gemeinschaftlicher Gerichtsstand zu bestellen ist.

In den Fällen der Nr. 2, 3 erfolgt die Bestimmung durch den Justizminister, wenn die mehreren Gerichte den Bezirken verschiedener Oberlandesgerichte angehören oder wenn es sich um Angelegenheiten handelt, für welches die Oberlandesgerichte in erster Instanz zuständig sind.

Diese Vorschriften sollen nach dem Entwurf in einzelnen Beziehungen Abänderungen erleiden.

Zunächst hat sich die Beschränkung der Vorschriften des §. 20 auf die „durch dieses Gesetz" den ordentlichen Gerichten zugewiesenen Angelegenheiten als unzweckmäßig erwiesen, da sie dazu nöthigt, die Vorschriften jedesmal ausdrücklich für anwendbar zu erklären, wenn sie für die durch ein späteres Gesetz den Gerichten übertragenen Angelegenheiten Gültigkeit erlangen sollen (vergl. Hinterlegungsordnung vom 14. März 1879, Gesetz-Samml. S. 249, §. 90; Preuß. Gerichtskostengesetz vom 25. Juni 1895, Gesetz-Samml. S. 203, §. 28). Der Entwurf läßt deshalb die Bestimmungen des §. 20 in allen „durch Landesgesetz" den ordentlichen Gerichten übertragenen Angelegenheiten Platz greifen, „soweit nicht die Vorschriften der Deutschen Prozeßordnungen Anwendung finden" (vergl. wegen dieses Vorbehalts Gesetz, betreffend die Rheinschiffahrtsgerichte, vom 8. März 1879, Gesetz-Samml. S. 129, §§. 1, 7; Gesetz, betreffend die Elbzollgerichte, vom 9. März 1879, Gesetz-Samml. S. 132, §§. 1, 5).

Die übrigen Aenderungen, die der §. 20 erfahren soll, sind durch die Bestimmungen des Gesetzes über die freiwillige Gerichtsbarkeit vom 17. Mai 1898 veranlaßt. Nach den §§. 1, 5 dieses Gesetzes hat in den durch Reichsgesetz den Gerichten übertragenen Angelegenheiten der nicht streitigen Rechtspflege, falls Streit oder Ungewißheit darüber besteht, welches von mehreren Gerichten örtlich zuständig ist, das gemeinschaftliche obere Gericht über die Zuständigkeit zu entscheiden; die Bestimmung des zuständigen Gerichts erfolgt daher, wenn es sich um einen Streit zwischen Amtsgerichten handelt, die in demselben Landgerichtsbezirke liegen, nicht, wie nach §. 20 des Ausführungsgesetzes zum Gerichtsverfassungsgesetze, durch das Oberlandesgericht, sondern, entsprechend dem §. 36 der Civilprozeßordnung, durch das Landgericht. Ebenso wird nach §. 5 des Reichsgesetzes, wenn das zuständige Gericht in einem einzelnen Falle an der Ausübung des Richteramts rechtlich oder thatsächlich verhindert ist, nicht von dem Oberlandesgerichte, sondern von dem zunächst höheren Gerichte das zuständige Gericht bestimmt. Da kein Grund vorliegt, in diesen Beziehungen von dem Reichsrecht abzuweichen, so sind im Art. 128 Nr. III die bisherigen Nummern 1 und 2 des §. 20 in entsprechender Weise abgeändert. Zugleich ist die Nummer 1 dahin ergänzt, daß bei rechtlicher oder thatsächlicher Verhinderung des zuständigen Gerichts in Ermangelung eines höheren Gerichts die Bestimmung des örtlich zuständigen Gerichts durch den Justizminister erfolgt. Ueber die Zuständigkeit zur Bestellung eines gemeinschaftlichen Gerichtsstandes (§. 20 Nr. 3) enthält der §. 5 des Reichsgesetzes keine Bestimmung. Bei Grundstücken, die in den Bezirken verschiedener Gerichte liegen, ist indessen in vielen Fällen die Bestellung eines gemeinschaftlichen Gerichtsstandes nicht entbehrlich und der Entwurf behält deshalb die Vorschrift des §. 20 Nr. 3 bei, jedoch mit der Maßgabe, daß er die Bestimmung des zuständigen Gerichts auch hier nicht dem Oberlandesgerichte, sondern dem gemeinschaftlichen oberen Gericht überträgt; die Vorschrift ist beispielsweise von Bedeutung für Grundbuchsachen und für die Eintragungen in die Landgüterrollen (Entw. eines Ausf.Ges. zur Grundbuchordnung Artikel 2; vergl. die Anlage am Schlusse dieser Begründung; Landgüterordnung für die Provinz Brandenburg vom 10. Juli 1883, Gesetz-Samml. S. 111, §. 2 Abs. 2, für die Provinz Schlesien vom 24. April 1884, Gesetz-Samml. S. 121, §. 2 Abs. 2 u. s. w.).

Die neue Vorschrift des §. 20 Abs. 3 über die Unanfechtbarkeit einer das zuständige Gericht bestimmenden Entscheidung entspricht dem §. 5 Abs. 2 des Reichsgesetzes. Eine Abweichung von dem Reichsgesetz enthält dagegen der neue Abs. 4 des §. 20. Wenn die Gesetzgebung eines Bundesstaats, in dem mehrere Oberlandesgerichte errichtet sind, die Entscheidung über das Rechtsmittel der weiteren Beschwerde einem der mehreren Oberlandesgerichte überträgt, so gilt nach §. 199 des Reichsgesetzes dieses Gericht zugleich im Sinne des §. 5 als gemeinschaftliches oberes Gericht für alle Gerichte des Bundesstaats. Es wird hierdurch vermieden, daß das Reichsgericht über Zuständigkeitsstreitigkeiten zwischen den Gerichten desselben Bundesstaats zu entscheiden hat. Eine Zuständigkeit des Reichsgerichts kommt aber für das Anwendungsgebiet des §. 20 nicht in Frage und auf der anderen Seite wird von einer Mehrbelastung des Kammergerichts soweit thunlich abgesehen werden müssen. Es empfiehlt sich deshalb, für die durch Landesgesetz den Gerichten überwiesenen Angelegenheiten in der fraglichen Hinsicht das geltende Recht beizubehalten und die Bestimmung des zuständigen Gerichts gegebenenfalls dem Oberlandesgerichte zu übertragen, in dessen Bezirke die betheiligten unteren Gerichte liegen, wenn es sich aber um Gerichte verschiedener Oberlandesgerichtsbezirke handelt (was verhältnißmäßig selten vorkommen wird), dem Justizminister die Entscheidung zu überlassen. Sachliche Bedenken lassen sich gegen eine solche Regelung nicht erheben, vielmehr wird es im Allgemeinen für durchaus angemessen zu erachten sein, daß das Oberlandesgericht der betreffenden Provinz die Entscheidung trifft.

Angelegenheiten, auf die der §. 36 der Civilprozeßordnung oder der §. 15 der Strafprozeßordnung keine Anwendung findet, können, wenn die Vertretung eines rechtlich oder thatsächlich verhinderten Richters nicht durch Richter desselben Amtsgerichts geschehen kann, nach §. 24 Abs. 3 des Ausführungsgesetzes zum Gerichtsverfassungsgesetze von dem Oberlandesgericht einem anderen Amtsgerichte zugewiesen werden. Der Entwurf (Artikel 128 Nr. IV) ändert diese Bestimmung, um sie mit dem §. 5 des Gesetzes vom 17. Mai 1898 und mit der neuen Fassung des §. 20 des Ausführungsgesetzes in Einklang zu bringen, dahin ab, daß die Zuweisung durch das Landgericht erfolgt.

Nach §. 39 Abs. 1 Nr. 4 des Ausführungsgesetzes sind die Landgerichte in bürgerlichen Rechtsstreitigkeiten ohne Rücksicht auf den Werth des Streitgegenstandes ausschließlich zuständig für die Ansprüche gegen den Landesfiskus in Betreff der Verpflichtung zur Entrichtung einer Erbschaftssteuer, eines Werthstempels oder eines nicht nach dem Betrage des Gegenstandes zu bemessenden Vertragsstempels. Die Vorschrift entspricht der früheren Gesetzgebung über die Zulässigkeit des Rechtswegs, indem sie alle Ansprüche den Landgerichten zuweist, wegen deren der §. 11 des Gesetzes, betreffend die Erweiterung des Rechtswegs, vom 24. Mai 1861 (Gesetz-Samml. S. 242) und der §. 40 des Erbschaftssteuergesetzes vom 30. Mai 1873 (Gesetz-Samml. S. 329) eine gerichtliche Klage für statthaft erklären. Durch den §. 26 des Stempelsteuergesetzes ist aber nunmehr der Rechtsweg in Bezug auf die Verpflichtung zur Entrichtung einer Stempelabgabe allgemein zugelassen, ohne daß gleichzeitig die Vorschrift des §. 39 Nr. 4 des Ausführungsgesetzes zum Gerichtsverfassungsgesetz eine Ergänzung erfahren hat. Hiernach erscheint es zweifelhaft, ob Ansprüche, die nicht einen Werth- oder Vertragsstempel, sondern eine Stempelabgabe anderer Art, z. B. einen Stempel für Ausfertigungen, für amtliche Zeugnisse, für die Verleihung des Bergwerkseigenthums, betreffen, ausschließlich vor die Landgerichte gehören und ob in Rechtsstreitigkeiten über die Verpflichtung zur Entrichtung solcher Stempelabgaben die Revision gemäß §. 509 Nr. 2 (künftig §. 547 Nr. 2) der Civilprozeßordnung ohne Rücksicht auf den Werth des Streitgegenstandes zulässig ist. Vom Standpunkte der Gesetzgebung aus läßt es sich jedenfalls nicht rechtfertigen, die Vorschrift des §. 39 Nr. 4 auf Werth- und Vertragsstempel zu beschränken, vielmehr ist im Interesse einer gleichmäßigen Anwendung der Stempelgesetze ihre Ausdehnung auf alle Stempelabgaben geboten. Der Entwurf schlägt deshalb im Art. 128 Nr. V eine mit dem §. 26 des Stempelsteuergesetzes übereinstimmende Fassung des §. 39 Nr. 4 vor.

Die gerichtliche Beglaubigung amtlicher Unterschriften zum Zwecke der Legalisation im diplomatischen Wege erfolgt nach §. 43 des Ausführungsgesetzes zum Gerichtsverfassungsgesetze durch den Präsidenten des Landgerichts. Diese Vorschrift wird im Interesse der Erleichterung des Geschäftsbetriebs und der Entlastung der Landgerichtspräsidenten durch den Artikel 128 Nr. VI des Entwurfes dahin ergänzt, daß der Justizminister in einzelnen Amtsgerichtsbezirken neben dem Landgerichtspräsidenten auch dem aufsichtsführenden Amtsrichter (in dem Bezirke des Amtsgerichts I zu Berlin dem Amtsgerichtspräsidenten) — sei es allgemein, sei es für bestimmte Fälle — die Beglaubigung übertragen kann.

Der Artikel 128 Nr. VII des Entwurfes enthält eine auf die Zuständigkeit für die Lehnssachen in Schleswig bezügliche Bestimmung.

Während für Hannover, Hessen und Nassau nach der Vereinigung dieser Gebiete mit Preußen die Zuständigkeit in Lehnssachen durch den Allerhöchsten Erlaß vom 11. April 1868 (Gesetz-Samml. S. 399) ausdrücklich geordnet worden ist, hat für das Herzogthum Schleswig, wo gleichfalls noch Lehen bestehen — nämlich die Lehnsgrafschaften Schackenburg und Reventlow-Sandberg —, nach der Vereinigung mit der Preußischen Monarchie eine solche Regelung der Zuständigkeit nicht stattgefunden, und es ist infolgedessen zweifelhaft geworden, ob die Aufsicht über die beiden genannten Lehen den Verwaltungsbehörden oder den Gerichten zusteht. Thatsächlich ist bisher die Lehnsaufsicht von der Königlichen Regierung in Schleswig ausgeübt worden, indem davon ausgegangen wurde, daß die Vorschriften des Allerhöchsten Erlasses vom 11. April 1868, welcher die Lehnssachen den Verwaltungsbehörden überträgt, auf Schleswig entsprechende Anwendung finden müßten. Die Ausdehnung jener Vorschriften auf Schleswig ist jedoch nicht unbedenklich. weil in Hannover, Kurhessen und Nassau auch vor ihrer Vereinigung mit Preußen das landesherrliche Lehnswesen zur Zuständigkeit der Verwaltungsbehörden gehörte, während der frühere Rechtszustand in Schleswig für die Zuständigkeit der Gerichte spricht. Die Revision des Ausführungsgesetzes zum Gerichtsverfassungsgesetze bietet eine geeignete Gelegenheit, die Frage gesetzlich zu regeln. Aus Gründen der Zweckmäßigkeit entscheidet sich der Entwurf für die Zuständigkeit des Oberlandesgerichts. Da die beiden Schleswigschen Lehen mit Fideikommißgütern verbunden sind, so muß es für wünschenswerth erachtet werden, daß die Lehnssachen von derselben Behörde bearbeitet werden wie die Fideikommißsachen. Die Aufsicht über die mit den Lehen verbundenen Fideikommißgüter steht aber ebenso wie die Aufsicht über die sonstigen in Schleswig gelegenen Fideikommisse nach §. 49 Nr. 1 des Ausführungsgesetzes zum Gerichtsverfassungsgesetze, §. 25 Nr. IV der Verordnung vom 26. Juni 1867 (Gesetz-Samml. S. 1073) und §. 43 der Instruktion für die Schleswigschen Landesdikasterien vom 15. Mai 1834 (Chronolog. Samml. der Verordnungen für die Herzogthümer Schleswig und Holstein 1834 S. 302) dem Oberlandesgericht in Kiel zu. Diesem werden deshalb auch die Lehnssachen überwiesen werden müssen. Die Bestimmung des Entwurfes steht übrigens auch mit dem Rechtszustande der älteren Provinzen in Einklang.

Da der Entwurf die §§. 32 und 51 des Ausführungsgesetzes gestrichen und im §. 24 Abs. 3 an die Stelle des Oberlandesgerichts das Landgericht gesetzt hat, so kann der im §. 57 enthaltene Hinweis auf die §§. 32, 51 und 24 wegfallen; die Nr. VIII des Artikel 128 enthält eine dahingehende Bestimmung (vergl. R.Ges. §. 30; Entw. Art. 6 Abs. 3; Ausf.-Ges. z. G.V.G. §. 42).

Die Vorschrift des Artikel 128 Nr. IX, wonach die Gerichtsvollzieher zuständig sein sollen, das thatsächliche Angebot einer Leistung zu beurkunden (vergl. B.G.B. §§. 294 ff.), schließt sich dem Rheinischen Rechte an (s. code civil Art. 1258, code de proc. Art. 812 ff., Gebührentaxe für die Gerichtsvollzieher in dem Sprengel des Appellationsgerichtshofes zu Cöln vom 29. März 1851 — Gesetz-Samml. S. 73 — Nr. 50, Ausführungsgesetz zum Gerichtskostengesetz u. s. w. vom 10. März 1879, Gesetz-Samml. S. 145, §. 37). Daß sich die Betheiligten behufs der Beurkundung des Anerbietens einer Zahlung auch an die Gerichte und Notare wenden können, ergiebt sich aus der allgemeinen Vorschrift des Artikel 31; die Gerichte werden aber künftig nach Artikel 38 befugt sein, die Ausführung der beantragten Beurkundung, falls ihnen dies angemessen erscheint, einem Gerichtsvollzieher zu übertragen.

Der §. 86 des Ausführungsgesetzes zum Gerichtsverfassungsgesetze, welcher bestimmte, daß die Vertretung des Fiskus in den Civilprozessen der Justizverwaltung durch die Bezirksregierung, in der Provinz Hannover durch die Finanzdirektion erfolgen sollte, ist durch das Gesetz vom 14. März 1885 über die Vertretung des Fiskus in bürgerlichen Rechtsstreitigkeiten der Justizverwaltung (Gesetz-Samml. S. 65) aufgehoben und ersetzt worden. In die Lücke, welche hierdurch in der Paragraphenfolge des Ausführungsgesetzes entstanden ist, sollen nach Artikel 128 Nr. X des Entwurfes anderweitige Vorschriften eingestellt werden.

Der Satz 1 des neuen §. 86 bestimmt, daß es Sache der Justizverwaltung ist, Sachverständige für gerichtliche Angelegenheiten ein für allemal zu beeidigen (vergl. C.P.O. §. 375; St.P.O. §. 79; R.Ges. vom 17. Mai 1898 §. 15). Schon für das geltende Recht ist anzunehmen, daß die in Frage stehende Thätigkeit zu den Geschäften der Justizverwaltung gehört; die Beeidigung ist bisher regelmäßig von den Amtsgerichten als Justizverwaltungsbehörden vorgenommen worden. Da indessen bei einzelnen Gerichten Zweifel darüber entstanden sind, ob ihnen mangels einer besonderen Bestimmung die Befugniß zu einer solchen Beeidigung zustehe, so empfiehlt es sich, die Bedenken durch eine ausdrückliche Vorschrift auszuschließen. Nach dem neuen §. 86 kann es keinem Zweifel unterliegen, daß den Gerichten, insbesondere den Amtsgerichten, im Aufsichtswege die allgemeine Beeidigung von Sachverständigen übertragen werden kann. Zugleich wird die Justizverwaltung auf Grund des §. 86 in der Lage sein, erforderlichenfalls über die Auswahl der Sachverständigen nähere Anweisungen zu erlassen sowie auch darüber Bestimmung zu treffen, auf welchen Bezirk sich die Wirkung der Beeidigung des Sachverständigen erstreckt.

Der Satz 2 des neuen §. 86, demzufolge es Sache der Justizverwaltung ist, Zeugnisse über das in Preußen geltende Recht zu ertheilen, ist namentlich für den internationalen Rechtsverkehr von Bedeutung. Eine Verpflichtung zur Ertheilung solcher Zeugnisse wird übrigens dadurch nicht begründet. Auch wird die Befugniß anderer Verwaltungen zur Ausstellung von Zeugnissen über die in ihren Geschäftsbereich fallenden Gesetze dadurch nicht berührt.

In dem neuen Abs. 2 des §. 87 ist im Anschluß an die für die Rechtshülfe unter den Gerichten geltenden Vorschriften vorgesehen, daß über Beschwerden nicht gerichtlicher Behörden wegen einer vom Gerichte verweigerten Beistandsleistung die Oberlandesgerichte entscheiden und eine Anfechtung dieser Entscheidungen nicht stattfindet. Darüber, daß die Gerichte und Verwaltungsbehörden verpflichtet sind, einander Unterstützung zu leisten, brauchen im §. 87 Bestimmungen nicht getroffen zu werden (vergl. Verordnung vom 2. Januar 1849, Gesetz-Samml. S. 1, §. 38; Verordnung vom 26. Juni 1867, Gesetz-Samml. S. 1073, §. 36; Verordnung vom 26. Juni 1867, Gesetz-Samml. S. 1085, §. 29; Verordnung vom 26. Juni 1867, Gesetz-Samml. S. 1094, §. 28).

Artikel 129.

Nach §. 5 Abs. 1 des Gesetzes über die Dienstverhältnisse der Gerichtsschreiber vom 3. März 1879 (Gesetz-Samml. S. 99) sind auch die Gerichtsschreibergehülfen zur Wahrnehmung der Gerichtsschreibergeschäfte befähigt. Von dieser Regel sind aber einzelne den Gerichtsschreibern obliegende Handlungen von besonderer Erheblichkeit ausgenommen, da nach dem Abs. 2 des §. 5 zur Ertheilung von vollstreckbaren Ausfertigungen und von Zeugnissen, welche sich auf die Rechtskraft der Urtheile beziehen, zur Wahrnehmung der Geschäfte des Grundbuchführers, zur Entgegennahme von Anmeldungen zum

Handelsregister, zum Genossenschaftsregister und zum Musterregister, zur Aufnahme von Wechselprotesten sowie zur Vornahme von Siegelungen, Entsiegelungen und Inventuren, ferner im Bezirke des Oberlandesgerichts Cöln zur Entgegennahme der Erklärungen über die Ausschlagung oder Annahme einer Gütergemeinschaft oder einer Erbschaft nur solche Gerichtsschreibergehülfen verwendet werden sollen, welche, abgesehen von der Erledigung der aktiven Dienstpflicht, die Vorbedingungen für die Anstellung als Gerichtsschreiber erfüllt haben (vergl. code civil Art. 784, 793, 1457, 1463, 1466, Ausf.-Ges. zum G.V.G. §. 69; Gesetz vom 16. Mai 1887, Gesetz-Samml. S. 135, Art. I). Der Artikel 129 des Entwurfes bezweckt, diese Vorschriften den neuen gesetzlichen Bestimmungen anzupassen. Zum Theil handelt es sich dabei nur um Fassungsänderungen, die dadurch veranlaßt sind, daß der §. 69 des Ausführungsgesetzes zum Gerichtsverfassungsgesetz, auf den der §. 5 Bezug nimmt, künftig wegfällt (Entw. Art. 128 Nr. I) und daß den neuen Gesetzen die Bezeichnung „Grundbuchführer" fremd ist. Des Weiteren sind wegen der Bedeutung, welche den das Schiffspfandrecht betreffenden Eintragungen nach dem Bürgerlichen Gesetzbuche zukommt, den Geschäften des Grundbuchführers die Geschäfte des Gerichtsschreibers bei der Führung des Schiffsregisters gleichgestellt. Neben dem Handelsregister, Genossenschaftsregister und Musterregister hat ferner das Börsenregister Erwähnung gefunden. Die besonderen Vorschriften für den Oberlandesgerichtsbezirk Cöln fallen mit der Aufhebung des code civil weg.

Artikel 130.

Nach §. 11 des Personenstandsgesetzes vom 6. Februar 1875 wird die Aufsicht über die Amtsführung der Standesbeamten von der unteren Verwaltungsbehörde geübt, insoweit die Landesgesetze nicht andere Aufsichtsbehörden bestimmen. Eine solche abweichende Bestimmung besteht für Preußen nur in Bezug auf den Bezirk des Oberlandesgerichts zu Cöln, da hier nach Artikel 53 des code civil, der durch §. 154 Abs. 2 des Zuständigkeitsgesetzes vom 1. August 1883 aufrecht erhalten worden ist, der Staatsanwaltschaft die Aufsicht zusteht. In den übrigen Landestheilen wird dagegen die Aufsicht von den Verwaltungsbehörden geführt und zwar in den Landgemeinden und Gutsbezirken von dem Landrath als Vorsitzenden des Kreisausschusses, in den Stadtkreisen vom Regierungspräsidenten (§. 154 Abs. 1 a. a. O.). Diese Verschiedenheit wird für die Zukunft nicht weiter aufrecht erhalten werden können, vielmehr mit der Aufhebung des Rheinischen Bürgerlichen Gesetzbuchs auch in dieser Beziehung die Rechtseinheit hergestellt werden müssen. Ein Grund zu einer verschiedenartigen Regelung ist um so weniger vorhanden, als die Organisation der Verwaltungsbehörden in der Rheinprovinz seit der Kreisordnung vom 30. Mai 1887 (Gesetz-Samml. S. 200) und dem Gesetze über die Einführung der Provinzialordnung vom 1. Juni 1887 (Gesetz-Samml. S. 249) im Wesentlichen dieselbe ist wie in den übrigen Provinzen und auch die Rheinische Staatsanwaltschaft, welche nach Artikel 91 des Entwurfes das Recht der Aufsicht über die Notare verliert, vom Inkrafttreten des Bürgerlichen Gesetzbuchs an keine andere Stellung einnehmen wird als die

Staatsanwaltschaft der übrigen Landestheile. Andererseits liegt auch keine Veranlassung dazu vor, das in dem größten Theile der Monarchie gegenwärtig geltende Recht im Anschluß an die Bestimmungen des Rheinischen Rechtes abzuändern. Der Artikel 130 des vorliegenden Entwurfes bestimmt deshalb, daß der §. 154 Abs. 2 des Zuständigkeitsgesetzes, der für die Rheinprovinz die Regel des §. 154 Abs. 1 außer Kraft setzt, aufgehoben wird; außerdem ist im Art. 87 Nr. 2 des Entwurfes eines Ausführungsgesetzes zum Bürgerlichen Gesetzbuche die ausdrückliche Aufhebung des Art. 53 des code civil vorgesehen.

Artikel 131.

Der Artikel 131 Satz 1 des Entwurfes bestimmt, daß in dem bisherigen Geltungsbereiche des Rheinischen Rechtes für die Geschäfte, die den Gerichten in Ansehung der bis zum 1. Januar 1876 geführten Standesregister obliegen, die Landgerichte zuständig sind. Durch diese Vorschrift wird in Ansehung der Aufbewahrung der Duplikate der älteren Rheinischen Civilstandsregister und in Ansehung der Ertheilung von Auszügen aus denselben der gegenwärtige Rechtszustand aufrecht erhalten (vergl. die Bemerkungen zu §. 28 des Ausf.-Ges. z. G.V.G.; s. ferner code civil Art. 43 ff., Preuß. Personenstandsgesetz vom 9. März 1874, Gesetz-Samml. S. 95, §. 53, Reichs-Personenstandsgesetz vom 6. Februar 1875 §. 73). Der Satz 2 des Artikel 131 ertheilt jedoch der Justizverwaltung die Ermächtigung, die bezeichneten Geschäfte den Amtsgerichten zu übertragen. Eine derartige Anordnung wird in Frage kommen können, wenn von dem Vorbehalte des §. 197 des Reichsgesetzes kein Gebrauch gemacht wird, mithin in der Rheinprovinz auch die Verwahrung der unter der Herrschaft des Gesetzes vom 6. Februar 1875 geführten Nebenregister von den Landgerichten auf die Amtsgerichte übergeht.

Artikel 132.

Durch die mit dem Bürgerlichen Gesetzbuch in Kraft tretende Gesetzgebung werden mehrere Aenderungen der Gebührenordnung für Notare veranlaßt. Insbesondere bedarf es in Folge des Anschlusses der Gebührenordnung an das Preußische Gerichtskostengesetz einer Berücksichtigung der an diesem vorzunehmenden Aenderungen (Art. 84 des Ausf.-Ges. zum B.G.B.). Die in Aussicht zu nehmenden Abänderungen sind nach der Reihenfolge der von ihnen betroffenen Paragraphen der Gebührenordnung für Notare geordnet.

§. 3. Der Zusatz zu §. 3 entspricht einem aus Kreisen der Rheinischen Notare geäußerten Wunsche. Versteigerungen von Gegenständen des unbeweglichen Vermögens durch Notare kommen besonders häufig in den Rheinlanden vor. Hier hat es sich nun als ein Mißstand gezeigt, daß die Gebühr für die Beurkundung des Zuschlags, welche für jeden Bieter besonders anzusetzen ist, dann eine unverhältnißmäßige Höhe erreicht, wenn eine große Zahl von Parzellen zum Zwecke des Verkaufs oder der Verpachtung zu niedrigen Geboten versteigert werden, weil nach §. 3 jeder dieser Gebührensätze mindestens $1,_{50}$ Mark beträgt. Um dem abzuhelfen, soll die Vorschrift des §. 3 nicht auf die einzelnen Gebühren, welche bei Werthen bis zu 120 Mark $0,_{40}$ bezw. $0,_{70}$ und $1,_{20}$ Mark betragen, sondern nur auf die Summe dieser Gebühren angewendet werden.

§. 5. Außer den bisher im §. 5 erwähnten Vorschriften des Preußischen Gerichtskostengesetzes war auch die Vorschrift im §. 65 Ziffer 1 für anwendbar zu erklären, weil die Notare für das dort erwähnte Geschäft der Herstellung eines Theilbriefs zuständig sind. Der Abs. 2 kann mit Rücksicht auf die neu vorgeschlagene Vorschrift des §. 54a des Preußischen Gerichtskostengesetzes, durch welche die bisherige Vorschrift des Abs. 2 in das Gerichtskostengesetz übernommen wird, in Wegfall kommen.

§. 6. Die Vorschrift des §. 6 wird durch die anderweitige Fassung des §. 43 des Preußischen Gerichtskostengesetzes entbehrlich. Nach dieser Fassung ist eine besondere Gebühr nicht zu erheben, wenn gleichzeitig das zu Grunde liegende Rechtsgeschäft beurkundet wird. Hiermit wird auch der bisher im §. 6 besonders hervorgehobene Fall der Beurkundung in einem vom Notar geleiteten Versteigerungsverfahren getroffen.

§. 9. Die Aenderung ist nur von redaktioneller Bedeutung (vergl. die Begründung zu Art. 84 Nr. II des Ausf.-Ges. zum B.G.B.).

§. 10. In die neue Fassung der Gebührenordnung war der Hinweis auf den Verkehr mit den Hypothekenbewahrern nicht mehr aufzunehmen, weil dieser Verkehr nur noch für eine kurze Uebergangszeit in Frage kommt.

§. 11. Die Vorschriften über eine von den Betheiligten dem Notar übertragene Leitung einer Erbtheilung oder Auseinandersetzung können auf den Fall, daß dem Notar die Vermittelung einer Auseinandersetzung nach Artikel 21 dieses Gesetzes überwiesen wird, übertragen werden. Eine Ausdehnung der bisher im §. 18 Ziffer 1 für das analoge Rheinische Theilungsverfahren bestimmten Entlohnung durch Stundengebühren empfiehlt sich nicht, weil diese Art der Entlohnung dem Systeme des Gesetzes nicht entspricht.

§. 18. Die bisher in Ziffer 1 für das Rheinische gerichtliche Theilungsverfahren und das Gütertrennungsverfahren gegebenen Vorschriften werden durch die neu vorgeschlagenen Bestimmungen des §. 11 ersetzt. Die Vorschriften der Ziffern 3 und 4, betreffend Grundstücke, die noch nicht unter dem Grundbuchrechte des Bürgerlichen Gesetzbuchs stehen, behalten nur noch für eine kurze Uebergangszeit Bedeutung und können daher, vorbehaltlich ihrer ferneren Anwendung für diese Zeit (s. §. 30 Abs. 2), aus dem neuen Texte des Gesetzes ausscheiden. Als dauernde Besonderheit der Gebührenvorschriften für Rheinische Notare verbleibt daher nur die Vorschrift der Ziffer 2 über die Vermittelung hypothekarischer Darlehen, welche die neue Fassung des §. 18 unverändert wiedergiebt.

§. 19. Da nach Artikel 89 dieses Gesetzes den Notaren die Uebernahme einer Gewährleistung allgemein untersagt wird, war die Vorschrift des §. 19 als künftig gegenstandslos zu streichen.

§. 23. Der von den Dolmetscherauslagen handelnde §. 23 bedarf einer anderen Fassung, weil der in ihm erwähnte §. 5 Abs. 2 in Wegfall kommt. Sachlich bleibt die bisherige Vorschrift unverändert, jedoch wird das unbestimmte Merkmal der Gebräuchlichkeit der Sprache durch die Vorschrift ersetzt, daß die Anstellung eines Dolmetschers (Hülfsdolmetschers) beim Amtsgerichte (vergl. Dolmetscherordnung vom 24. April 1886, Just.-Min.-Bl. S. 98, §§. 1, 16) entscheidend sein soll. Da im Falle dieser Anstellung auch seitens des Gerichts Dolmetscherauslagen nicht berechnet werden, wird durch diese Vorschrift völlige Gleichheit der Kosten beim Gericht und beim Notar hergestellt.

§. 27. Die Aenderung des §. 27 Abs. 4 beruht auf denselben Erwägungen wie die zu §. 26 des Preußischen Gerichtskostengesetzes vorgeschlagene entsprechende Aenderung. Die Ersetzung des Wortes „Wohnsitz" durch das Wort „Amtssitz" ist eine Folge der Vorschriften des Artikel 80.

§. 28. Die Fassung der Ziffer 3 bedarf mit Rücksicht auf die Abänderungen der §§. 11, 18 einer Aenderung. Wie bisher soll die Vereinbarungsfreiheit für den Fall ausgeschlossen werden, daß der Notar im Auftrage des Gerichts thätig wird.

§. 30. Bezüglich der im Abs. 2 neben den bisher dort aufgeführten Ausfertigungen und Abschriften erwähnten besonderen Geschäfte des Rheinischen Rechtes war die weitere Anwendung der bisher im §. 18 enthaltenen Vorschriften für die Uebergangszeit, bei den in den Ziffern 3, 4 bezeichneten Geschäften bis zur Durchführung der Grundbuchanlegung vorzubehalten.

Artikel 133.

Wegen der erheblichen Aenderungen, welche die Gebührenordnung für Notare erfährt, erscheint eine Bekanntmachung der neuen Fassung erforderlich.

Artikel 134, 135.

Der Artikel 134 verleiht den Vorbehalten, die in den Artikeln 57, 58 des Einführungsgesetzes zum Bürgerlichen Gesetzbuche zu Gunsten der landesherrlichen und der ehemals reichsunmittelbaren Familien sowie zu Gunsten der ihnen gleichgestellten Familien gemacht sind, auch gegenüber den Bestimmungen des gegenwärtigen Entwurfes Wirksamkeit. Eine Vorschrift gleicher Art enthält der §. 189 des Reichsgesetzes über die Angelegenheiten der freiwilligen Gerichtsbarkeit, ebenso sind bei Erlaß der Preußischen Vormundschaftsordnung und des Ausführungsgesetzes zum Gerichtsverfassungsgesetz entsprechende Bestimmungen getroffen worden (Vormundschaftsordnung vom 5. Juli 1875 §§. 100, 101, Ausf.-Ges. z. G.V.G. §. 27).

Im Artikel 135 werden auf Grund des Artikel 57 Abs. 2 des Einführungsgesetzes zum Bürgerlichen Gesetzbuch und des §. 189 des Reichsgesetzes vom 17. Mai 1898 den Oberlandesgerichten diejenigen Geschäfte übertragen, welche den Gerichten in Vormundschafts-, Nachlaß- und Theilungssachen der Mitglieder des vormaligen Hannoverschen Königshauses, des vormaligen Kurhessischen und des vormaligen Herzoglich Nassauischen Fürstenhauses obliegen. Die Vorschrift schließt sich den für die Standesherren geltenden Grundsätzen an. Für die Frage, inwieweit in den bezeichneten Angelegenheiten eine gerichtliche Mitwirkung stattfindet, sind zunächst die für das einzelne Haus geltenden besonderen Bestimmungen und in Ermangelung solcher die allgemeinen reichsgesetzlichen Normen maßgebend.

Artikel 136.

Die Regel des Artikel 136, nach welcher, soweit in anderen Gesetzen auf eine vom Entwurf aufgehobene Vorschrift verwiesen ist, die entsprechende neue Vorschrift an deren Stelle tritt, schließt sich dem Artikel 4 des Einführungsgesetzes zum Bürgerlichen Gesetzbuch und dem §. 185 Abs. 2 des Reichsgesetzes über die Angelegenheiten der freiwilligen Gerichtsbarkeit an.

Artikel 137.

Der Artikel 137 enthält Uebergangsbestimmungen. Soweit nach Uebergangsvorschriften anderer Gesetze die bisherigen Vorschriften noch künftig maßgebend sind, soll nach Artikel 137 Abs. 1 das Gleiche auch für die durch den Entwurf aufgehobenen oder abgeänderten Vorschriften gelten. Gegenüber den Vorschriften des Reichsgesetzes über die Angelegenheiten der freiwilligen Gerichtsbarkeit ist eine gleiche Uebergangsbestimmung im §. 189 jenes Gesetzes getroffen; denn nach §. 189 gelten die im Einführungsgesetze zum Bürgerlichen Gesetzbuche gemachten Vorbehalte auch für die Vorschriften der Landesgesetze über diejenigen Angelegenheiten der freiwilligen Gerichtsbarkeit, welche Gegenstand des Reichsgesetzes sind; zu den Vorbehalten im Sinne des §. 189 gehören aber nicht nur die Vorschriften im dritten Abschnitte des Einführungsgesetzes zum Bürgerlichen Gesetzbuch (Art. 55 ff.), sondern auch die Uebergangsvorschriften des vierten Abschnitts (vergl. die Denkschrift zum Entwurf einer Grundbuchordnung, Drucks. des Reichstags 1896/98 Nr. 631, zu §. 81). Eine Bestimmung, wie sie der Artikel 137 Abs. 1 enthält, ist namentlich für das Gebiet des Liegenschaftsrechts und des Erbrechts erforderlich. Aus ihr ergiebt sich, daß es in Bezug auf die Uebertragung des Eigenthums und die dingliche Belastung von Grundstücken, für welche das Grundbuch noch nicht als angelegt anzusehen ist, bei den bisherigen Zuständigkeitsvorschriften bewendet (s. Einf.-Ges. zum B.G.B. Art. 189) und daß für die erbrechtlichen Verhältnisse, insbesondere für die Sicherung und Theilung eines Nachlasses, wenn der Erblasser vor dem 1. Januar 1900 gestorben ist, die im Artikel 141 aufgehobenen Vorschriften der Allgemeinen Gerichtsordnung, des code de procédure und des Rheinischen Theilungsgesetzes maßgebend bleiben (s. Einf.-Ges. zum B.G.B. Art. 213). Der Abs. 2 des Artikel 137 enthält eine besondere Vorschrift für die Ortsbehörden in den im Artikel 118 Abs. 1 Satz 2 bezeichneten Gebietstheilen. Da die Führung der öffentlichen Bücher über die Rechtsverhältnisse an Grundstücken nicht nur mit der Beurkundung der darauf bezüglichen dinglichen Rechtsgeschäfte, sondern auch mit der Beurkundung der zu Grunde liegenden obligatorischen Geschäfte in engstem Zusammenhange steht, so hält der Artikel 137 Abs. 2 bis zur Anlegung des Grundbuchs auch die den Ortsbehörden nach dem geltenden Rechte zustehenden Befugnisse zur Beurkundung obligatorischer Geschäfte aufrecht.

Die Bestimmung des Artikel 137 Abs. 3 Satz 1, wonach die neuen Vorschriften über das Verfahren bei der Aufnahme gerichtlicher oder notarieller Urkunden auch dann zur Anwendung kommen, wenn für das beurkundete Rechtsverhältniß das bisherige Recht maßgebend bleibt, soll Zweifeln vorbeugen, die sich aus dem Grundsatze des Abs. 1 ergeben könnten. Der Abs. 3 Satz 2 ist mit Rücksicht auf die Rheinprovinz in den Entwurf aufgenommen worden. Nach der Regel des Abs. 1 würden Zweifel darüber möglich sein, ob nach dem Inkrafttreten des Bürgerlichen Gesetzbuchs in Ansehung solcher

Grundstücke, welche noch nicht unter Grundbuchrecht stehen, für die Aufnahme der nach Rheinischem Rechte bei der Eigenthumsübertragung, Belastung oder Entlastung erforderlichen öffentlichen Urkunden neben den Notaren auch die Rheinischen Amtsgerichte zuständig wären (vergl. code civil Art. 2148, 2158, Gesetz über die Veräußerung und hypothekarische Belastung von Grundstücken u. s. w. vom 20. Mai 1885, Gesetz-Samml. S. 139, §. 1). Der Entwurf entscheidet die Frage im bejahenden Sinne, weil es leicht zu Unzuträglichkeiten führen könnte, wenn die Urkundsbefugniß der Rheinischen Amtsgerichte rücksichtlich einzelner Grundstücke, für welche sich die Anlegung des Grundbuchs aus irgend einem Grunde verzögert, noch auf längere Zeit Einschränkungen erlitte.

Der letzte Absatz des Artikel 137 hat schon in anderem Zusammenhang Erwähnung gefunden. Aus ihm wird insbesondere auch zu entnehmen sein, daß der Justizminister die Geschäfte, welche nach den außer Kraft tretenden Gesetzen den Ortsbehörden in Bezug auf die Verwahrung der öffentlichen Bücher obliegen, auf andere Behörden oder Beamte übertragen darf. Die auf die Kosten bezügliche Vorschrift des Artikel 137 Abs. 4 schließt sich dem §. 76 Abs. 3 Satz 1 des Grundbuchgesetzes für Frankfurt vom 19. August 1895 (Gesetz-Samml. S. 481) an.

Ausdrückliche Vorschriften über die Form, in welcher nach dem Inkrafttreten des Bürgerlichen Gesetzbuchs eine vor diesem Zeitpunkt aufgenommene gerichtliche oder notarielle Urkunde ausgefertigt wird, sind entbehrlich. In Ermangelung besonderer Bestimmungen ergiebt sich aus Artikel 142, daß die Ausfertigung nach den neuen Vorschriften zu erfolgen hat. Dies muß auch für angemessen erachtet werden. In Ansehung vollstreckbarer Ausfertigungen bewendet es selbstverständlich bei den Vorschriften der Civilprozeßordnung und den bei ihrer Einführung erlassenen Uebergangsbestimmungen (vergl. §. 22 des Gesetzes, betreffend die Uebergangsbestimmungen zur Deutschen Civilprozeßordnung u. s. w., vom 31. März 1879, Gesetz-Samml. S. 332).

Artikel 138.

Der Artikel 138 bestimmt, daß für die Anfechtung einer Entscheidung, die vor dem Inkrafttreten des Bürgerlichen Gesetzbuchs erlassen ist, die bisherigen Vorschriften maßgebend bleiben; dies soll auch dann gelten, wenn nur die Entscheidung erster Instanz vor dem bezeichneten Zeitpunkt erfolgt ist. Für die zur Zeit des Inkrafttretens des Bürgerlichen Gesetzbuchs schon anhängigen Beschwerden wird eine Ueberleitung in das neue Recht kaum in Frage kommen können. Aber auch für den Fall, daß in dem bezeichneten Zeitpunkte die Anfechtung noch nicht erfolgt, die Entscheidung erster Instanz jedoch schon erlassen ist, verdient die Anwendung des alten Rechtes den Vorzug; namentlich muß es mit Rücksicht auf die Betheiligten angemessen erscheinen, daß für die Frage, ob ein Rechtsmittel zuläſſig und ob es an eine Frist gebunden ist, wann die Frist abläuft und wer die Berechtigung hat, das Rechtsmittel einzulegen, die bisherigen Vorschriften bestehen bleiben. Die Vorschrift des Artikel 137 Abs. 1 wird durch den Artikel 138 nicht berührt; in einem Theilungsverfahren über eine im Gebiete des Rheinischen Rechtes vor dem Inkrafttreten des Bürgerlichen Gesetzbuchs eröffnete Erbschaft werden daher für die Beschwerde die bisherigen Vorschriften auch dann maßgebend sein, wenn die Entscheidung erster Instanz nach dem Inkrafttreten des Bürgerlichen Gesetzbuchs ergangen ist.

Artikel 139.

Das Ordnungsstrafverfahren, mittelst dessen das Registergericht die Anmeldung zum Handelsregister zu erzwingen und gegen die Führung einer unzulässigen Firma einzuschreiten hat, ist durch das Reichsgesetz über die Angelegenheiten der freiwilligen Gerichtsbarkeit im Allgemeinen übereinstimmend mit dem bisherigen Preußischen Rechte geordnet (R.Ges. §§. 125 ff.; Einf.Ges. zum H.G.B. vom 24. Juni 1861 Art. 5, 6; Ausf.-Ges. zur C.P.O. vom 24. März 1879 §. 28). In Bezug auf das Vorgehen gegen den Gebrauch einer unzulässigen Firma waltet jedoch ein für den Gang des Verfahrens wesentlicher Unterschied ob. Nach Artikel 6 des Preußischen Einführungsgesetzes zum Handelsgesetzbuche hat das Registergericht den Betheiligten ohne Bestimmung einer Frist unter Androhung einer Ordnungsstrafe aufzufordern, sich der unzulässigen Firma nicht mehr zu bedienen; erhält das Gericht glaubhafte Kenntniß davon, daß der Betheiligte dieser Verfügung nach ihrer Zustellung zuwidergehandelt hat, so wird er zur mündlichen Verhandlung vorgeladen und demnächst gegebenenfalls die Strafe festgesetzt. Dagegen wird nach §. 140 des Reichsgesetzes dem Betheiligten aufgegeben, sich des Gebrauchs der Firma zu enthalten oder binnen bestimmter Frist den Gebrauch der Firma mittelst Einspruchs gegen die Verfügung zu rechtfertigen; wenn der Betheiligte keinen Einspruch erhebt und dennoch der Verfügung zuwiderhandelt, so erfolgt, ohne daß es einer mündlichen Verhandlung bedarf, die Festsetzung der Ordnungsstrafe. Da es bei dieser Verschiedenheit nicht möglich ist, die schon anhängigen Sachen vollständig den neuen Vorschriften zu unterwerfen, so bestimmt der Entwurf, daß ein anhängiges Verfahren nach den Vorschriften des bisherigen Rechtes zu erledigen ist; nur die neuen Vorschriften des §. 135 Abs. 2 Satz 2 und des §. 136, wonach das Gericht aus Billigkeitsgründen von der Festsetzung der verwirkten Strafe absehen, eine schon festgesetzte Strafe aufheben oder eine Strafermäßigung eintreten lassen kann, sollen auch auf ein schon vor dem Inkrafttreten des Bürgerlichen Gesetzbuchs eingeleitetes Verfahren Anwendung finden.

Artikel 140.

Wegen der Vorschriften des Artikel 140 ist auf die Bemerkungen zu den Artikeln 102, 103 zu verweisen.

Artikel 141.

Im Interesse der Uebersichtlichkeit des Rechtszustandes hebt der Artikel 141 des Entwurfes eine größere Anzahl gesetzlicher Vorschriften, zu deren formeller Beseitigung die neue Regelung der freiwilligen Rechtspflege einen Anlaß bietet, ausdrücklich auf, jedoch mit der Einschränkung, daß die betreffenden Vorschriften für ältere Rechtsverhältnisse nach Maßgabe der reichsgesetzlichen und landesgesetzlichen Uebergangsbestimmungen (vergl. Einf.-Ges. z. B.G.B. Abschn. 4, R.Ges. §. 189; Entw. Art. 137 ff.) in Kraft bleiben.

Unter den aufzuhebenden Bestimmungen nennt der Art. 141 an erster Stelle den Titel 44 des ersten Theiles der Allgemeinen Gerichtsordnung. Der bezeichnete Titel enthält neben rein prozeßrechtlichen Bestimmungen, die schon am 1. Oktober 1879 außer Kraft getreten sind, in den §§. 46 ff. besondere Vorschriften über die gerichtliche Rückgewähr des Pachtguts nach beendigter Pacht. Das Verfahren liegt auf der Grenze zwischen streitiger und freiwilliger Gerichtsbarkeit, es bezweckt einen gütlichen Ausgleich der Parteien, konnte aber früher unmittelbar in einen Prozeß übergeleitet werden (§. 53 a. a. O.). Seit dem Inkrafttreten der Civilprozeßordnung ist ein solcher Uebergang zum Prozesse nicht mehr möglich; ob auch im Uebrigen das Verfahren schon durch die Civilprozeßordnung seine Geltung verloren hat, mag dahingestellt bleiben. Jedenfalls liegt kein Bedürfniß vor, es noch weiter aufrecht zu erhalten. Das prozeßrechtliche Sühneverfahren ist im §. 510 der Civilprozeßordnung (neue Fassung) geregelt und andererseits bedarf es keiner besonderen Hervorhebung, daß auch der Richter der freiwilligen Gerichtsbarkeit es als seine Aufgabe anzusehen hat, unter den Parteien zu vermitteln, wenn er um die Beurkundung einer Pachtrückgewähr, insbesondere um die Aufnahme eines Inventars, angegangen wird. Kommt es zum Prozesse, so werden unter Umständen die Vorschriften über das vorbereitende Verfahren in Rechnungssachen Anwendung finden können (Civilprozeßordnung §§. 348 bis 354).

Aehnlich wie mit dem Pachtrückgewährverfahren in Theil I Titel 44 der Allgemeinen Gerichtsordnung verhält es sich mit dem gerichtlichen Rechnungsabnahmeverfahren des fünfundvierzigsten Titels. Auch im sechsundvierzigsten Titel sind Vorschriften des Prozeßrechts und Bestimmungen über freiwillige Gerichtsbarkeit vereinigt. Der bezeichnete Titel regelt das Verfahren bei Nachlaßtheilungen und bei Auseinandersetzungen zwischen einem Lehns- oder Fideikommißfolger und den Allodialerben seines Vorbesitzers (§§. 2 ff., 26 ff.) sowie bei Auseinandersetzungen zwischen den Mitgliedern einer Handelsgesellschaft (§§. 34 ff.). Außerdem enthält er eine Bestimmung über Gemeinheitstheilungen (§. 33), die jedoch nur in einem Hinweis auf anderweitige Vorschriften besteht. Künftig werden für die Theilung zwischen Miterben die §§. 86 ff. des Reichsgesetzes über die Angelegenheiten der freiwilligen Gerichtsbarkeit und die Artikel 21 ff. des vorliegenden Entwurfes maßgebend sein. Andererseits sind neben den Bestimmungen des Handelsgesetzbuchs über die Liquidation, insbesondere über die gerichtliche Ernennung und Abberufung von Liquidatoren, und neben den Bestimmungen der Civilprozeßordnung über das Verfahren in Rechnungssachen weitere Vorschriften über die Auseinandersetzung zwischen den Theilhabern einer Handelsfirma nicht erforderlich. Der Titel 46 kann daher insoweit aufgehoben werden, als er sich nicht auf Lehns- und Fideikommißsachen bezieht. Dies ist im Artikel 141 Nr. 1 des Entwurfes geschehen. Für die Auseinandersetzung zwischen dem Lehns- oder Fideikommißfolger und den Allodialerben verbleibt es bei dem geltenden Rechte (§§. 2 ff., 26 ff.).

Von dem Titel 52 Theil I der Allgemeinen Gerichtsordnung ist nur noch ein Theil der Vorschriften des zweiten Abschnitts über die freiwillige

Subhastation in Geltung. Da die freiwillige gerichtliche Versteigerung von Grundstücken in den Artikeln 66 ff. des Entwurfes eine neue Regelung erfahren hat, so ist der Titel 52 und mit ihm zugleich die ergänzende Verordnung vom 6. April 1839 (Gesetz-Samml. S. 125) in das Verzeichniß der aufgehobenen Gesetze aufgenommen worden (vergl. Art. 141 Nr. 11).

Aus dem zweiter Theile der Allgemeinen Gerichtsordnung (Von dem gerichtlichen Verfahren in nicht streitigen Angelegenheiten) bleibt nach Artikel 141 nur der sechste Titel in Kraft.

Die einleitenden Bemerkungen zum zweiten Theile haben nur eine theoretische Bedeutung. Das Gleiche gilt von den §§. 1, 2 des ersten Titels (Von den Handlungen der freiwilligen Gerichtsbarkeit überhaupt und was dazu gehöre). Auch die übrigen Paragraphen des ersten Titels können wegfallen. Denn die hier gegebene Zusammenstellung von Vorschriften über die Vollziehung eines Geschäfts vor dem Richter der Sache sowie über das Erforderniß der gerichtlichen oder notariellen Beurkundung ist durch das Reichsrecht zum großen Theile gegenstandslos geworden (vergl. Art. 87 Nr. 1 des Ausf.-Ges. z. B.G.B.). Für die Landesgesetzgebung kommen nur noch Vorschriften über die Mitwirkung der Gerichte bei der Errichtung von Familienstiftungen und Fideikommissen sowie über die Mitwirkung der Gerichte bei Ehen zur linken Hand in Betracht (A.G.O. II 1 §. 6 Nr. 2, II 7 Nr. 1; Einf.-Ges. z. B.G.B. Art. 57, 58; Ausf.-Ges. z. B.G.B. Art. 87 Nr. 1 c). In dieser Beziehung ist aber an anderer Stelle das Erforderliche bestimmt (A.L.R. II 4 §§. 29, 62; Ausf.-Ges. z. B.G.B. Art. 1, 2; Gesetz, die Kompetenz der Gerichtsbehörden in Familienfideikommissen betreffend, vom 5. März 1855, Gesetz-Samml. S. 175; A.L.R. II 1 §. 858). Ueber die Ertheilung der Ehelichkeitserklärung (A.G.O. II 1 §. 10) bedarf es keiner gesetzlichen Vorschriften; denn nach §. 1723 des Bürgerlichen Gesetzbuchs hat hierüber, soweit die Ehelichkeitserklärung nicht dem Reichskanzler zusteht, die Landesregierung zu bestimmen.

An die Stelle des zweiten und des dritten Titels (Von dem Verfahren bei Handlungen der freiwilligen Gerichtsbarkeit überhaupt. Von dem Verfahren bei Aufnehmung und Bestätigung der Verträge und anderer Verhandlungen unter Lebendigen) treten künftig die Vorschriften der §§. 167 ff. des Reichsgesetzes und der Artikel 31 ff. des Entwurfes. Auf die einzelnen Vorschriften der Allgemeinen Gerichtsordnung ist, soweit erforderlich, schon in der Begründung zu dem vierten und siebenten Abschnitte des Entwurfes näher eingegangen.

Der vierte Titel (Von dem Verfahren bei Aufnehmung der Testamente und anderer letztwilliger Verordnungen) wird durch die Vorschriften des Bürgerlichen Gesetzbuchs und die dazu gehörigen Ausführungsbestimmungen ersetzt (vergl. B.G.B. §§. 2246, 2256, 2259 bis 2262, 2273, 2277; Ausf.-Ges. zum B.G.B. Art. 70 bis 80). Ein Verbot der gerichtlichen Siegelung (A.G.O. II 4 §. 7) ist nach dem Bürgerlichen Gesetzbuche nicht zulässig (s. die Mot. zum Entw. I e. B.G.B. Bd. 5 S. 543).

Auch der fünfte Titel (Von dem Verfahren bei Siegelungen und Inventuren in Sterbefällen) fällt weg. Für die Frage, wann eine amtliche

Nachlaßsicherung vorzunehmen und die ergriffenen Maßregeln wieder aufzuheben sind (§§. 4 ff., §. 36), sind künftig, abgesehen von den Vorschriften der Civilprozeßordnung über Arrest und einstweilige Verfügungen (§§. 916 ff.) die Vorschriften des Bürgerlichen Gesetzbuchs maßgebend (§§. 1846, 1915, 1960, 1961; vergl. Ausf.-Ges. z. B.G.B. Art. 77). Daneben kommt für die Nachlaßsiegelung bei Beamten der Art. 20 des Entwurfes in Betracht. Was die Nr. 2 des §. 4 Theil II Tit. 5 der Allgemeinen Gerichtsordnung betrifft, wonach der Richter die Siegelung des Nachlasses von Amtswegen zu veranlassen hat, wenn die vermuthlichen nächsten Erben sämmtlich Ausländer sind, so liegt kein Bedürfniß vor, diese mit dem Abschoßrecht in Zusammenhang stehende Bestimmung aufrecht zu erhalten (vergl. die Kabinetsorder vom 11. April 1822, Gesetz-Samml. S. 181). Die Zuständigkeit für Siegelungen und Entsiegelungen sowie für die Aufnahme des Inventars (A.G.O. II 5 §§. 14 ff., 24, 37, 43) ist theils reichsgesetzlich, theils im vorliegenden Entwurf und im Ausführungsgesetze zum Gerichtsverfassungsgesetze geregelt (B.G.B. §. 2003, R.Ges. vom 17. Mai 1898 §§. 72 bis 74, Entw. Art. 31, 38, 81, 104 ff.; Ausf.-Ges. zum G.V.G. §§. 70,74). Die auf Militärpersonen bezüglichen §§. 17 und 44 sind schon durch den §. 434 des Anhangs, der §. 435 des Anhangs ist schon durch die Kabinetsorder vom 8. Januar 1841 (Gesetz-Samml. S. 16) aufgehoben worden. Der §. 18 Theil II Tit. 5 der Allgemeinen Gerichtsordnung bestimmt, daß nach dem Tode einer Militärperson, falls sich der Verstorbene im Felde oder auf Kommando an einem Orte befand, wo kein Kriegsgericht ist, der kommandirende Offizier für die Sicherung des Nachlasses zu sorgen hat, den der Verstorbene bei und um sich hat; ist auch kein kommandirender Offizier vorhanden, so sollen die Civilgerichte des Ortes zu dieser Obsorge verpflichtet sein. In Folge des §. 434 des Anhanges hat der §. 18 insofern eine Aenderung erfahren, als die Fürsorge des kommandirenden Offiziers nur eintritt, wenn sich der Verstorbene an einem Orte befand, der nicht Sitz eines Amtsgerichts ist. Nach dem Entwurfe soll der §. 18 gänzlich gestrichen werden. Ein Bedürfniß zu besonderen Bestimmungen für Militärpersonen, die auf Kommando außerhalb des Sitzes eines Amtsgerichts sterben, liegt nicht vor; im Uebrigen aber wird bei der in Aussicht genommenen reichsgesetzlichen Regelung der Befugnisse, welche den richterlichen Militärjustizbeamten bezüglich der freiwilligen Gerichtsbarkeit zustehen, zu prüfen sein, ob besondere gesetzliche Vorschriften über die Sicherstellung des Nachlasses eines im Felde oder nach der Mobilmachung verstorbenen Angehörigen des aktiven Heeres zu treffen sind. Erforderlichenfalls werden auch im Instruktionswege Bestimmungen über die einstweilige Sicherung eines solchen Nachlasses erlassen werden können. An die Stelle des §. 23 Theil II Tit. 5 der Allgemeinen Gerichtsordnung tritt künftig der Artikel 19 des Entwurfes. Was schließlich die Art des Verfahrens bei der Nachlaßsicherung und bei der Aufnahme eines Inventars anlangt, so ist dem Justizminister durch Artikel 126 ausdrücklich die Ermächtigung ertheilt, hierüber nähere Bestimmungen zu treffen.

Der sechste Titel des zweiten Theiles, der von dem Verfahren bei der Aufnahme gerichtlicher Taxen handelt, muß aufrecht erhalten bleiben.

Dagegen ist in Verbindung mit den neuen Vorschriften über das Notariat der siebente Titel des dritten Theiles der Allgemeinen Gerichtsordnung (Von dem Amte der Justizkommissarien und Notarien) aufzuheben. Zum großen Theil ist dieser Titel schon durch die veränderte Gerichtsverfassung und durch das Notariatsgesetz vom 11. Juli 1845 beseitigt. Im Uebrigen hat sein Inhalt in den Bemerkungen zum vierten und sechsten Abschnitte des Entwurfes die erforderliche Berücksichtigung gefunden.

Durch den Artikel 141 Nr. 2 werden einzelne, auf das Verfahren in Angelegenheiten der freiwilligen Gerichtsbarkeit bezügliche Vorschriften des code de procédure civile ausdrücklich aufgehoben. Von einer gänzlichen Aufhebung des code de procédure muß schon deshalb Abstand genommen werden, weil die Bestimmungen desselben noch in den nach der Gemeinheitstheilungsordnung vom 19. Mai 1851 (Gesetz-Samml. S. 371) zu behandelnden Theilungen insoweit Anwendung finden, als nicht das Gesetz, betreffend das Verfahren in den nach der Gemeinheitstheilungsordnung zu behandelnden Theilungen und Ablösungen in den Landestheilen des linken Rheinufers, vom 19. Mai 1851 (Gesetz-Samml. S. 383), Abänderungen enthält (vergl. auch §. 22 des Gesetzes, betreffend die Zusammenlegung der Grundstücke im Geltungsbereiche des Rheinischen Rechts, vom 24. Mai 1885, Gesetz-Samml. S. 156). Auch sind für die Gerichte in dem Zeitraume, der seit der Einführung der Deutschen Civilprozeßordnung verflossen ist, keine Schwierigkeiten dadurch entstanden, daß der code de procédure nicht förmlich außer Kraft gesetzt worden ist. Es wird daher auch bei der Aufhebung des code de procédure nicht weiter zu gehen sein, als es die neue Regelung der Angelegenheiten der freiwilligen Gerichtsbarkeit mit sich bringt.

Was die aufzuhebenden Vorschriften im Einzelnen betrifft, so ist wegen des Artikel 203 auf das oben (zu Art. 58 ff.) Bemerkte zu verweisen. Die Bestimmungen der Artikel 812 bis 818 über das Verfahren bei einem Zahlungsanerbieten und bei Hinterlegungen sind im Wesentlichen schon durch die Vorschriften der Civilprozeßordnung und des Bürgerlichen Gesetzbuchs erledigt. Die Bestimmungen des code de procédure über den Inhalt der ein Zahlungsanerbieten beurkundenden Protokolle für die Rheinprovinz aufrecht zu erhalten, liegt keine Veranlassung vor.

Die Artikel 839 bis 843 sowie die Artikel 846 bis 853 beziehen sich auf die Ertheilung von Ausfertigungen und Abschriften durch einen Notar oder einen anderen Depositar von Urkunden. Diese Vorschriften werden, soweit sie notarielle Urkunden betreffen, durch die neuen Vorschriften, insbesondere den Artikel 52 Abs. 2 des Entwurfes, ersetzt. Aber auch im Uebrigen können sie wegfallen, da sie schon gegenwärtig kaum noch eine praktische Bedeutung haben. Die Artikel 844, 845, die das Verfahren bei der Ertheilung einer zweiten Ausfertigung einer Urkunde regeln, sind dagegen nur mit einer Einschränkung aufzuheben, da sie nach Artikel 854 auch auf die Ertheilung einer zweiten Urtheilsausfertigung Anwendung finden, mithin für die Gemeinheitstheilungen auch künftig noch von Bedeutung sind.

Die Aufhebung der Artikel 855 bis 858 ist eine Folge davon, daß das Verfahren zur Berichtigung der Standesregister nach §. 186 des Gesetzes über die Angelegenheiten der freiwilligen Gerichtsbarkeit durch die Landesgesetzgebung nicht mehr in einer von den reichsgesetzlichen Vorschriften abweichenden Weise geregelt werden kann. Für die Berichtigung der vor dem Inkrafttreten des Personenstandsgesetzes aufgenommenen Standesurkunden bleiben selbstverständlich die alten Vorschriften maßgebend.

Die Artikel 859 bis 864, die sich auf das Verfahren bei der Einweisung in den Besitz der Güter eines Abwesenden und auf das Verfahren bei der Autorisation von Ehefrauen beziehen, werden durch das Bürgerliche Gesetzbuch gegenstandslos. Das Gleiche gilt auch von den Bestimmungen der Artikel 986 bis 1002 über die Rechtswohlthat des Inventars, über den Verzicht auf die Gütergemeinschaft oder auf die Erbschaft und über die Kuratel bei einem vakanten Nachlasse. Hinsichtlich des Verfahrens bei Siegelungen und Entsiegelungen sowie bei der Aufnahme eines Inventars (Art. 907 bis 944) genügt die dem Justizminister im Artikel 126 des Entwurfs ertheilte Ermächtigung.

Der Artikel 1040 des code de procédure bestimmt, daß alle zu den Amtsverrichtungen des Richters gehörenden Akte und Protokolle an dem Orte, wo der Richter seinen Sitz hat, zu vollziehen sind, ferner, daß der Richter immer den Gerichtsschreiber zuzuziehen und dieser die Urschriften aufzubewahren und die Ausfertigungen zu ertheilen hat. Inwieweit die Vorschriften des Artikel 1040 für die Angelegenheiten der freiwilligen Gerichtsbarkeit überhaupt Geltung beanspruchen können, mag dahingestellt bleiben; jedenfalls sind sie für diese Angelegenheiten zum Theil überflüssig, zum Theil unzweckmäßig; insbesondere paßt für sie das unbedingte Gebot der Zuziehung eines Gerichtsschreibers nicht. Der Entwurf hebt deshalb den Artikel 1040 für das Gebiet der nicht streitigen Rechtspflege ausdrücklich auf. Von einer gänzlichen Aufhebung des Artikels ist mit Rücksicht auf das Gemeinheitstheilungsverfahren abzusehen.

Wegen der Aufhebung der Vorschriften des gemeinen Rechtes über die Exemplifikation oder Innovation von Urkunden (Art. 141 Nr. 3) und wegen der Aufhebung der Kabinetsorder vom 6. November 1834 (Art. 141 Nr. 8) kann auf die Bemerkungen zu den Artikeln 57 bis 59 Bezug genommen werden.

Die Nr. 4 des Artikel 141 betrifft die Hannoversche Verordnung über das Verbot aller Privateide und über die Formen, welche bei einzelnen Rechtsgeschäften an die Stelle der eidlichen Bestärkung treten sollen, vom 28. Dezember 1821 (Hannov. Gesetz-Samml. 1822 Abth. I S. 43). Die Vorschriften dieser Verordnung können größtentheils aufgehoben werden. Entbehrlich sind zunächst die Bestimmungen der §§. 1 bis 6 über die Privateide und die Abnahme eines Eides durch den Notar. Da das neue Recht den Eid als Bestätigungsmittel der Verträge nicht erwähnt, so braucht nicht mehr besonders hevorgehoben zu werden, daß ein verbotener Eid keine weitere Wirkung nach sich zieht als ein einfaches Versprechen. Es besteht auch kein Bedürfniß, die Bestimmungen, durch welche die Leistung oder die Abnahme eines verbotenen Eides unter Strafe gestellt wird, aufrecht zu erhalten, denn Privateide sind im heutigen Verkehrsleben nicht mehr üblich und die Strafbestimmungen haben deshalb ihre praktische Bedeutung schon verloren. Der

§. 2 Nr. 2, welcher mit Rücksicht auf die besonderen Grundsätze des ausländischen Rechtes die Abnahme eines Eides durch den Notar für zulässig erklärt, wird durch den Artikel 34 Abs. 1 des Entwurfes ersetzt. Die im §. 2 Nr. 1 gestatteten Privatlehnseide sind, wenngleich in Hannover noch einzelne Privatlehen bestehen, schon außer Uebung gekommen.

Von den Vorschriften der §§. 7 bis 12 über die gerichtliche Abnahme von Eiden wird der §. 8 durch den Artikel 34 Abs. 2 des Entwurfes ersetzt. Die §§. 7, 10 bis 12 können ohne Ersatz gestrichen werden, weil das Bürgerliche Gesetzbuch eine Bestärkung von Willenserklärungen durch einen gerichtlichen Eid nicht kennt und andererseits kein Bedürfniß besteht, allgemein die eidliche Bekräftigung einer Behauptung unter der Voraussetzung zuzulassen, daß die Parteien dies ihrem Vortheile angemessen finden und das Gericht die Abnahme des Eides für unbedenklich und der Sachlage entsprechend erachtet (vergl. R.Ges. §. 15; Entw. Art. 1; B.G.B. §. 2356). Dagegen ist der §. 9 der Verordnung noch von praktischer Bedeutung, wie denn insbesondere die Hannoversche Provinzialverwaltung Wege- und Landstraßenwärter, die nur in ihrem Tagelohn stehen, auf Grund des §. 9 durch das Amtsgericht beeidigen läßt. Der Entwurf läßt deshalb den §. 9 unberührt.

Die Vorschriften der §§. 13 bis 15 und der §§. 21 bis 27 über die Interzessionen der Ehefrauen und über die Verzichte der Minderjährigen auf die Restitution sind schon durch die Gesetze vom 1. Dezember 1869 (Gesetz-Samml. S. 1169) und vom 12. Juli 1875 (Gesetz-Samml. S. 518) aufgehoben. Der §. 16, welcher von dem Verzichte der Frau auf die ihr wegen ihres Eingebrachten zustehenden Hypotheken- oder Vorzugsrechte handelt, tritt nach Artikel 55 des Einführungsgesetzes zum Bürgerlichen Gesetzbuch außer Kraft. Dagegen müssen die Bestimmungen der §§. 17 bis 20 über die Verzichte weiblicher oder minderjähriger Personen auf künftige Sukzessionen insoweit aufrecht erhalten bleiben, als sie sich auf die Nachfolge in ein Lehen oder Fideikommiß beziehen; die besondere Erwähnung der Bauergüter in dem §. 17 ist schon jetzt unpraktisch, weil der §. 3 des Gesetzes über das Höferecht vom 2. Juni 1874 (Gesetz-Samml. S. 186) bestimmt, daß auf die Beerbung der Eigenthümer von Bauerhöfen das sonst gültige Erbrecht Anwendung findet. Für die Frage des Erfordernisses der vormundschaftlichen und obervormundschaftlichen Genehmigung zu dem Verzicht eines Minderjährigen sind künftig an Stelle der im §. 18 in Bezug genommenen Grundsätze des gemeinen Rechtes die entsprechenden Bestimmungen des Bürgerlichen Gesetzbuchs maßgebend (vergl. B.G.B. §. 107, §. 2347 Abs. 1). In demselben Umfange wie die §§. 17 bis 20 müssen auch die in den §§. 28 bis 31 enthaltenen allgemeinen Vorschriften von der Aufhebung ausgenommen werden.

Hinsichtlich der Aufhebung der Rheinischen, der Preußischen und der Hannoverschen Notariatsordnung sowie der Notariatsgesetze von 1880, 1888 und 1890 (Art. 141 Nr. 5, 14, 16, 18, 20, 21) ist auf die Begründung zu dem vierten und sechsten Abschnitte des Entwurfes zu verweisen. Die Aufhebung des §. 67 des Disziplinargesetzes vom 21. Juli 1852 (Art. 141 Nr. 5

a. E.) hat schon in den Bemerkungen zu den Artikeln 91 bis 94 Erwähnung gefunden. Hier sind nur noch einige Bemerkungen zu dem §. 10 der Hannoverschen Notariatsordnung nachzutragen. Der §. 10 bestimmt im Abs. 1, daß in allen Fällen, in denen die Genehmigung oder Bestätigung des zuständigen Gerichts zur Rechtsbeständigkeit einer Verhandlung erforderlich ist, die Genehmigung oder Bestätigung auf Grund einer öffentlichen Urkunde nachgesucht werden kann, vorbehaltlich der Befugniß des Gerichts, nöthigenfalls das Erscheinen der Partei zu verlangen; ein Gleiches soll nach Abs. 2 da gelten, wo die Rechtsbeständigkeit einer Verhandlung von ihrer Errichtung vor einer Verwaltungsbehörde oder von der Genehmigung einer Verwaltungsbehörde abhängig gemacht ist. Diese Vorschriften sind entbehrlich. Für die Verpflichtung der Betheiligten, vor Gericht persönlich zu erscheinen, sind in Zukunft der §. 13 des Reichsgesetzes und der Artikel 1 des Entwurfes maßgebend. Gesuche an das Gericht können, falls sie nicht mündlich bei dem Richter selbst angebracht werden, vor dem Gerichtsschreiber zu Protokoll erklärt oder schriftlich bei dem Gericht eingereicht werden (s. R. Ges. §. 11 nebst Denkschrift, Ausf.-Ges. z. G.V.G. §. 71); einer Beglaubigung bedarf die schriftliche Erklärung nur dann, wenn ihre Echtheit im einzelnen Falle zweifelhaft erscheinen sollte. Was den §. 10 Abs. 2 der Hannoverschen Notariatsordnung betrifft, so hat er seine praktische Bedeutung verloren, seitdem die frühere Zuständigkeit der Verwaltungsbehörden hinsichtlich der sogenannten Höfekontrakte aufgehoben ist (Gesetz über das Grundbuchwesen in der Provinz Hannover vom 28. Mai 1873, Gesetz-Samml. S. 253, §. 8).

An die Stelle der Vorschriften des Frankfurter und des Hannoverschen Rechtes über die Rechtsmittel in Angelegenheiten der freiwilligen Gerichtsbarkeit (Art. 141 Nr. 7, 15) treten die reichsgesetzlichen Bestimmungen und die Artikel 3 ff. des Entwurfes.

Der im Artikel 141 Nr. 7 mitaufgehobene §. 11 des Frankfurter Gesetzes über das Fiskalat vom 3. Dezember 1861 (Frankf. Gesetz- und Statuten-Samml. Bd. 15 S. 79) bestimmt, daß das Fiskalat (jetzt das Amtsgericht) die Sterbeprotokolle unentgeltlich zu unterzeichnen, hierbei zu prüfen hat, ob ein Versiegelungsfall vorliegt und die Versiegelung in den dazu geeigneten Fällen alsbald bewirken soll. Die praktische Bedeutung der auf die Unterzeichnung der Sterbeprotokolle bezüglichen Vorschrift liegt darin, daß die Beerdigungserlaubniß nicht vor dieser Unterzeichnung ertheilt wird und der zur Anzeige des Sterbefalls bei dem Standesbeamten Verpflichtete auch verpflichtet ist, dem Amtsgericht Anzeige zu erstatten. Diese Einrichtung braucht nicht aufrecht erhalten zu werden. Während nach dem Fiskalatsgesetze (§. 12) die Siegelanlage die Regel bildet, ist im neuen Rechte die Verpflichtung zur amtlichen Nachlaßsiegelung eine engere (B.G.B. §§. 1960, 1961, 1846, 1915; Ausf.-Ges. z. B.G.B. Art. 77); es besteht deshalb kein Bedürfniß mehr, daß das Gericht von allen Sterbefällen erfährt.

Die Bestimmungen der Kabinetsorder vom 14. Juli 1843 über die Siegelanlage bei dem Ableben eines Beamten im Bezirke des Appellationsgerichtshofs zu Cöln (Art. 141 Nr. 12) werden durch Artikel 20 des Entwurfes ersetzt.

Wegen der Aufhebung der Ostfriesischen Versteigerungsordnung vom 16. Dezember 1834 und der abändernden und ergänzenden Gesetze sowie wegen der Aufhebung der Versteigerungsordnung für den Landdrosteibezirk Osnabrück vom 14. Juli 1838 (Entw. Art. 141 Nr. 9, 10) kann im Allgemeinen auf die Bemerkungen zu Artikel 124 verwiesen werden. Hier ist nur noch Folgendes hervorzuheben:

Das in den Artikeln 2, 33 der Ostfriesischen Versteigerungsordnung erwähnte Aedilitium, d. h. die ausschließliche Berechtigung der Städte Emden und Norden, Immobilien, die innerhalb des Stadtgebiets liegen, im Wege des öffentlichen Meistgebots zu verkaufen, hat in Folge der Gewerbeordnung zu bestehen aufgehört. Amtsunterbediente, welche nach Artikel 5, insbesondere auf den Ostfriesischen Inseln, freiwillige Versteigerungen beweglicher Sachen vornehmen dürfen, giebt es gegenwärtig nicht mehr.

Der Artikel 18 der Ostfriesischen Versteigerungsordnung untersagt das Ausbieten von sog. Treckgeldern oder Belohnungen für das Auftreiben der zum Verkauf ausgesetzten Gegenstände, erklärt die darüber geschlossenen Verträge für nichtig und bestimmt, daß die gezahlten Treckgelder der Armenkasse verfallen. Entsprechende Vorschriften enthält auch die Osnabrücker Versteigerungsordnung (Art. 20), doch sollen nach ihr auch die versprochenen Treckgelder der Armenkasse verfallen sein. Es kann dahingestellt bleiben, inwieweit es gegenüber dem §. 5 des Einführungsgesetzes zum Strafgesetzbuch und dem Artikel 55 des Einführungsgesetzes zum Bürgerlichen Gesetzbuche möglich sein würde, diese Bestimmungen aufrecht zu erhalten. Denn eine ausreichende Veranlassung, für Ostfriesland und den Regierungsbezirk Osnabrück die in Frage stehenden Sondervorschriften beizubehalten, liegt nicht vor. Das Gleiche gilt von den Vorschriften der Versteigerungsordnungen, welche das unentgeltliche Ausschänken starker Getränke bei Versteigerungen unter Strafe stellen (Verst.-O. für Ostfriesland Art. 19, für Osnabrück Art. 21), sofern diese Vorschriften nicht schon durch die Bekanntmachung vom 12. Mai 1841 (Hannov. Gesetz-Samml. Abth. I S. 153), welche für das ganze Gebiet des vormaligen Königreichs Hannover das Verabreichen von destillirten Getränken bei Versteigerungen mit Strafe bedroht, aufgehoben sind.

Im Jadegebiet ist zur Zeit noch die Oldenburgische Auktionator- und Vergantungsordnung vom 14. Mai 1844 (Oldenb. Gesetz-Samml. 1845 S. 278) in formeller Geltung. Sie enthält Vorschriften über die Befugniß zu öffentlichen Versteigerungen beweglicher und unbeweglicher Sachen, über das dabei zu beobachtende Verfahren sowie über die Rechte und Pflichten der Auktionatoren. Durch die neuere Gesetzgebung, insbesondere durch die Gewerbeordnung, ist sie zum Theil schon aufgehoben worden; soweit dies nicht der Fall ist, kann sie mit dem Inkrafttreten des Bürgerlichen Gesetzbuchs außer Geltung gesetzt werden (vergl. Ausf.-Ges. z. G.V.G. §§. 70, 74; Entw. Art. 31, 33, 38). Amtsauktionatoren, wie sie die Auktionator- und Vergantungsordnung vorsieht, giebt es im Jadegebiete nicht mehr; alle Anstellungsgesuche sind schon seit längerer Zeit wegen mangelnden Bedürfnisses abgewiesen worden.

Die Vorschrift des §. 11 Nr. 4 des Gesetzes über die Geschäftssprache der

Behörden u. s. w. vom 28. August 1876, welche die älteren Bestimmungen über die Geschäftssprache der Notare aufrecht erhält, wird durch die neuen reichsgesetzlichen Vorschriften sowie durch die Artikel 1, 84 des Entwurfes entbehrlich (vergl. B.G.B. §§. 2244 f., §. 2276 Abs. 1 Satz 2; R.Ges. üb. d. Ang. d. freiw. Gerichtsb. §§. 8, 9, 175, 179, 180). Ebenso werden die §§. 6 bis 8 des genannten Gesetzes in ihrer Anwendung auf gerichtliche Handlungen durch die reichsgesetzlichen Vorschriften in Verbindung mit Artikel 1 des Entwurfes ersetzt. Soweit dagegen die §§. 6 bis 8 noch für andere Behörden gelten (Gesetz von 1876 §. 9; vergl. aber auch Gesetz, betreffend das Verfahren in Auseinandersetzungssachen, vom 18. Februar 1880, Gesetz-Samml. S. 63, §. 102), müssen sie aufrecht erhalten werden; die unbedingte Aufhebung der §§. 6 bis 8 würde vermöge des im Artikel 136 aufgestellten Grundsatzes zu dem nicht beabsichtigten Ergebnisse führen, daß auf die Verhandlungen der Standesbeamten bei Eheschließungen der §. 179 des Reichsgesetzes über die Angelegenheiten der freiwilligen Gerichtsbarkeit anwendbar wäre.

Durch Artikel 141 Nr. 19 des Entwurfes wird das Gesetz, betreffend das Theilungsverfahren und den gerichtlichen Verkauf von Immobilien im Geltungsbereiche des Rheinischen Rechtes, vom 22. Mai 1887 (Gesetz-Samml. S. 136) sowie der §. 16 des Ausführungsgesetzes zur Deutschen Konkursordnung vom 16. März 1879 (Gesetz-Samml. S. 109) ausdrücklich aufgehoben. Für das Auseinandersetzungsverfahren gelten künftig die §§. 86 ff. des Reichsgesetzes vom 17. Mai 1898 und die Artikel 21 ff. des Entwurfes; außerdem werden über die der Staatskasse zu zahlenden Kosten (Gesetz vom 22. Mai 1887 §§. 58 ff.) anderweit Bestimmungen getroffen werden. Ein gerichtlicher Verkauf von Immobilien im Sinne der §§. 25 ff. des Gesetzes vom 22. Mai 1887 ist dem Bürgerlichen Gesetzbuch unbekannt; die Stelle eines solchen Verkaufs vertritt künftig die Zwangsversteigerung (Reichsgesetz vom 24. März 1897 §§. 172 ff.). Die Vorschriften über den gerichtlichen Verkauf von Immobilien nach erfolgtem Uebergebote (Gesetz vom 22. Mai 1887 §§. 43 ff.) werden mit der Fertigstellung des Grundbuchs gegenstandslos. Der §. 16 des Ausführungsgesetzes zur Konkursordnung bestimmt, daß im Bezirke des Appellationsgerichtshofs zu Cöln, falls die Veräußerung einer zur Konkursmasse gehörigen unbeweglichen Sache durch notarielle Versteigerung erfolgt, die Vorschriften des Gesetzes vom 18. April 1855 (Gesetz-Samml. S. 521) Anwendung finden. Das Gesetz vom 18. April 1855 ist aber inzwischen durch das Gesetz vom 22. Mai 1887 ersetzt und mit der Aufhebung dieses Gesetzes verliert nunmehr der §. 16 seinen Inhalt. Er ist deshalb gleichfalls aufzuheben. Einer entsprechenden neuen Vorschrift bedarf es nicht.

Artikel 142.

Die im Artikel 133 vorgesehene Bekanntmachung des neuen Textes der Gebührenordnung für Notare hat sobald als thunlich zu erfolgen; es empfiehlt sich daher, das Gesetz insoweit schon vor dem Bürgerlichen Gesetzbuch in Kraft treten zu lassen.

Anlage.

Entwurf

eines

Ausführungsgesetzes zum Reichsgesetz über die Zwangsversteigerung und die Zwangsverwaltung.

Artikel 5.

Für die Bekanntmachung der Terminsbestimmung wird der Anzeiger des Amtsblatts bestimmt.

Artikel 18.

Dem Antrag auf Zwangsversteigerung oder Zwangsverwaltung ist eine oberbergamtlich, gerichtlich oder notariell beglaubigte Abschrift der Verleihungsurkunde des Bergwerkes oder, wenn der Antrag eine Kohlenabbau-Gerechtigkeit betrifft, eine in gleicher Art beglaubigte Abschrift des Aktes beizufügen durch den die Gerechtigkeit vom Eigenthum an dem Grundstücke getrennt worden ist.

Artikel 20.

Ist ein Bergwerkseigenthum oder ein unbeweglicher Bergwerksantheil zu versteigern, so soll die Terminsbestimmung außer dem Grundbuchblatte den Namen des Bergwerkes, die Mineralien, auf die das Bergwerkseigenthum verliehen ist, bezeichnen und im Falle der Versteigerung eines Bergwerksantheils auch die Zahl der Kuxe angeben, in welche das Bergwerk getheilt ist.

Außerdem soll die Terminsbestimmung eine Angabe der Feldesgröße, des Kreises, in welchem das Feld liegt, und der dem Werke zunächst belegenen Stadt enthalten. Diese Vorschrift findet auf Kohlenabbau-Gerechtigkeiten entsprechende Anwendung.

Entwurf

eines

Ausführungsgesetzes zur Grundbuchordnung.

Artikel 2.

Liegt ein Grundstück in den Bezirken mehrerer Grundbuchämter oder sollen mehrere in den Bezirken verschiedener Grundbuchämter belegene Grundstücke zu einem Grundstücke vereinigt werden, so ist das zuständige Grundbuchamt nach §. 20 des Ausführungsgesetzes zum Gerichtsverfassungsgesetze zu bestimmen.

Artikel 9.

Die Hypotheken-, Grundschuld- und Rentenschuldbriefe sowie die nachträglich auf sie gesetzten Vermerke sind von dem Richter und dem Gerichtsschreiber zu unterschreiben.

Auch die beglaubigten Abschriften aus dem Grundbuche sind von dem Richter und dem Gerichtsschreiber zu unterschreiben.

Druck der Norddeutschen Buchdruckerei, Berlin SW., Wilhelmstr. 32.

FSC
www.fsc.org
MIX
Papier | Fördert
gute Waldnutzung
FSC® C083411

Kolibri 360 GmbH
Ferdinand-Jühlke-Straße 7
99095 Erfurt, Deutschland
produktsicherheit@kolibri360.de